Données économiques de l'Environnement

Édition 1997

MINISTERE DE
L'AMENAGEMENT DU TERRITOIRE
ET DE L'ENVIRONNEMENT

Données économiques de l'Environnement

Édition 1997

ECONOMICA
49, rue Héricart, 75015 Paris

Préface

La publication chaque année, maintenant depuis quinze ans, des « Données économiques de l'environnement » permet de livrer des informations quantitatives originales sur un phénomène de plus en plus important, l'interaction entre l'économie et l'environnement.

Ce domaine est mal connu et complexe. Les données livrées ici n'en sont que plus précieuses, et je salue ici les qualités et les mérites de la coopération entre mes services, l'Institut Français de l'Environnement (IFEN) et BIPE-Conseil qui a abouti à la réalisation de cet ouvrage. Elles viennent utilement compléter « Les indicateurs de performance environnementale de la France » publiés par l'IFEN.

Mais cette année l'événement que constitue cette publication doit être plus particulièrement signalé. En effet, plusieurs manifestations permettent de mesurer le progrès de l'économie de l'environnement dans notre pays et appellent une lecture plus particulièrement attentive de ce document.

Tout d'abord le ministère est entré dans l'âge adulte : après avoir fêté, en 1996, son vingt cinquième anniversaire, il vient de voir ses compétences élargies par le décret du 11 juin 1997. Désormais, l'aménagement du territoire et l'environnement feront l'objet d'une même politique. C'est ainsi l'ensemble des actions mises en œuvre dans les deux domaines qui seront renforcées. J'espère que la prochaine édition de cet ouvrage nous permettra de mesurer l'efficacité de ce rapprochement.

La protection de l'environnement a suscité le développement d'activités, publiques et privées, qui ont employé directement ou indirectement 434 000 personnes en 1995. La même année, la production intérieure due aux activités environnementales a atteint 200 milliards de francs. Les entreprises françaises engagées dans ces activités ont su par ailleurs s'implanter à l'étranger et s'y développer : cette partie de leur chiffre d'affaires représente 21 milliards de francs, constituant à la fois une source de revenus et un moyen de valorisation de savoir-faire.

Mais quelle est l'efficacité de cet effort important ? Compense-t-il les dégradations dues aux différentes pollutions et aboutit-il à une exploitation « soutenable » des ressources naturelles ? Il fallait répondre à ces questions pour le rendez-vous qui avait été pris à Rio en 1992, cinq ans plus tard, et qui s'est tenu, à New York, en juin.

Dans la perspective de cette grande échéance, le ministère chargé de l'aménagement du territoire et de l'environnement a fait un bilan des cinq dernières années en utilisant en particulier l'opportunité de « l'évaluation par l'OCDE des performances environnementales de la France ». Les conclusions de l'OCDE, globalement positives pour notre pays insistent essentiellement sur l'utilisation habilement combinée en France d'instruments réglementaires, de la planification et de l'aménagement du territoire, d'actions volontaires et d'instruments économiques qui ont modifié lentement mais durablement les comportements des agents économiques (entreprises, collectivités locales, ménages essentiellement).

Cette importance des instruments économiques dans la politique incite à prêter encore plus d'attention aux interactions entre l'économie et l'environnement, et donc à s'intéresser aux données livrées dans les « Données économiques de l'environnement » et disponibles nulle part ailleurs.

Le troisième événement important pour l'environnement qui appelle un redoublement de la curiosité pour le présent document, est symbolisé par l'émergence de la notion de développement durable qui est en effet un fait significatif de cette décennie. Selon la définition donnée par le rapport Brundtland, le développement durable répond « aux besoins du présent sans compromettre la capacité des générations futures de répondre aux leurs ».

L'ensemble des travaux engagés à l'occasion des trois événements que je viens de rappeler ont été utilisés pour élaborer notre « stratégie nationale de développement durable » qui sera présentée à la prochaine Assemblée générale de l'ONU en juin 1997.

Cette stratégie a été exposée devant les « Assises nationales pour le développement durable » en décembre 1996 et adoptée par le gouvernement. Elle s'exprime par la volonté d'intégrer l'environnement dans les politiques sectorielles (agriculture, énergie, transports, tourisme etc.), notamment grâce à l'utilisation d'instruments économiques.

Dans cette perspective du caractère pluridisciplinaire du développement durable, il faut évoquer un quatrième et dernier événement de cette année, qui touche plus particulièrement la politique des transports, la loi sur l'air et l'utilisation rationnelle de l'énergie. Il nous faut désormais connaître les interactions entre l'économie et les pollutions atmosphériques et donc évaluer, à terme, l'efficacité de la réglementation et des instruments économiques existants ou à venir (taxe sur le carbone, permis négociables, etc.). Il nous faut aussi mettre en œuvre de façon équitable et efficace le principe pollueur-payeur. Pour atteindre ces objectifs, l'IFEN doit établir des « balances » par entités géographiques et par secteurs d'émission et de réception des différents polluants atmosphériques en s'inspirant, par exemple, des méthodes mises en œuvre par les Pays-Bas (NAMEA).

Ceci montre que, si des progrès de méthode considérables ont été réalisés, beaucoup de travail reste encore à accomplir. Un premier axe de travail consistera à prendre en compte les aspects géographiques de l'économie de l'environnement et leurs relations avec l'aménagement du territoire. La prochaine édition des données économiques de l'environnement fera le point sur ces questions. C'est également pour amplifier cet effort qu'une commission nationale des comptes et de l'économie de l'environnement sera créée. Comme les autres commissions nationales de comptes, elle rassemblera les partenaires sociaux (professionnels, organisations syndicales, représentants des administrations et des associations, etc.) pour qu'ils adoptent dans le domaine de l'économie de l'environnement, des méthodes d'évaluation commune du passé (comptes) et du futur et pour qu'ils se mobilisent en faveur du développement durable.

Dominique VOYNET

Ont participé à la préparation de cet ouvrage :

– ministère de l'Environnement, Service de la recherche et des affaires économiques, Bureau des affaires économiques et des sciences humaines (MM. Bernard Guibert, Régis Arthaut, Philippe Templé, Mlle Nathalie Sick, stagiaire).

– Institut français de l'environnement (MM. Daniel Desaulty, Lionel Doisneau, Thierry Lavoux, Bernard Morel, Directeur) ;

– Bipe Conseil (M. Francis Hintermann, Mmes Agathe Couvreur, Catherine Baruch).

Cet ouvrage a bénéficié des commentaires des spécialistes du ministère de l'Environnement : J.-L. Bader (Direction de l'eau), A.-F. Didier, J.-P. Foray, H. Baratin, M. Toulemont (Direction de la prévention des pollutions et des risques), P. Beauchaud, A. Renoux (Direction générale de l'administration et du développement), S. Gasltaldo (ENSAE-INSEE).

PARTIE I

Les dépenses

CHAPITRE 1

Les principaux aspects économiques de la politique de l'environnement

Les activités liées à l'environnement ont connu un fort développement au cours des dernières années. La sensibilité de l'opinion à la dégradation de l'environnement, l'intérêt porté à la qualité des conditions de vie, la nécessité de préserver au maximum les ressources naturelles ont, entre autres, conduit à mettre en œuvre des moyens de protection de l'environnement. L'État y prend une part importante, justifiée par la portée générale des questions traitées. De plus, les externalités des activités liées à l'environnement impliquent que l'État corrige des systèmes actuels, qui laissent supporter à la collectivité les effets, négatifs au plan environnemental, des activités polluantes. En 1996, l'action publique a été renforcée, en particulier au plan législatif par le vote de la loi sur l'air. Par ailleurs, l'OCDE a procédé, en 1995 et 1996, à un examen des performances environnementales de la France, notant les forces et les faiblesses de la politique française de l'environnement. Les recommandations auxquelles cette opération a abouti portent, notamment, sur l'utilisation accrue des instruments économiques dans la politique publique de l'environnement. Les relations entre développement économique et environnement sont l'objet d'une attention accrue en raison des enjeux liés à la qualité de l'environnement. Les réflexions, menées en France au cours des derniers mois, ont abouti à la tenue des Assises Nationales du développement durable, conduisant à l'expression de la stratégie française de protection de l'environnement. Ces trois points sont successivement repris dans les paragraphes suivants.

L'examen par l'OCDE des performances environnementales de la France

L'OCDE procède régulièrement à l'examen des performances environnementales des pays membres. Pour ce faire, le comité des politiques de l'environnement reçoit un mandat fondé sur l'approbation des ministres de l'environnement de l'OCDE, l'accord du conseil de l'OCDE et le communiqué des chefs d'État. Ces examens systématiques, menés par des pairs indépendants, ont pour but d'aider les pays à améliorer les résultats obtenus en matière d'environnement. Avant la France, treize pays avaient déjà été examinés dont les six autres pays du G7. L'examen des performances environnementales françaises s'est terminé le 20 novembre 1996 lors de la réunion du groupe des performances environnementales. Il a permis de faire le point sur les efforts réalisés en France dans les différents domaines [1].

Le groupe d'experts a relevé des améliorations souhaitables dans les actions menées en France. Elles concernent principalement :

– les difficultés de mise en œuvre de la réglementation sur la pollution des sols par les autorités municipales, qui ne permettent pas d'améliorer la protection des sols au niveau souhaité ;

– le manque d'une stratégie de développement durable à long terme intégrant la dimension économique ;

– l'intégration insuffisante de l'environnement dans les politiques de l'agriculture et des transports ;

– la gestion des zones côtières, qui devrait être renforcée ;

– le déficit de l'image de la politique française de l'environnement, notamment au plan international, les réalisations restant encore mal connues à l'étranger.

Le rapport relève également des points positifs : « grâce à l'utilisation combinée d'instruments réglementaires, d'instruments économiques et des actions volontaires, la politique de l'environnement est, dans son ensemble, mise en place de façon équilibrée et efficace ». Des résultats favorables ont été obtenus dans les différents domaines :

---

1. Le rapport a été publié sous le titre : Examen des performances environnementales de la France, OCDE, Paris, février 1997.

– Eau : accélération des investissements, réduction des rejets industriels qui deviennent compatibles avec les objectifs européens pour ce qui concerne la pollution des collectivités locales, tarification des ressources naturelles de façon à atteindre la vérité des prix, recours aux instruments économiques, concertation des acteurs publics et privés ;

– Air : amélioration de l'efficacité énergétique, association de politiques réglementaires et d'instruments économiques (mise en place d'une taxation plus favorable à l'environnement), réduction des émissions dans tous les secteurs à l'exception des transports ;

– Déchets : existence d'un dispositif légal relatif à l'élimination des déchets et à la récupération des matériaux, contrôle intégré de la pollution des installations industrielles classées, priorités données aux actions de prévention, suppression à l'horizon de 2002 des décharges traditionnelles de déchets bruts, mise en place de plans départementaux d'élimination des déchets, création d'une taxation adaptée, participation active des industriels ;

– Biodiversité et protection de la nature : existence d'un cadre juridique et institutionnel complet, mise en place de programmes de protection et de gestion des espèces menacées dans le cadre de la politique de conservation de la biodiversité défini par le plan national pour l'environnement de 1990 ;

– Intégration de l'environnement dans les politiques institutionnelles et sectorielles : l'existence du conseil interministériel de l'environnement (CIEN), l'intervention du ministre de l'environnement dans les grandes décisions gouvernementales, le découplage entre la croissance économique et certaines pressions sur l'environnement notamment dans l'énergie, la concertation entre les différents partenaires manifestent un bon degré d'intégration tant au plan institutionnel que sectoriel.

L'examen des performances françaises a permis au groupe d'experts de faire des recommandations qu'il a estimé indispensables pour l'amélioration des résultats acquis. Elles sont basées sur la constatation d'insuffisances dans la mise en œuvre des politiques d'environnement. Les propositions s'articulent autour de sept points parmi lesquels les aspects économiques concernent la poursuite de la mise en œuvre d'instruments économiques, le développement de l'analyse économique et de l'évaluation des coûts et des avantages, les analyses des externalités. Le renforcement des activités de surveillance, la recherche d'une meilleure application des lois et règlements, le soutien aux activités de R&D, le recours aux analyses des cycles de vie et l'amélioration de la connaissance et de l'information sur l'environnement constituent les autres propositions.

MODALITÉS DE L'ACTION PUBLIQUE

L'action publique pour la protection de l'environnement comporte plusieurs volets dont les répercussions économiques, directes et indirectes, correspondent aux modifications des comportements des agents. Cette action comporte plusieurs dimensions :

– en premier lieu, l'État joue son rôle de régulateur en définissant les règles du jeu en matière d'environnement, de façon à amener les acteurs économiques au respect de l'environnement et à les inciter à intégrer l'environnement dans leurs stratégies ;

– il joue un rôle d'opérateur en assurant la réalisation de certaines opérations de protection, de préservation et de restauration de l'environnement ;

– il finance enfin des actions d'intérêt collectif dans les domaines de la connaissance (recherche et développement) de l'environnement et en développant les systèmes d'informations *ad hoc*.

Développer le cadre législatif et réglementaire

Le premier aspect de l'action publique consiste à fixer les règles à respecter en matière de protection de l'environnement. La législation française dans ce domaine remonte assez loin ; cependant, les deux dernières décennies ont vu se multiplier les lois en raison de l'attention de plus en plus grande qui lui a été portée. L'ensemble de ces lois fixent les conditions dans lesquelles peuvent s'effectuer en France les opérations de protection de l'environnement. Leur importance dépasse le seul cadre juridique puisqu'elles visent à modifier le comportement des acteurs. Elles constituent un véritable instrument de structuration des activités environnementales. Cet effort n'est pas propre à la France ; il est en particulier mené en tenant compte du contexte international. Notamment, la traduction des directives européennes dans la législation nationale se concrétise par l'incorporation de nouvelles mesures en droit français.

Outre l'ensemble des lois et des textes qui s'y rattachent, il faut mentionner l'établissement des normes industrielles dont le respect contribue également à la préservation de l'environnement.

Les lois votées en 1995 et 1996 visent à renforcer la protection de l'environnement et la lutte contre la pollution de l'air :

– la loi de 1995 intègre dans le droit français quatre grands principes de droit international (les principes de précaution, d'action préventive, de participation et celui de pollueur-payeur). Des structures de participation sont prévues – l'organisation d'une commission nationale de débat public, la modernisation des enquêtes publiques et l'amélioration du statut des associations de protection de l'environnement. Le dispositif de prévention des risques naturels est amélioré par la création des plans de prévention des risques naturels prévisibles et l'amélioration de l'entretien des cours d'eau. Des moyens d'intervention accrus sont mis à la disposition des pouvoir publics afin de mieux protéger les paysages et de financer les actions de protection, en application du principe pollueur-payeur ;

– la loi sur l'air, votée en 1996, concerne la mise en place immédiate d'un dispositif de surveillance dans l'ensemble des agglomérations de plus de 250 000 habitants et propose de l'étendre à l'ensemble du territoire à l'horizon de l'an 2000. Des crédits de 200 MF ont été affectés à ces opérations en 1996 et 1997. Ils sont destinés à financer l'achat des équipements nécessaires, sous le contrôle de l'ADEME, et à aider le fonctionnement des organismes participant à la surveillance de l'air.

La Commission européenne a de son côté défini de nombreuses mesures : 196 directives, 40 règlements et 150 décisions ont été adoptés par les autorités européennes entre 1972 et 1995. Elles sont ensuite traduites en droit national par chaque pays.

Ces mesures ont des incidences économiques importantes. On estime ainsi que la directive européenne 91/271/CEE concernant le traitement des eaux résiduaires devrait entraîner 110 milliards d'écus de coûts supplémentaires en une dizaine d'années, dont 12 milliards en France, pour mettre en conformité les installations de huit pays. Dans un autre domaine, l'ADEME a estimé à 114 milliards de francs le montant des investissements nécessaires d'ici 2002 pour mettre les installations de traitement des déchets (réhabilitation de décharges, construction d'usines d'incinération) en conformité avec la loi du 13 juillet 1992.

Intégrer l'environnement dans les politiques sectorielles publiques (agriculture, énergie, infrastructures, industrie, transports, tourisme)

Du fait de sa nature transversale, la protection de l'environnement concerne différents secteurs. Les ministères, qui ont la responsabilité de leur développement, ont défini des politiques spécifiques concourant à la protection de l'environnement et à la prévention des risques. Il s'agit en premier lieu des secteurs productifs (agriculture, industrie, transports, tourisme) et de tout ce qui touche à l'aménagement du territoire. Cependant, les exigences du développement, de la compétitivité et de la maîtrise des coûts ne se concilient pas toujours avec celles de la protection de l'environnement. L'intégration de l'environnement dans les politiques sectorielles résulte donc d'une démarche volontariste, impliquant un effort de concertation et de prise en considération des attentes de la population. La conciliation des préoccupations économiques et environnementales contribue à définir progressivement de nouvelles conditions pour le développement économique et social.

Les ministères et les organismes publics disposent de moyens pour la protection de l'environnement. Ceux-ci sont décrits dans l'annexe jaune au projet de loi de finances relative à l'environnement.

Tableau 1.1

Moyens des ministères et des établissements publics consacrés à la protection de l'environnement

Millions de francs	1994	1995	1996	1997
Ministères (DO +CP)	10 300	9 195 [a]	11 391	10 617
Établissements publics (ressources propres)	10 459	12 340	13 652	

a. La présentation des données budgétaires comprend les dépenses ordinaires (DO) et les crédits de paiement (CP) ; ayant changé en 1995, il faudrait ajouter plus d'un milliard de francs pour tenir compte de certains programmes non pris en compte en 1995.

Ces crédits budgétaires représentent une partie seulement des sommes affectées à l'environnement, il convient d'y ajouter les ressources affectées par les autres acteurs (collectivités locales, entreprises, ménages) qui sont analysées dans les chapitres suivants.

Les départements ministériels consacrant, en 1997, plus d'un milliard de francs aux actions de protection de l'environnement sont :

– le ministère de l'Environnement (1,86 milliard de francs en 1997). Outre la lutte contre la pollution de l'air à laquelle sont affectés 200 MF, les principales actions sont l'entretien et le développement du réseau de protection des milieux naturels (420 MF) et les plans de prévention des risques naturels et le plan Loire grandeur nature (347 MF). Par ailleurs le ministère consacre 80 MF au financement de travaux de recherche, inscrits au budget civil de R&D (BCRD) ;

– le ministère de l'Agriculture, de la pêche et de l'alimentation (2,90 milliards de francs en 1997). Ses programmes concernent principalement l'amélioration des structures agricoles, du cadre de vie et l'aménagement de l'espace rural. Ces actions contribuent à la mise en place de systèmes de production compatibles avec les exigences du développement durable ;

– le ministère de l'Éducation nationale, de l'Enseignement supérieur et de la recherche (2,72 milliards de francs en 1997). Les programmes concernant l'environnement sont menés dans les organismes publics de recherche (Établissements publics à caractère scientifique et technique et les universités). Les crédits budgétaires qui leur sont affectés représentent plus de 5 % du budget civil de recherche et développement. Les recherches mobilisent plus de 2 000 chercheurs. Si on étend l'inventaire aux recherches dont l'environnement n'est pas une finalité principale mais secondaire, on estime à plus de 4 milliards de francs et 4 500 chercheurs environ les moyens consacrés directement ou indirectement à la recherche publique sur l'environnement ;

– le ministère de l'Industrie, de la Poste et des télécommunications (1,13 milliard de francs en 1997). Le poste principal (1,03 milliard de francs) de ce budget est le financement des satellites d'observation et météo. Au plan industriel, il faut citer le soutien des activités de normalisation et des travaux portant sur l'énergie et les matières premières ;

– le ministère de l'Équipement, du Logement, des Transports et du Tourisme (1 milliard de francs en 1997). Les actions liées aux transports concentrent la plus grande partie des crédits « environnement » de ce ministère. Elles concernent en premier lieu l'aménagement des infrastructures routières (890 millions de francs en 1997) et des subventions d'investissement destinées à financer la prise en compte de la protection de l'environnement lors de la construction des équipements de transport terrestre. Les autres sections de ce budget sont beaucoup moins importantes : 31 MF pour la mer, 3,70 MF pour l'urbanisme et 2,75 MF pour le tourisme. Ces crédits doivent financer des opérations de protection de l'environnement (pour les ports, le littoral, le tourisme), des travaux de recherche technique et des subventions (urbanisme).

Les établissements publics, dont les agences de l'eau disposent de la plus grande partie des ressources (83 % en 1996), voient celles-ci s'accroître de façon continue au cours des dernières années. C'est la résultante de la plus grande attention portée aux questions de l'environnement et de la volonté de faire supporter aux pollueurs les coûts de la protection de l'environnement en application du principe pollueur-payeur. La répartition de leurs ressources propres, qui correspondent pour l'essentiel aux taxes parafiscales et aux redevances perçues à différents niveaux, est la suivante :

Tableau 1.2

Ressources propres des établissements publics de l'environnement [1]

Millions de francs	1994	1995	1996
Agences de l'eau	8 596	10 260	11 350
ADEME	672	864	1 055
Office national de la chasse et conservation de la faune sauvage	573	580	581
ANDRA	213	242	247
Conseil supérieur de la pêche	248	252	275
INERIS	117	120	124
Autres établissements	40	22	21

1. Établissements sous tutelle ou cotutelle du ministère de l'Environnement.

Informer les différents acteurs qui contribuent à la protection de l'environnement

Les enquêtes sur les conditions de vie des français du CREDOC et de l'INSEE montrent que l'environnement constitue une préoccupation importante pour les français. Les débats et les campagnes d'information contribuent à ce résultat qui traduit l'existence d'une attente. Les moyens de la satisfaire, les changements de comportements et les enjeux réels que cela suppose ne sont cependant pas forcément bien connus. Le coût financier qu'ils représentent provoque des réactions nuancées selon qu'il s'agit des taxes spécifiquement affectées à la protection de l'environnement ou des prix de produits préservant l'environnement. La préférence est donnée à ces derniers, qui ne conduisent pas à un accroissement des prélèvements obligatoires et laissent une certaine liberté de choix.

Cette observation justifie l'importance accordée à l'information des acteurs. Au delà de la prise de conscience à laquelle elle conduit, on en attend de nouveaux comportements, une nouvelle demande pour des biens de consommation ou d'investissement préservant davantage l'environnement.

A terme, les acteurs économiques, entreprises, associations, administrations ou individus devraient mieux intégrer l'environnement dans leurs stratégies et leurs choix, créant ainsi de nouvelles conditions de marché. Ainsi, les contraintes que constituent la protection de l'environnement et la prévention des risques seront-elles normalisées. Le respect de ces contraintes est susceptible de favoriser le développement de marchés nouveaux. Par exemple, l'exploitation des ressources naturelles, dans la perspective du développement durable, peut également conduire à l'émergence de nouvelles activités (exploitation des énergies renouvelables, aquaculture) à condition que la diffusion des connaissances indispensables ait été effectuée.

L'Ifen, qui a publié par deux fois un rapport sur l'état de l'environnement, complète progressivement son système d'informations afin qu'on puisse disposer d'un ensemble cohérent de données sur l'état de l'environnement, l'occupation des sols (Corinne Land Cover), les pressions, les dépenses de protection (comptes de la gestion des eaux usées et des déchets). Le service statistique du ministère de l'Industrie effectue périodiquement des enquêtes sur les investissements antipollution. L'extension de ces enquêtes à l'ensemble des dépenses des entreprises industrielles pour la protection de l'environnement est en projet.

La Commission nationale de débat public doit démarrer en 1997 ; elle rassemble des élus, des magistrats, des usagers et des associations. Ces dernières jouent un rôle actif en matière d'information, de sensibilisation de l'opinion pour la protection de l'environnement.

D'autre part, le ministère de l'Environnement mène diverses actions de sensibilisation et de formation : les journées de l'environnement, 1 000 défis pour ma planète en direction des publics scolaires, mise à disposition de listes de formations initiales (plus de 300 dans 1 400 établissements) ou continues (2 100 actions mobilisant 563 organismes), identification et description de métiers de l'environnement.

Utiliser des instruments diversifiés pour accroître la participation des acteurs

Les services de protection de l'environnement sont, comme les chapitres suivants le montrent, principalement financés par les collectivités locales. Le but est de faire participer effectivement, financièrement ou matériellement, tous les acteurs économiques à la protection de l'environnement. Pour cela, on cherche à respecter deux principes.

Le premier, le principe pollueur-payeur (PPP), suppose que les frais de réparation et de restauration de l'environnement soient payés par les pollueurs. En mettant ces services à la charge des pollueurs, on limite la socialisation des coûts et on freine la consommation de facteurs de dégradation de l'environnement (consommation excessive d'eau, rejet de polluants, production de déchets). La fiscalité est le moyen le moins onéreux de transférer aux pollueurs ou aux utilisateurs le coût de la protection de l'environnement et de la prévention des risques. Elle contribue à expliciter la vérité des prix en matière d'environnement. Le recours massif et presque unique à la fiscalité s'explique à la fois par l'organisation historique de la protection de l'environnement en France et par la relative simplicité des dispositifs à mettre en œuvre.

Le dispositif français de fiscalité environnementale, qui constitue un des instruments économiques de la politique de l'environnement, est présenté au chapitre 13. On indiquera seulement ici que les prélèvements (taxes et redevances) liés à la protection de l'environnement ont atteint en 1993 au moins 21 milliards de francs soit 18,5 % de la dépense nationale pour la protection de l'environnement. Ce pourcentage va en s'accroissant avec la poursuite du transfert aux pollueurs des coûts de la protection de l'environnement. Les ménages en supportent la plus grande part avec la taxe et la redevance d'enlèvement des ordures ménagères d'une part et les redevances pour l'assainissement de l'eau d'autre part. La loi de 1995 sur le renforcement de la protection de l'environnement a institué de nouvelles taxes – sur les passages maritimes à destination des espaces protégés, sur les passages vers les îles reliées au continent, sur les mises en décharge. La part relative des éco-taxes, qui ne représentent qu'une partie des financements « publics » des dépenses de protection de l'environnement (voir schéma suivant), devrait s'accroître sous l'effet de la tendance à responsabiliser les acteurs en leur faisant supporter les coûts des pollutions qu'ils provoquent.

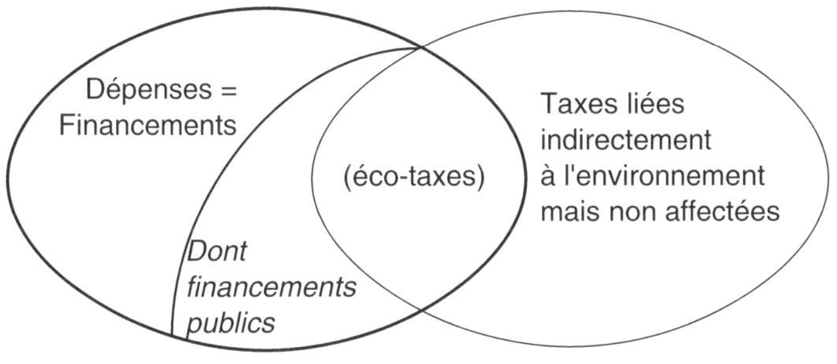

Les subventions sont utilisées par les différents ministères pour impulser des travaux, des investissements ou des recherches ayant pour but d'améliorer la protection de l'environnement ou la prévention des risques. L'examen des crédits budgétaires montre qu'elles ont, en termes financiers, un poids relativement significatif, de 10 à 15 % du montant total des crédits des ministères. Rapportées à la dépense nationale totale, les subventions en représentent 1 à 2 %. Leur importance peut cependant être déterminante lorsqu'elles permettent de faire avancer la résolution de difficultés ou de faire progresser les connaissances.

Le second principe structurant est celui de la participation contractuelle des acteurs. L'utilisation de moyens non budgétaires permet d'amener certains acteurs à adopter ou à modifier leurs comportements en relation avec des objectifs environnementaux. La participation des acteurs, État, entreprises, associations ou collectivités territoriales, s'établit dans le cadre de relations partenariales entre eux. Elle conduit à la responsabilisation des partenaires vis-à-vis des questions environnementales. Deux types de mesures incitatives sont mises en œuvre :

– la labellisation : elle en est encore à ses débuts, puisqu'un le logo « NF-environnement » a été peu souvent attribué. Mais des études sont en cours en vue de préparer de nouvelles attributions, marquant ainsi l'émergence au plan commercial de l'intérêt des consommateurs et des marques pour l'environnement ;

– la contractualisation : cette forme de partenariat s'adresse surtout aux collectivités locales dans le cadre des contrats de plan État-Régions, des plans environnement-entreprises (PEE) et des chartes pour l'environnement. Des conventions ont été signées avec les entreprises (convention pour la protection de la couche d'ozone). En 1997 on créera le premier groupement d'intérêt public dans le domaine de la nature, rassemblant le ministère de l'Environnement et divers partenaires liés au réseau d'espaces naturels (parcs nationaux, conservatoire du littoral, fédération des parcs naturels régionaux...).

L'initiative qui a conduit à la création d'Éco-emballages est à classer dans cette catégorie. Les contributions volontaires des entreprises ont permis de financer le traitement des déchets à hauteur de 191 millions de francs en 1995.

Mieux articuler protection de l'environnement et développement économique et social

Les actions menées pour la protection de l'environnement concernent tous les acteurs (État, entreprises, ménages), soit parce qu'ils en supportent la charge financière, soit parce qu'ils sont partie prenante à la réalisation de ces opérations. Dans le premier cas, les comportements en matière de consommation et d'investissement sont affectés du fait de la modification de leur revenu disponible. Dans le second cas, c'est un accroissement de la production et donc de la richesse apparente du pays qu'on observe. Les modèles économiques illustrent bien, mais de façon quelque peu contradictoire, ces interactions entre dépenses pour l'environnement et croissance économique. Deux types principaux de mécanismes sont mis en jeu. D'un côté, les dépenses supplémentaires suscitent un accroissement de la demande de biens et services. De l'autre, le financement de ces dépenses contribue à amputer le revenu disponible des agents et donc à diminuer la demande. L'équilibre entre ces deux tendances opposées dépend des modalités de financement, des caractéristiques des opérations effectuées, de la nature des modifications de la demande qu'elles entraînent et des possibilités de l'offre d'y répondre.

La dépense nationale pour l'environnement, qui est analysée par la suite, a atteint 130 milliards de francs en 1995, soit 1,7 % du PIB. Les efforts réalisés au cours des années ont permis le développement d'un secteur d'activité qui emploie directement ou indirectement plus de 430 000 personnes. L'impact économique des dépenses d'environnement peut cependant représenter également un facteur favorable de croissance. Il peut être considéré comme positif, s'il ne se résume pas seulement à des transferts de moyens et de valeur ajoutée vers le secteur de l'environnement au détriment des autres secteurs. On peut en attendre des gains nets en emplois, en PIB, en exportations dans la mesure où les opérateurs français ont su obtenir une bonne position concurrentielle, grâce en partie aux réductions de coûts suscités par la recherche d'une moindre consommation de matière ou d'énergie. Par ailleurs, il convient de tenir compte des orientations qualitatives imprimées au développement économique, en particulier des changements touchant la qualité des conditions de vie.

Dans la situation actuelle, très fortement marquée par les problèmes de l'emploi, l'incidence des dépenses pour l'environnement représente un point de grand intérêt qui constitue un des volets de la politique du ministère de l'Environnement.

LES PERSPECTIVES OUVERTES PAR LE DÉVELOPPEMENT DURABLE

Nécessité de concilier protection de l'environnement, développement social et croissance économique

Les conditions souhaitables du développement économique et social dépendent de la perception que l'on a de l'environnement et des atteintes qu'il peut subir. Les inquiétudes relatives à l'épuisement de certaines ressources naturelles, à la détérioration ou à la destruction d'éléments du patrimoine naturel conduisent à s'interroger sur la possibilité de maintenir indéfiniment des conditions favorables à la croissance. Lors de la conférence de Rio en 1992, le thème du « développement durable » a été largement débattu. Il mobilise l'opinion publique dans de nombreux pays et il constitue un objectif prioritaire de leurs politiques de développement économique et social. Le développement durable, qui doit répondre aux besoins présents sans compromettre la capacité des générations futures de satisfaire les leurs, selon la définition du rapport Brundtland de 1987, constitue un axe majeur de la politique de l'environnement suivie en France. Le respect de la solidarité entre générations représente une contrainte pour les acteurs économiques. Elle impose en particulier un mode de gestion spécifique des ressources naturelles et la mise au point de méthodes de protection de l'environnement. La transmission d'un patrimoine préservé au maximum tant sur le plan quantitatif que qualitatif constitue un objectif dont la réalisation permet d'envisager de bonnes conditions de croissance dans le futur.

Conformément aux engagements pris lors de la conférence de Rio, le ministre de l'environnement a reçu la responsabilité de l'élaboration de la stratégie nationale du développement durable. Afin de la préparer, des consultations ont été lancées à plusieurs niveaux : les conseils régionaux ont été invités à organiser des assises régionales du développement durable, la commission française du développement durable, renouvelée en janvier 1996, a remis son rapport en octobre. Les partenaires sociaux ont été consultés. Des assises nationales, tenues fin 1996, ont permis de discuter les contributions sur les thèmes suivants : l'éducation, l'écocitoyenneté, le rapport santé-environnement, l'espace, l'activité économique, la solidarité et l'organisation sociale.

La préparation de la stratégie française de développement durable a tenu compte des résultats de ces consultations. Les ministères ont par ailleurs été invités à faire des propositions qui porteront à la fois sur des thèmes transversaux, comme l'emploi et la santé par exemple, et sur des thèmes relevant spécifiquement de l'environnement. La mise sur pied de cette stratégie implique en outre un important travail de définition et de production d'indicateurs du développement durable. L'Ifen a été chargé d'engager les premiers travaux sur ce point.

Conclusion

L'émergence des préoccupations environnementales a entraîné des réactions appropriées : renforcement de la législation spécifique, allocation de moyens financiers qui représentent 1,7 % du PIB, création d'emplois. La prise en compte du maintien de la qualité de l'environnement, qu'on peut considérer dans un premier temps comme une contrainte, fait que les acteurs modifient progressivement leurs comportements.

Divers moyens sont disponibles pour arriver à cette fin. La législation et les règlements fournissent un cadre. Cependant, du point de vue de l'optimisation de l'utilisation des ressources, il semble qu'il faille mieux mettre l'accent sur la promotion des instruments économiques, plus incitatifs. Ceux-ci laissent, en effet, aux acteurs la possibilité de gérer la contrainte à leur niveau, tout en respectant leurs autres impératifs – compétitivité pour les entreprises, minimisation des coûts pour les collectivités territoriales et les ménages.

Les interventions directes effectuées par les administrations constituent une autre modalité de la politique de protection et de restauration de l'environnement.

Un programme de recherche pour améliorer la connaissance des relations entre économie et environnement

Lors du colloque organisé en février 1993, par le ministère de l'Environnement, l'Ifen et l'INSEE, on constatait le faible développement des recherches et études économiques sur l'environnement. Des crédits nouveaux ont été dégagés et les travaux en cours, en nombre encore relativement limité, doivent apporter les éclaircissements sur la relation environnement-économie. Le programme de recherches économiques sur l'environnement, lancé en 1996, est destiné à apporter les éléments permettant de mieux cibler la politique économique de l'environnement. Il comporte six thèmes principaux :

– l'étude socio-économique des facteurs du changement global, qui doit permettre de suivre les problèmes environnementaux qui se posent au niveau de la planète (changement climatique et effet de serre, biodiversité, désertification, mondialisation de l'économie). Ce programme vise à fournir les éléments nécessaires à la définition d'une position française dans le cadre des conventions internationales dans lesquelles la France est engagée ;

– les conditions du développement durable. Ce programme a pour objet de favoriser la constitution d'un réseau de chercheurs, en liaison avec les réseaux européens, travaillant sur le développement durable et ses implications en termes d'environnement et de développement économique et social ;

– l'emploi et l'environnement. Il est indispensable de disposer, dans ce domaine particulièrement important, d'une meilleure connaissance des conditions à satisfaire pour concilier les objectifs environnementaux et ceux de l'emploi. Aux premiers correspondent des métiers, des qualifications que le système national de formation doit produire. Mais, les retombées macro-économiques des efforts financiers engagés pour l'environnement peuvent, dans des conditions que le programme emploi et environnement doit expliciter, conduire à ne pas détruire l'emploi des autres secteurs ;

– la micro-économie de l'environnement. Les approches des questions environnementales font, en France, encore trop peu appel à l'utilisation d'instruments économiques. La promotion et la banalisation d'une culture micro-économique, qui sont l'objectif de ce programme, doivent conduire à de meilleures procédures de choix, basées sur l'incitation et la décentralisation des décisions et intégrant des critères économiques (analyses coûts-avantages) ;

– l'intégration de l'environnement dans les stratégies des agents. Les actions de ce programme prolongent les actions des années passées (plan environnement entreprises) qui ont porté sur la recherches de convergences entre environnement et économie tant en ce qui concerne les entreprises que les collectivités territoriales ;

– l'adaptation de la fiscalité à des fins environnementales peut contribuer à orienter les comportements des acteurs dans le sens de la protection de l'environnement. Les études en cours ont pour but d'en préciser les impacts tant au plan macro-économique que méso-économique.

CHAPITRE 2

Les dépenses par agent

En 1995, l'accroissement des dépenses de protection de l'environnement enregistré en 1994 s'est poursuivi, mais à un rythme nettement moins élevé, de l'ordre de 5,1 % en valeur, contre 9,9 % pour l'année 1994. Cette décélération est due en grande partie au fort ralentissement de la progression des dépenses en capital, dont la croissance est passée de 7,4 % en valeur en 1994 à 0,6 % en 1995, phénomène à rapprocher du ralentissement des investissements locaux en période électorale, dans la mesure où les investissements des communes et organismes intercommunaux représentent une part prépondérante des investissements de protection de l'environnement.

En niveau, la dépense de protection de l'environnement relève pour 65 % de la responsabilité des administrations publiques (y compris consolidation des dépenses assurées en gestion déléguée), pour 28 % des entreprises (dépenses directes des industriels ou services assurés par un prestataire externe) et pour 7 % des ménages (dépenses directes).

La dépense nationale de protection de l'environnement dépasse les 130 milliards de francs en 1995, soit 1,7 % du PIB de cette même année. En terme d'emplois, les travaux occasionnés par cette dépense ont occupé directement 280 000 actifs à temps plein *(tableau 2.1)*.

Tableau 2.1

Les chiffres clefs de l'économie de l'environnement

En milliards de francs

	1995	**En % des agrégats nationaux**
Dépense de protection de l'environnement	130,3	1,7 % PIB
Production intérieure environnement (ensemble des activités « environnement » réalisées par les agents économiques intérieurs)	200	2,6 % PIB
Chiffre d'affaires des éco-industries (production des biens et services spécifiques de l'environnement par des entreprises spécialisées)	134	2,1 % PIB marchand
Investissement total	34,4	2,5 % de la FBCF [a]
Emploi environnement (en milliers) (emplois directs)	280	1,3 % population occupée

a. FBCF : formation brute de capital fixe.

Source : Ministère de l'Environnement (Service de la Recherche et des Affaires Économiques) et BIPE Conseil à partir de données INSEE, Ifen, SESSI, ministère de l'Économie et des Finances...

La dépense de protection de l'environnement au sens strict représentait en 1994 1,6 % du PIB et 1,7 % en 1995. L'année 1995 a donc apparemment été marquée par une hausse relative de la part de la richesse nationale consacrée à la protection de l'environnement. Par ailleurs, la part des investissements (FBCF) consacrés à l'environnement est restée stable, de l'ordre de 2,5 % en 1995.

Par domaines, la gestion des eaux usées (44 % du total en 1995) et des déchets (33 % du total) représentent plus des trois quarts de la dépense totale. La part des déchets est plus importante qu'en 1994, ce qui témoigne de la montée en puissance de la gestion des déchets au sein des politiques de l'environnement.

Tableau 2.2

Dépense de protection de l'environnement par agent et par domaine (1995) [1]

En millions de francs courants

	Administrations publiques	Entreprises	Ménages	Total
Gestion des eaux usées	41 599	9 477	5 094	56 170
Air	nd	7 610	1 710	9 320
Bruit	645	690	1 200	2 535
Déchets	24 647	16 334	1 953	42 934
Nettoyage des rues	5 300	nd	nd	5 300
Patrimoine écologique	1 745	nd	nd	1 745
R&D	3 255	1 965	–	5 220
Administration générale	7 054	–	–	7 054
Total	**84 245**	**36 076**	**9 957**	**130 278**

Sources : Ifen, ministères de l'Environnement, de l'Industrie (SESSI), OST, CSIL et BIPE Conseil. nd = données non disponibles.

Tableau 2.3

Dépense de protection de l'environnement par agent et par nature (1995)

En millions de francs courants

	Dépense en capital [a]	Dépense courante	Total
Administrations publiques	22 350	61 895	84 245
Entreprises	6 915	29 161	36 076
Ménages	5 116	4 841	9 957
Total	**34 381**	**95 897**	**130 278**

a. La terminologie a été harmonisée avec celle du système européen de rassemblement de l'information économique sur l'environnement (SERIEE). Les dépenses de capital et dépenses courantes recouvrent ici le même sens que les termes utilisés antérieurement, respectivement investissement et fonctionnement.
Sources : Ifen, ministères de l'Environnement, de l'Industrie (SESSI), OST, CSIL et BIPE Conseil.

1. Les agrégats par agents présentés dans ces tableaux correspondent à un classement en fonction des responsabilités légales : ainsi les dépenses de gestion des eaux usées d'une collectivité locale qui a adopté la gestion déléguée à une entreprise privée sont consolidées au sein de l'agrégat « Administrations Publiques », même si la gestion quotidienne est assurée par une entreprise et la facture est payée par ailleurs par les ménages. Il en est de même pour la gestion des déchets.

Tableau 2.4

Dépense nationale environnement au sens large par agent (1995)

En millions de francs courants

	Administrations publiques	Entreprises	Ménages	Total
Dépenses de protection de l'environnement	84 245	36 076	9 957	130 278
Cadre de vie	8 430	–	–	8 430
Mobilisation de la ressource en eau	29 220	–	–	29 220
Dépense nationale (au sens large)	121 895	36 076	9 957	167 928

Source : Ifen, SESSI, ministère de l'Environnement, OST, CSIL et BIPE Conseil.

Tableau 2.5

Niveau de la dépense nationale de protection de l'environnement

En millions de francs courants

	1990	1991	1992	1993	1994	1995	Taux de croissance annuel moyen (%)			
							92/90	93/92	94/93	95/94
Dépense courante	62 019	68 081	74 411	80 980	89 769	95 897	+ 9,5	+ 8,8	+ 10,9	+ 6,8
Dépense en capital	31 766	33 535	30 989	31 819	34 182	34 381	– 1,2	+ 2,7	+ 7,4	+ 0,6
Total	**93 785**	**101 616**	**105 400**	**112 798**	**123 951**	**130 278**	**+ 6,0**	**+ 7,0**	**+ 9,9**	**+ 5,1**

Sources : Ifen, SESSI, ministère de l'Environnement, OST, CSIL et BIPE Conseil.

Graphique 2.1

Dépenses en capital pour la protection de l'environnement

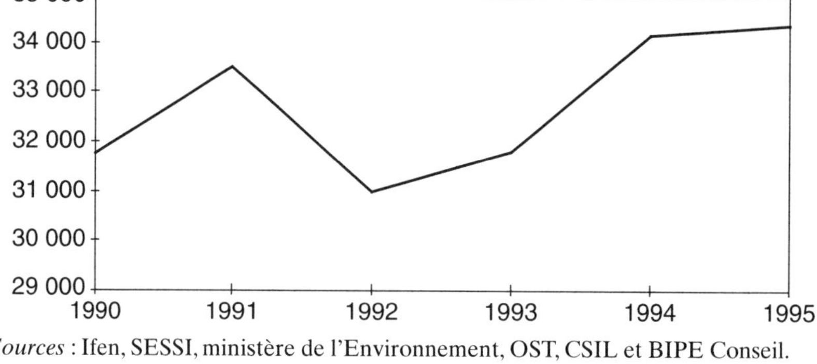

Sources : Ifen, SESSI, ministère de l'Environnement, OST, CSIL et BIPE Conseil.

Les évolutions marquantes

Ralentissement de la hausse des dépenses de gestion des eaux usées et forte progression des dépenses de gestion des déchets

En 1995, les dépenses de gestion des eaux usées ont représenté 44 % de la dépense totale, pour un montant de 56 170 millions de francs. Le rythme d'accroissement annuel s'est considérablement ralenti, passant de + 13,1 % en valeur en 1994 à + 3,1 % en 1995. Ce ralentissement est surtout le fait de celui des investissements et des dépenses courantes pour l'assainissement collectif. Ces évolutions peuvent s'expliquer en grande partie par les élections municipales de 1995 : on constate en effet souvent le ralentissement des investissements des communes et des organismes intercommunaux en période électorale et, dans la mesure où ces collectivités locales représentent une part importante des investissements dans ce domaine, leur comportement a donc eu un impact sur les investissements dans le domaine de la gestion des eaux usées. Les dépenses des ménages augmentent entre 1994 et 1995, à l'exception de l'investissement en assainissement autonome, qui diminue faiblement (– 4 %) et dont le montant représente 7 % de la dépense. Il faut enfin noter que le ralentissement entre 1994 et 1995 s'explique par une forte hausse l'année précédente : l'évolution entre 1993 et 1994 était de 13 % pour la dépense totale contre 7 % entre 1992 et 1993.

En 1995, la dépense dans le domaine des déchets a représenté 33 % de la dépense environnement, pour un montant de 42 934 millions. Les dépenses dans le domaine des déchets ne cessent de progresser fortement, avec + 9,9 % en valeur en 1994, et + 9,6 % en 1995. L'accroissement des dépenses concerne néanmoins plus fortement les dépenses courantes que les dépenses en capital.

Dans les autres domaines importants, les évolutions ont été moins heurtées :

– dans le domaine de la lutte contre le bruit, le rythme d'accroissement des dépenses a légèrement augmenté, avec + 3,7 % en 1995 contre + 3,2 % en 1994 ;

– dans le domaine de la lutte contre la pollution de l'air, le rythme d'accroissement des dépenses s'est légèrement infléchi, avec + 3,1 % en 1995 contre + 3,7 % en 1994.

Graphique 2.2

Dépense nationale de protection de l'environnement par domaine (en 1995)

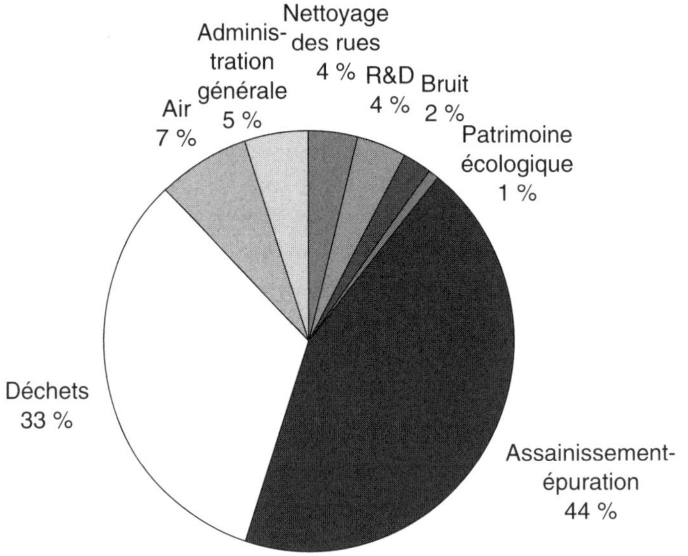

Sources : Ifen, SESSI, ministère de l'Environnement, OST, CSIL et BIPE Conseil.

Graphique 2.3

Dépense nationale de protection de l'environnement par agent (en 1995)

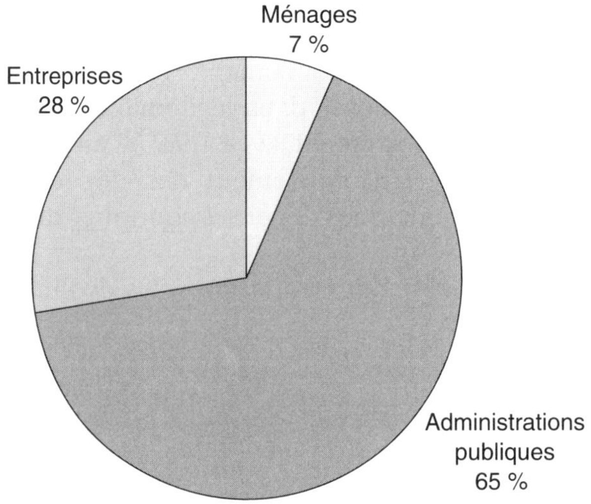

Sources : Ifen, SESSI, ministère de l'Environnement, OST, CSIL et BIPE Conseil.

Nomenclature des dépenses environnement en France

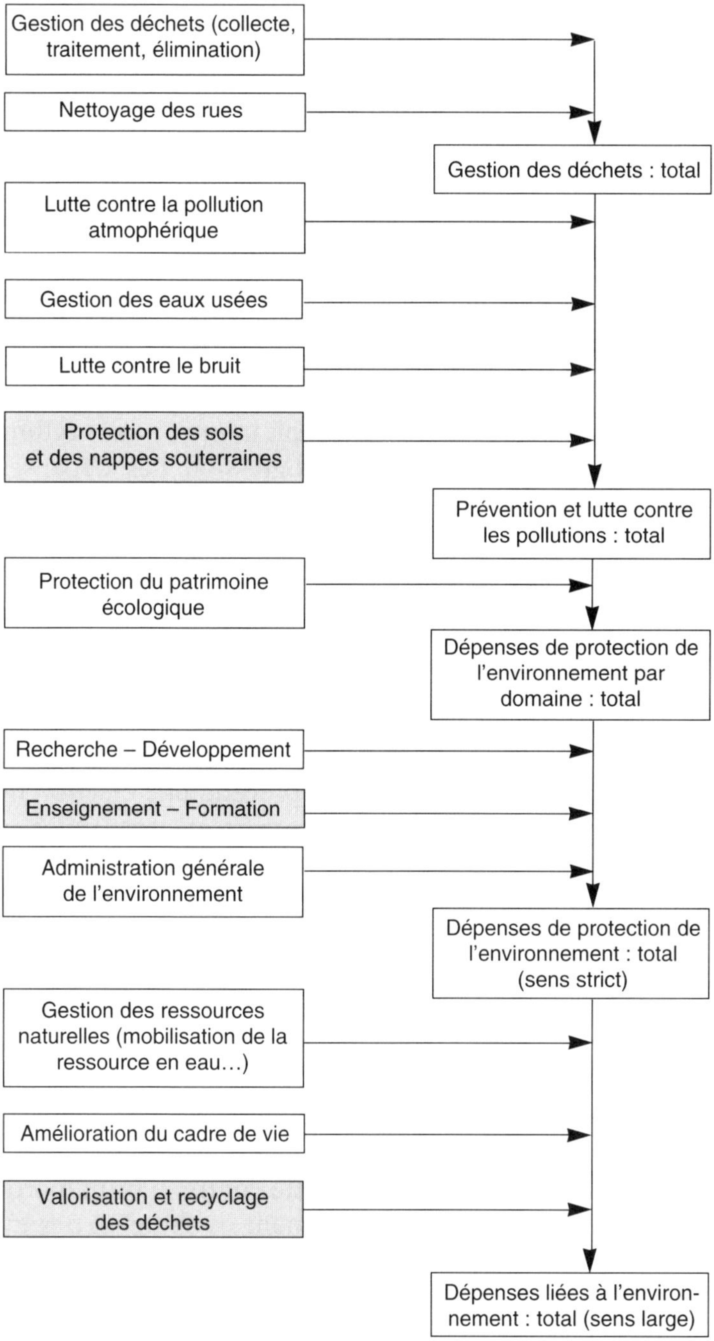

NB : Les cadres ombrés correspondent aux dépenses non encore intégrées dans les Données Économiques de l'Environnement. La protection contre les radiations qui n'est pas encore définie de façon très précise dans le SERIEE, n'a pas été incluse.

Les dépenses des administrations publiques

En 1995, les dépenses des administrations publiques pour la protection de l'environnement ont enregistré une progression de + 4,5 % en valeur en 1995, ce qui tend à marquer une décélération du rythme d'accroissement annuel, par rapport aux années 1993 et 1994 *(tableau 1.6)*.

Cette évolution globale cache des évolutions différentes d'un type de dépense à l'autre, et d'un domaine à l'autre :

– les dépenses courantes, qui représentent près des trois quarts de la dépense environnement des administrations publiques, ont connu une progression de + 6,1 % en 1995. Ce résultat marque une décélération du rythme de croissance annuel, qui s'élevait à plus de 10 % en valeur depuis 1990, mais montre que le rythme de croissance demeure soutenu. La progression des dépenses de fonctionnement s'explique en partie par une forte hausse des frais de personnel, la plus importante depuis 10 ans, qui tient pour beaucoup à la hausse de la cotisation employeur à la CNRACL ;

– les dépenses en capital ont stagné, avec une augmentation de + 0,3 % par rapport à l'année précédente, ce qui contraste fortement avec la forte progression des dépenses en capital enregistrées en 1994 (+ de 9 % en valeur), ce que l'on peut rapprocher du cycle électoral des investissements (hausse forte constatée régulièrement l'année qui précède une élection municipale), dans la mesure où les communes et organismes intercommunaux couvrent l'essentiel des investissements publics de protection de l'environnement ;

– dans le domaine des déchets, les dépenses courantes des administrations publiques se sont maintenues à un niveau relativement élevé, tandis que les dépenses en capital ont chuté fortement ;

– dans le domaine des eaux usées, l'accroissement des dépenses s'est fortement ralenti, et notamment celui des dépenses en capital ;

– les investissements publics de lutte contre le bruit marquent une légère reprise, en raison notamment de l'impact des évolutions réglementaires ;

– les dépenses de protection du patrimoine écologique sont restées stables, même si les dépenses courantes et en capital ont évolué différemment, avec une baisse sensible pour cette dernière.

L'évolution de la dépense de protection de l'environnement des administrations publiques pour 1995 est liée à divers événements.

Les données générales sur la conjoncture des finances locales communiquées par le Crédit Local de France montrent une hausse des dépenses courantes de 4,8 % en 1995, et une baisse de 1,8 % des dépenses en capital, ce qui amène à constater que les dépenses environnement semblent augmenter plus rapidement que les dépenses générales, et confirme ainsi la part de plus en plus importante de ce domaine au sein des préoccupations des collectivités locales.

Par ailleurs, les collectivités ont du faire face en 1995 à une réduction de leurs marges de manœuvre, en raison d'une progression plus forte des dépenses de gestion que des recettes réelles de fonctionnement. Comme, parallèlement, les dépenses de protection de l'environnement représentent, en moyenne et de façon consolidée, environ 20 % des dépenses totales des collectivités locales, il peut paraître logique que la dimension financière des dépenses de protection de l'environnement (prix de l'eau, TEOM) devienne ainsi une variable de plus en plus centrale.

Tableau 2.6

Niveau des dépenses de protection de l'environnement des administrations publiques

En millions de francs courants

	1990	1991	1992	1993	1994	1995	Taux de croissance annuel moyen (%)			
							92/90	93/92	94/93	95/94
Dépense courante	38 705	43 141	47 514	52 505	58 340	61 895	+ 10,8	+ 10,5	+ 11,1	+ 6,1
Dépense en capital	19 968	21 831	19 593	20 214	22 273	22 350	– 0,9	+ 3,2	+ 10,2	+ 0,3
Total	**58 673**	**64 972**	**67 107**	**72 718**	**80 613**	**84 245**	**+ 6,9**	**+ 8,4**	**+ 10,9**	**+ 4,5**

Source : Ministère de l'Environnement et BIPE Conseil d'après en particulier l'Ifen, le SESSI, les Agences de l'Eau, synthèse de travaux présentés au Comité de Conjoncture des activités éco-industrielles et d'enquêtes auprès des industriels.

Les dépenses des entreprises

En 1995, la dépense de protection de l'environnement des entreprises a été caractérisée par un niveau de progression plus élevé qu'en 1994, de l'ordre de + 7,2 % en francs courants *(tableau 2.7)*.

– Le rythme d'accroissement des dépenses courantes s'est très légèrement infléchi par rapport à 1994. Cependant il reste élevé, avec + 8,1 %.

– Par ailleurs, les dépenses en capital, après avoir baissé de 3,6 % en 1994, ont progressé d'autant en 1995, ce qui les situe au niveau de 1993.

Tableau 2.7

Dépenses des entreprises pour la protection de l'environnement

En millions de francs courants

	1990	1991	1992	1993	1994	1995	Taux de croissance annuel moyen (%)			
							92/90	93/92	94/93	95/94
Dépense courante	20 356	21 703	23 340	24 735	26 966	29 161	+ 7,1	+ 6,0	+ 9,0	+ 8,1
Dépense en capital	6 581	6 855	6 701	6 924	6 673	6 915	+ 0,9	+ 3,3	– 3,6	+ 3,6
Total	**26 937**	**28 558**	**30 041**	**31 659**	**33 639**	**36 076**	**+ 5,6**	**+ 5,4**	**+ 6,3**	**+ 7,2**

Source : BIPE Conseil à partir de données du SESSI, des Agences de l'Eau et de l'Ifen, synthèse de travaux présentés au Comité de Conjoncture des activités éco-industrielles et d'enquêtes auprès des industriels.

Cette reprise des dépenses en capital des entreprises peut être rapprochée du rebond des investissements globaux engagés par les industriels. Par ailleurs, les résultats des enquêtes menées par l'INSEE sur la motivation des investissements industriels tendent à montrer *(graphique 2.4)*, que l'environnement figure toujours à un rang élevé de priorité.

L'évolution des dépenses varie selon les domaines d'activités :

– Dans le domaine des déchets, les dépenses courantes ont continué de progresser à un rythme élevé, même si celui-ci a fléchi par rapport à 1994. Ce résultat est en partie dû à l'augmentation des dépenses de sous-traitance des entreprises spécialisées dans la gestion des déchets industriels.

– Dans le domaine des eaux usées, le taux de croissance des dépenses courantes est resté stable, tandis que les dépenses en capital ont marqué une progression de 6 % en francs courants par rapport à 1994.

– Dans le domaine de la lutte contre la pollution de l'air, de même que dans celui de la lutte contre le bruit, l'année 1995 a été marquée par une reprise des dépenses en capital, bien que les entreprises considèrent que ces domaines sont moins prioritaires que les déchets et les eaux usées.

Graphique 2.4

Évolution de la part des investissements industriels dont la destination est estimée liée à l'environnement [1]

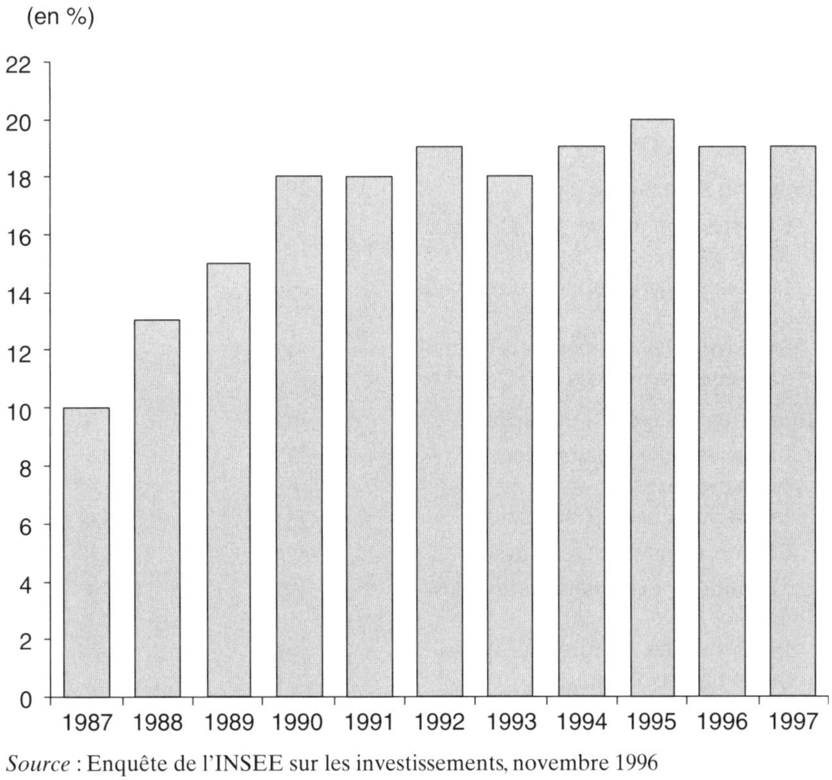

Source : Enquête de l'INSEE sur les investissements, novembre 1996

Note : A partir de mai 1991, les entreprises sont interrogées sous forme qualitative sur la destination de leurs investissements de toute une année pour deux années consécutives. Les résultats fournis dans le graphique ci-dessus portent les informations disponibles dans la dernière enquête (le % indiqué pour 1996 et pour 1997 est celui fourni par l'enquête de novembre 1996).

1. L'environnement figure dans la rubrique « Sécurité, environnement, conditions de travail » qui est reprise ici. L'absence de précision de l'intitulé ne permet pas d'en tirer des conclusions quantitatives fortes mais fournit une indication qualitative intéressante.

Tableau 2.8

Investissements de protection de l'environnement par secteur industriel en 1994

Unité : millions de francs

Secteurs	Total antipollution	Pourcentage par rapport à l'investissement total
Industries agricoles et alimentaires	643,2	3,5
Habillement, cuir	27,8	1,8
Édition, imprimerie, reproduction	19,2	0,5
Pharmacie, parfumerie, entretien	234,7	3,3
Industries des équipements du foyer	60,4	1,4
Industries des biens de consommation	342,1	2,1
Industrie automobile	296,1	1,4
Construction navale, aéronautique et ferroviaire	33,5	1,2
Industries des équipements mécaniques	89,3	1,6
Industries des équipements électriques et électroniques	42,1	0,6
Industries des biens d'équipement	164,9	1,0
Industrie des produits minéraux	210,5	3,1
Industrie textile	42,1	1,4
Industrie du bois et du papier	251,9	4,8
Chimie, caoutchouc, plastiques	973,6	6,6
Métallurgie et transformation des métaux	352,5	3,8
Industries des composants électriques et électroniques	125,8	1,7
Industrie des biens intermédiaires	1 956,4	4,2
Production de combustibles et de carburants	540,5	4,2
Production et distribution d'eau, de gaz et d'électricité	999,9	2,2
Énergie	1 540,4	2,7
Total	4 943,0	2,8

Source : SESSI et SCEES.

Les dépenses d'investissement antipollution dans l'industrie

Les services statistiques des ministères de l'Industrie (SESSI) et de l'agriculture (SCEES) organisent une enquête spécifique sur les investissements antipollution dans l'industrie. Les résultats de cette enquête sont disponibles pour les années 1992 à 1994. Les comparaisons directes avec les données relatives aux entreprises présentées par ailleurs dans ce chapitre sont rendues difficiles par des différences de champ significatives (cf. méthodologie en annexe de ce chapitre). Il a paru néanmoins important de reprendre ici les principaux résultats de l'enquête du SESSI, qui fournit une information statistique structurelle très riche. En 1994, avec 4,9 milliards de francs, les investissements de l'industrie et de l'énergie pour protéger l'environnement ont représenté 2,8 % des investissements totaux des établissements industriels. Si la lutte contre la pollution de l'eau a toujours la prééminence depuis 1992, une attention nouvelle est portée aux déchets.

Les investissements sont classés selon trois catégories : investissements spécifiques visant à réduire la pollution (3,2 milliards de francs en 1994), prévention des risques (0,86 milliards de francs), et part environnement intégrée dans les changements de procédés (0,85 milliards de francs).
Sur le plan sectoriel, près de 40 % des investissements antipollution de l'industrie sont réalisés par les industries de biens intermédiaires, et notamment l'industrie chimique, les industries du bois et du papier, la métallurgie et la transformation des métaux, et les industries des produits minéraux. Par ailleurs, les investissements de protection de l'environnement sont particulièrement significatifs dans les industries de biens intermédiaires (4,2 % de leurs investissements totaux), dans la production de combustibles et de carburants (4,2 %), dans les industries agricoles et alimentaires (3,5 %), et de la parfumerie et de l'entretien (3,3 %). Les investissements antipollution du secteur eau-gaz-électricité ont atteint un milliard de francs en 1994, ce qui représente seulement 2,2 % du total des investissements de ce secteur très capitalistique.

LES DÉPENSES DES MÉNAGES [1]

En 1995, les dépenses des ménages ont cru de près de 2,7 % en valeur (*tableaux 2.9* et *2.10*). Ce résultat contraste avec la forte progression enregistrée en 1994, de plus de 15 % en francs courants. Cet accroissement des dépenses peut paraître faible au regard de celui de la consommation des ménages enregistré en

1. Les dépenses étudiées dans cette partie ne comprennent pas les dépenses relatives à la facture d'eau potable et de gestion des eaux usées collectées par un réseau d'assainissement collectif qui sont consolidées avec la dépense des administrations publiques.

1995, qui était de l'ordre de 4 % en valeur, mais l'agrégat présenté ici exclut la facture d'eau qui a augmenté fortement et est présentée par ailleurs.

Tableau 2.9

Dépenses en capital réalisées par les ménages [1]

En millions de francs courants

Dépense en capital	1990	1991	1992	1993	1994	1995	Taux de croissance annuel moyen (%)			
							92/90	93/92	94/93	95/94
Eau	4 026	3 613	3 494	3 596	4 086	3 916	– 6,8	+ 2,9	+ 13,6	– 4,2
Bruit	1 190	1 235	1 200	1 085	1 150	1 200	+ 0,4	– 9,6	+ 6,0	+ 4,3
Total	**5 216**	**4 848**	**4 694**	**4 681**	**5 236**	**5 116**	**– 5,1**	**– 0,3**	+ 1,1	**– 2,3**

Source : BIPE Conseil à partir des travaux du Comité de Conjoncture des activités éco-industrielles, d'enquêtes de BIPE Conseil auprès des industriels et des données de l'Ifen.

Tableau 2.10

Dépenses courantes réalisées par les ménages

En millions de francs courants

Dépense courante	1990	1991	1992	1993	1994	1995	Taux de croissance annuel moyen (%)			
							92/90	93/92	94/93	95/94
Eau	640	785	793	797	1 175	1 178	+ 11,3	+ 0,5	+ 47,4	+ 0,3
Air	850	920	1 190	1 460	1 640	1 710	+ 18,3	+ 22,7	+ 12,3	+ 4,3
Déchets	1 468	1 532	1 574	1 483	1 648	1 953	+ 3,5	– 5,8	+ 11,1	+ 18,5
Total	**2 958**	**3 237**	**3 557**	**3 740**	**4 463**	**4 841**	**+ 9,7**	**+ 5,1**	**+ 19,3**	**+ 8,5**

Source : BIPE Conseil à partir des travaux présentés au Comité de Conjoncture des activités éco-industrielles, d'enquêtes de BIPE Conseil auprès des industriels et des données de l'Ifen.

Les résultats varient selon les domaines :

– Dans le domaine de l'assainissement autonome, les dépenses en capital ont enregistré une baisse, sans doute liée aux difficultés du secteur de la construction de logements individuels, tandis que les dépenses courantes se sont à peine maintenues.

1. Les dépenses exécutées par les ménages pour la protection du patrimoine écologique sont considérées comme non significatives. Il en est de même pour les dépenses en capital liées à l'air et aux déchets. La lutte contre le bruit n'occasionne que des dépenses en capital.

– Dans le domaine de la lutte contre la pollution de l'air, le taux de croissance des dépenses des ménages est inférieur à celui de la période de mise sur le marché de véhicules à essence équipés de pots catalytiques.

– Dans le domaine des déchets, la dépense a fortement progressé, avec près de + 18,5 % en francs courants.

– Dans le domaine du bruit, le rythme de progression de la dépense s'est légèrement infléchi, ce qui est à rapprocher de la conjoncture difficile dans le secteur du bâtiment.

ANNEXE

Définitions générales des comptes de l'environnement

Dans cette édition des Données Économiques de l'Environnement comme dans la précédente, le champ de la dépense nationale environnement a été calé sur la nomenclature du SERIEE (système européen de rassemblement de l'information économique sur l'environnement), élaboré par l'Office Statistique des Communautés Européennes (Eurostat).

Cette édition est également caractérisée par l'intégration de résultats de travaux de l'Institut Français de l'Environnement (Ifen), qui a établi des comptes de la dépense de protection de l'environnement, à partir de la méthodologie européenne SERIEE.

L'établissement du Compte de la Dépense de Protection de l'Environnement (CDPE) vise à répondre aux questions suivantes :

– combien la collectivité nationale dépense-t-elle, et sous quelle forme, pour la protection de l'environnement ? (détermination de la dépense nationale de protection de l'environnement) ;

– comment et par quels agents cette dépense est-elle financée ? (analyse du financement de la dépense nationale).

S'inscrivant dans la perspective d'élaboration d'un compte satellite de l'environnement, cette description intègre les données physiques et articule la protection de l'environnement avec l'ensemble de l'économie.

L'Ifen a entamé la réalisation concrète de comptes de la dépense de protection de l'environnement dans deux domaines, celui de la dépense de gestion des eaux usées (voir chapitre 3) et celui de la gestion des déchets (voir chapitre 4).

A chaque fois que cela est possible, les estimations de l'Ifen ont été reprises directement, de façon à assurer une cohérence la plus complète possible. On doit toutefois relever que pour des raisons de lisibilité des résultats et par souci de prise en compte de la logique économique, un certain nombre de retraitements ont été réalisés. En particulier les dépenses des concessionnaires de service public (alimentation en eau, gestion des eaux usées, collecte et traitement des déchets) ont été affectées aux collectivités locales, dans la mesure où celles-ci restent impliquées, au moins indirectement, dans la gestion des services, par leurs aspects économiques et juridiques.

Le concept central du CDPE est la *dépense nationale*. L'objectif de cet agrégat est de rendre compte de l'ensemble des dépenses que les différents agents de l'économie nationale engagent pour la protection de l'environnement. Cette dépense prend la forme :

– de la consommation finale ou intermédiaire de services de protection de l'environnement. On parle de services caractéristiques du domaine ; les activités qui les produisent sont appelées activités caractéristiques et les producteurs correspondants producteurs caractéristiques ;

– de la consommation finale ou intermédiaire d'un certain nombre d'autres produits utilisés dans un but explicite de protection de l'environnement. On distingue les produits connexes et les produits adaptés. Les produits adaptés sont des produits spécialement conçus pour être moins nocifs pour l'environnement au stade de leur utilisation ou de leur mise au rebut que les produits « normaux » équivalents, c'est-à-dire qui offrent la même utilité (exemple : piles sans mercure). Les produits connexes sont des produits qui sont utilisés explicitement dans un but de protection de l'environnement (exemple : sacs poubelles) ;

– de formation brute de capital (et d'acquisitions nettes d'actifs non financiers non produits – terrains par exemple) destinée à l'exercice des activités caractéristiques (exemple usine d'incinération des ordures ménagères dans le compte de la gestion des déchets) ;

– enfin de transferts spécifiques effectués dans un but explicite de protection de l'environnement, dès lors qu'ils ne sont pas la contrepartie des éléments précédents (exemple subventions pour la collecte des huiles usagées dans le compte de la gestion des déchets).

Le compte permet d'organiser ces éléments de dépense dans un cadre cohérent avec les comptes nationaux. Il comprend trois tableaux articulés :

– un tableau des utilisations qui reprend les trois éléments ci-dessus par catégorie d'utilisateur ou de bénéficiaire, dans le cas des transferts,

– un tableau qui présente pour les différentes catégories de producteurs la formation de la valeur de la production des services caractéristiques,

– un tableau de financement qui explicite pour les différentes catégories d'utilisateurs, quels sont les agents qui ont financé leur dépense.

Ces tableaux sont complétés par un quatrième tableau qui présente l'équilibre ressources-emplois des services caractéristiques.

Les administrations publiques

Cette édition des Données Économiques de l'Environnement est caractérisée par un certain nombre de réévaluations appuyées en particulier sur les travaux menés par l'Ifen, qui sont décrits dans les domaines correspondants (eau, déchets).

Les administrations publiques comprennent ici les collectivités locales, l'État et les établissements publics sous tutelle. On rappelle, pour mémoire, que les comptes des services en gestion déléguée sont consolidés avec ceux des collectivités locales, quel que soit le statut juridique de la délégation (SEM, concessions...).

Les entreprises

L'élaboration des comptes de la dépense de protection de l'environnement des entreprises repose sur les applications pratiques du SERIEE que constituent les comptes de la dépense réalisés par l'Ifen et sur l'enquête annuelle réalisée par le SESSI qui constitue une source primaire centrale pour l'élaboration des comptes, dans la mesure où les changements constatés d'une année à l'autre représentent des évolutions à champ constant. Les données de l'enquête sont systématiquement recoupées avec les données évaluées par des voies différentes (sources professionnelles, autres sources administratives, avis d'experts, etc.). S'agissant d'une enquête annuelle, celle-ci est utilisée largement de même que continueront de l'être les sources antérieures dans certains cas, précisés dans les chapitres concernés.

Les données élaborées pour cette édition des Données Économiques de l'Environnement sont issues ainsi de recoupements avec les résultats de l'enquête 1994 du SESSI, à la fois en termes de niveau et d'évolution à champ constant.

On doit relever des différences de champs dont les suivantes sont particulièrement significatives, qui expliquent une majeure partie des écarts constatés sur les niveaux :

– les données du SESSI incluent le secteur de la production et distribution d'eau, qui est inclus ici au sein du secteur des collectivités locales dans la mesure où il s'agit de la gestion déléguée de services publics locaux ;

– les données du SESSI représentent les investissements des industriels, mais pas ceux des entreprises de service (notamment les prestataires des industriels, qui sont inclus ici).

Les dépenses des ménages

Les méthodes employées pour l'évaluation des dépenses des ménages dans le domaine des eaux usées et des déchets sont présentées dans les chapitres 3 et 4. On rappelle ici les méthodes pour les autres domaines, à savoir l'air et le bruit.

Air : il s'agit, d'une part, des dépenses de réglages antipollution des véhicules, calculées à partir des éléments suivants : parc français de véhicules légers, pourcentage estimé de véhicules ayant effectué une révision dans l'année et coût moyen du réglage antipollution. Il s'agit, d'autre part, des dépenses de remplacement relatives aux achats de pots catalytiques qui ont été estimées à partir des chiffres de ventes de voitures équipées d'un pot catalytique et du prix moyen du pot catalytique.

Bruit : l'investissement a été évalué en première approximation à partir du coût moyen d'une installation d'isolation (double vitrage, revêtement de façade...) rapporté au nombre de logements ayant bénéficié d'une nouvelle installation d'isolation ; il est à noter que ces dépenses concourent à d'autres objectifs d'environnement (économies d'énergie en particulier).

CHAPITRE 3

La dépense de gestion des eaux usées

La gestion des eaux usées comprend toutes les activités liées aux eaux usées : les réseaux d'assainissement, les installations de traitement des eaux usées, l'assainissement autonome, les mesures, contrôles, analyses ainsi que la réduction à la source de la pollution des eaux. Par contre, elle exclut le secteur de l'alimentation en eau potable.

De 1990 à 1995, la dépense nationale de gestion des eaux usées est passée de 41,9 milliards de francs à 56,2 milliards (aux prix courants). Par rapport au produit intérieur brut (PIB) de la France, cette dépense représente 0,74 % du PIB en 1995. Elle connaît *une croissance de plus de 6 % par an*, soit une augmentation deux fois plus élevée que le PIB sur 1990-1995.

La dépense courante augmente de façon soutenue sur l'ensemble de la période 1990-1995 : elle passe de 20,7 milliards de francs en 1990 à 34,4 milliards en 1995, soit une hausse de plus de 10 % par an en moyenne.

La dépense en capital connaît une augmentation très faible, passant de 21,1 milliards de francs en 1990 à 21,7 milliards en 1995. De ce fait, elle ne représente plus que 40 % de la dépense totale en 1995, contre la moitié en 1990.

Tableau 3.1

Les dépenses courantes et en capital de gestion des eaux usées

Millions de francs aux prix courants

	1990	1991	1992	1993	1994 [a]	1995 [a]	Variation (%)		
							93/92	94/93	95/94
Dépense courante	20 729	23 530	25 818	28 509	32 888	34 424	10,4	15,4	4,7
Dépense en capital	21 130	22 139	19 023	19 689	21 607	21 746	3,5	9,7	0,6
Total	**41 859**	**45 669**	**44 841**	**48 198**	**54 495**	**56 170**	**7,5**	**13,1**	**3,1**

a. Données provisoires.
Source : Ifen.

La dépense courante est répartie entre les ménages et les entreprises : les ménages paient pour le rejet de leurs eaux usées dans les réseaux collectifs d'assainissement ainsi que pour l'entretien de leurs installations d'assainissement autonome. Les entreprises dépensent pour leurs rejets dans les réseaux collectifs et également pour le fonctionnement de leurs propres systèmes de traitement des eaux usées [1].

La dépense courante des entreprises est plus importante que celle des ménages, d'environ 5 milliards de francs chaque année sur la période étudiée. Par contre, c'est celle des ménages qui connaît la hausse la plus importante de ces deux dépenses : elle augmente de plus de 13 % par an en moyenne, alors que la dépense courante des entreprises ne croît « que » de 9 % par an.

La dépense de gestion des eaux usées peut être classée par grands domaines : la gestion des eaux usées municipales pour les eaux usées prises en charge par les collectivités locales, la gestion des eaux usées industrielles pour les entreprises qui traitent elles-mêmes leurs effluents et l'assainissement autonome pour les ménages qui ne sont pas raccordés aux réseaux d'assainissement collectif.

1. La dépense courante intègre également les subventions sur la production, c'est-à-dire les aides au bon fonctionnement des stations d'épuration versées par les Agences de l'Eau.

Tableau 3.2

Les principales composantes de la dépense de gestion des eaux usées

Millions de francs aux prix courants

	1990	1991	1992	1993	1994[a]	1995[a]
Dépense courante des ménages	7 695	8 747	10 086	11 194	13 585	14 539
dont assainissement collectif	7 055	7 962	9 293	10 397	12 410	13 361
dont assainissement autonome	640	785	793	797	1 175	1 178
Dépense courante des entreprises	13 034	14 783	15 732	17 315	19 303	19 885
dont assainissement collectif	7 378	8 762	9 383	10 825	12 571	12 902
dont épuration industrielle	5 656	6 021	6 349	6 490	6 732	6 983
Dépense en capital	21 130	22 139	19 023	19 689	21 607	21 746
dont assainissement collectif	14 720	16 036	13 271	13 496	15 169	15 336
dont assainissement autonome	4 026	3 613	3 494	3 596	4 086	3 916
dont épuration industrielle	2 384	2 490	2 258	2 597	2 352	2 494
Total	**41 859**	**45 669**	**44 841**	**48 198**	**54 495**	**56 170**

a. Données provisoires.
Source : Ifen.

LA DÉPENSE DE GESTION EN ASSAINISSEMENT COLLECTIF

La dépense de gestion pour l'assainissement collectif regroupe l'ensemble des dépenses relatives aux services municipaux de gestion des eaux usées, quels que soient leurs modes de gestion (régie directe, délégation partielle ou complète) : la dépense en capital, la dépense courante des ménages et des entreprises, ainsi que les subventions des Agences de l'Eau relatives aux collectivités.

Cette dépense, avec 41,6 milliards de francs en 1995, représente les trois quarts de la dépense nationale de gestion des eaux usées.

La dépense courante est en forte progression, doublant quasiment en cinq ans (de 14,4 milliards de francs en 1990 à 26,3 milliards en 1995), soit une progression annuelle de 13 % en francs courants. Cette augmentation est due à plusieurs facteurs : le plus grand nombre de ménages et d'entreprises desservis par les réseaux d'assainissement, l'augmentation de la capacité de traitement des eaux usées, le développement de modes de traitement plus performants et donc plus coûteux. Elle explique pour une grande partie la hausse du prix de l'eau sur cette période.

Tableau 3.3

La dépense de gestion en assainissement collectif

Millions de francs aux prix courants

	1990	1991	1992	1993	1994 [a]	1995 [a]
Dépense courante	14 433	16 724	18 676	21 222	24 981	26 263
Dépense en capital	14 720	16 036	13 271	13 496	15 169	15 336
en réseaux d'assainissement	12 437	13 065	9 800	9 495	10 323	10 263
en traitement des eaux usées	2 283	2 971	3 471	4 001	4 846	5 073
Total	**29 153**	**32 760**	**31 947**	**34 718**	**40 150**	**41 599**

a. Données provisoires.
Source : Ifen.

Graphique 3.1

Les investissements dans le domaine de la gestion des eaux usées municipales

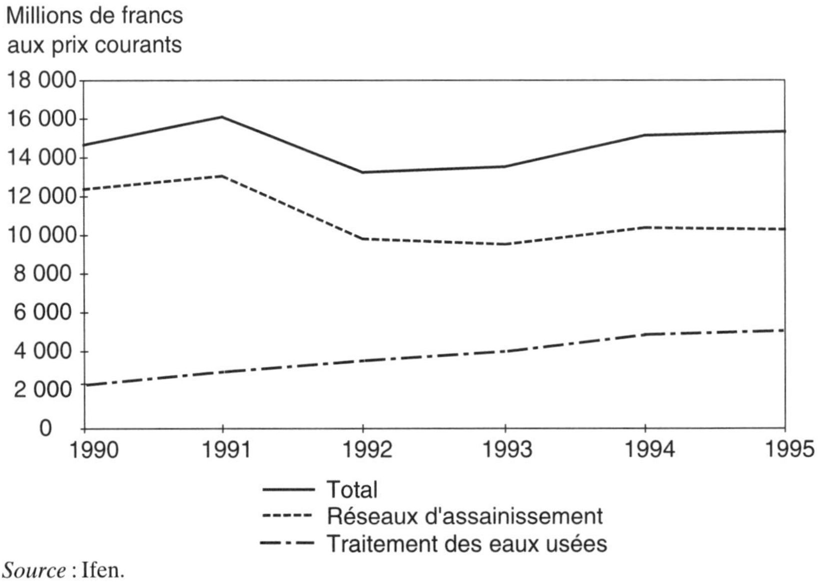

Source : Ifen.

Les investissements ont connu pour leur part une croissance très modérée sur 1990-1995, de l'ordre de 1 % par an en moyenne, qui est la résultante de deux évolutions en sens inverse :

Dans le domaine des réseaux d'assainissement, les investissements ont fortement chuté en 1992, passant de 13 milliards de francs en 1991 à 9,8 milliards. Cette baisse se prolonge en 1993, où ils se montent à 9,5 milliards. Cette évolution serait due pour l'essentiel aux fortes variations des prix des travaux, qui auraient diminué de l'ordre de 30 % sur cette période [1]. En 1994 et 1995, le montant des investissements se redresse, sans toutefois retrouver son niveau antérieur.

Dans le domaine du traitement des eaux usées, les investissements ont cru continuellement à un rythme soutenu, passant de 2,3 milliards de francs en 1990 à 5,1 milliards en 1995. Les objectifs fixés par la réglementation, avec la directive européenne du 21 mai 1991 et la loi sur l'eau du 3 janvier 1992, imposent un effort important aux collectivités locales pour l'épuration de leurs eaux usées. Le rythme des investissements semble cependant ralentir en 1995, phénomène courant en période d'élections municipales.

La dépense de gestion des eaux usées industrielles

La dépense de gestion des eaux usées industrielles regroupe les dépenses des entreprises qui traitent elles-mêmes leurs eaux usées, leurs eaux de refroidissement, qui investissent pour réduire leur pollution à la source, ainsi que les subventions versées par les Agences de l'Eau dans le domaine de l'épuration industrielle.

Cette dépense, avec 8 milliards de francs en 1990 et 9,5 milliards en 1995, connaît une croissance deux fois plus faible que la dépense nationale de gestion des eaux usées : 3 % par an en moyenne contre 6 % pour la dépense totale.

1. Ministère de l'Environnement, « Données Économiques de l'Environnement » édition 1992-1993.

Les investissements de ces entreprises pour la dépollution de l'eau et la réduction de sa pollution par des changements de procédés se maintiennent aux alentours de 2,4 milliards de francs chaque année, diminuant en 1992 et 1994, augmentant les autres années.

La dépense courante suit la croissance des capacités de traitement des eaux usées, augmentant de 4 % par an pour atteindre les 7 milliards de francs en 1995.

Tableau 3.4

La dépense de gestion des eaux usées industrielles

Millions de francs aux prix courants

	1990	1991	1992	1993	1994 [a]	1995 [a]
Dépense courante	5 656	6 021	6 349	6 490	6 732	6 983
Dépense en capital	2 384	2 490	2 258	2 597	2 352	2 494
Total	**8 040**	**8 511**	**8 607**	**9 087**	**9 084**	**9 477**

a. Données provisoires.
Source : Ifen.

Graphique 3.2

Les investissements dans le domaine de la gestion des eaux usées industrielles

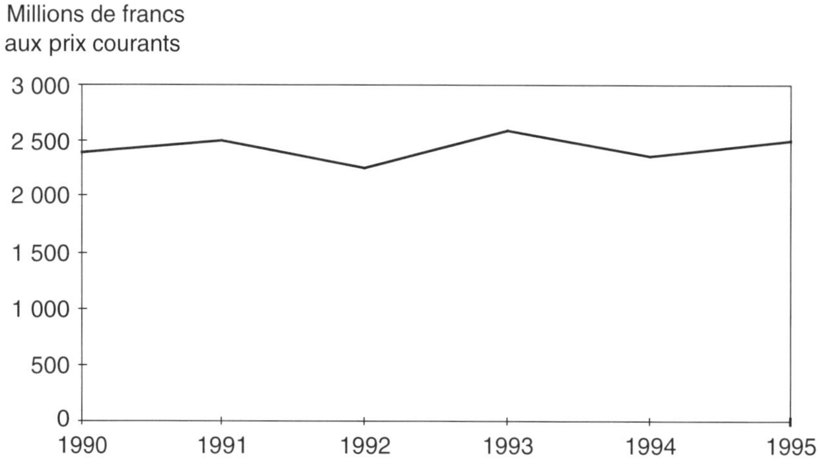

Source : Ifen.

Les investissements antipollution des industriels dans le domaine des eaux usées

L'enquête du SESSI offre des résultats sur les investissements antipollution dans le domaine des eaux usées. On peut ici reprendre les principales évolutions dans ce domaine.

Les investissements spécifiques dans le domaine des eaux usées après une progression en 1992 et 1993, diminuent en 1994. Ils atteignent 2 352 millions de francs en 1994. Cependant, leur part dans l'ensemble des investissements spécifiques progresse : elle passe à 56 %, contre 52 % en 1993. Ce sont les investissements dont la progression est la moins ralentie entre 1993 et 1994.

Les secteurs industriels qui investissent le plus sont ceux de la production et distribution d'eau, de gaz et d'électricité (602 millions de francs), des industries agricoles et alimentaires (392 millions de francs) et de la chimie, du caoutchouc et des plastiques (306 millions de francs). Le premier secteur intègre notamment les entreprises délégataires des services d'eau et d'assainissement des collectivités locales. Les deux autres secteurs sont traditionnellement ceux qui investissent de manière importante dans la protection de l'eau, du fait du caractère polluant de leur activité.

Les investissements pour le traitement, l'épuration et l'élimination représentent 84 % des investissements spécifiques. Le recyclage et la valorisation ne concernent que 10 % de ces investissements et les mesures et contrôles 6 %.

La dépense des ménages en assainissement autonome

L'assainissement autonome, avec une dépense de 5,1 milliards de francs en 1995, représente plus du quart de la dépense des ménages dans le domaine de la gestion des eaux usées (28,6 % exactement).

Elle se compose de la dépense en capital, qui est la dépense relative à l'installation des systèmes d'assainissement autonome, et de la dépense courante, qui regroupe les services de vidange de ces systèmes.

La dépense en capital est relativement stable, la baisse régulière du nombre de systèmes installés (à l'exception notable de l'année 1994) étant partiellement compensée par la hausse des prix.

La dépense courante est en forte augmentation sur 1990-1995, passant de 640 millions de francs à 1,2 milliard. Selon les estimations provisoires[1], on constate une forte croissance en 1994, qui peut être mise en parallèle avec celle du chiffre d'affaires des entreprises du secteur la même année (+ 24 %).

Tableau 3.5

La dépense des ménages en assainissement autonome

Millions de francs aux prix courants

	1990	1991	1992	1993	1994[a]	1995[a]
Dépense courante	640	785	793	797	1 175	1 178
Dépense en capital	4 026	3 613	3 494	3 596	4 086	3 916
Total	**4 666**	**4 398**	**4 287**	**4 393**	**5 261**	**5 094**

a. Données provisoires.
Source : Ifen.

Le financement de la gestion des eaux usées

Le financement est globalement le reflet de la dépense, chaque agent payant le plus souvent pour sa consommation ou son investissement. Les Agences de l'Eau et le Fonds National pour le Développement des Adductions d'Eau (FNDAE) jouent cependant un rôle important, avec un certain nombre d'aides, surtout à l'investissement. Étant financées par des redevances auprès des ménages et des entreprises, il est considéré que ces aides sont financées par ces acteurs. De ce fait, les Agences de l'Eau et le FNDAE n'apparaissent pas en tant que financeurs ultimes.

Les sociétés, étant les consommateurs les plus importants, sont les premiers financeurs : elles paient 42 % de la dépense totale en 1995.

Suivent ensuite les ménages, qui avec 20,8 milliards de francs en 1995 assurent 37 % du financement total.

Les administrations publiques et les sociétés spécialisées des eaux usées, qui ne financent qu'une partie de leur dépense en capital, arrivent en dernière position. Leur contribution finan-

1. Cette information provient de l'Enquête Annuelle d'Entreprise de l'INSEE, pour le chiffre d'affaires réalisé par les entreprises du secteur des services en « vidange et curage de fosses septiques et autres ». Cette enquête ayant été modifiée en 1993, la dépense courante est susceptible d'être révisée en fonction d'informations complémentaires.

cière a peu changé depuis 1992, oscillant autour de 11 milliards de francs.

D'une manière générale, le financement des ménages augmente plus rapidement que celui des entreprises : environ 11 % par an contre 8 % pour les entreprises. La brusque accélération constatée en 1994 a été suivie d'une hausse nettement plus faible en 1995. Cette évolution traduit les évolutions du prix de l'assainissement dans la facture d'eau, très forte en 1994, beaucoup plus faible en 1995.

Tableau 3.6

Le financement de la dépense de gestion des eaux usées

Millions de francs aux prix courants

	1990	1991	1992	1993	1994 [a]	1995 [a]
Sociétés (non spécialisées)	15 991	17 671	18 522	20 691	22 643	23 434
Ménages	12 409	13 161	14 662	16 379	19 635	20 781
Administrations publiques	12 734	14 028	10 951	10 381	11 363	11 091
Sociétés spécialisées dans la gestion des eaux usées	725	809	706	747	854	864
Total	**41 859**	**45 669**	**44 841**	**48 198**	**54 495**	**56 170**

a. Données provisoires.
Source : Ifen.

Les interventions des Agences de l'Eau

Au cours de leurs 6e programmes d'intervention, qui portent sur les années 1992-1996, les Agences de l'Eau ont engagé 33,5 milliards de francs d'aides pour un montant de travaux retenu de 90 milliards, soit un doublement des aides par rapport au programme précédent. La priorité a porté sur l'assainissement urbain, avec 52 milliards de francs de travaux aidés. Grâce en partie à ces aides, la quasi-totalité des agglomérations de plus de 10 000 Équivalents-Habitants dispose d'une station d'épuration.

Les 7e programmes des Agences de l'Eau qui couvrent la période 1997-2001 prévoient pour leur part un montant global de travaux aidés de 105 milliards de francs (aux prix de 1996), qui devraient permettre à la France de remplir ses obligations internationales en matière de maîtrise des pollutions d'origine agricole, d'amélioration de l'assainissement, de réduction des rejets toxiques et de renforcement de la qualité de l'eau potable. Un effort particulier devrait être réalisé pour le milieu rural, afin d'améliorer la qualité bactériologique de l'eau distribuée et l'assainissement.

La production de services de gestion des eaux usées

La production de services de gestion des eaux usées est le fait de trois types de producteurs, assurant les fonctions de l'assainissement collectif et industriel :

– Les administrations publiques locales (communes, syndicats etc.), qui collectent et traitent leurs eaux usées. Leur production en 1995 est estimée à 11 631 millions de francs.

– Les entreprises spécialisées dans la collecte et le traitement des eaux usées, qui travaillent sous contrat de délégation pour les collectivités locales. Les plus importantes sont la Lyonnaise des Eaux, la Compagnie Générale des Eaux et la SAUR qui a repris récemment la CISE. Leur production se monte en 1995 à 13 012 millions de francs.

– Les producteurs auxiliaires sont les entreprises qui gèrent elles-mêmes leurs eaux usées, avec leur propre système d'épuration (6 924 millions de francs en 1995).

Ainsi, la production totale, estimée au prix de base ou au coût de production, des unités de gestion des eaux usées se monte en 1990 à 31,6 milliards de francs. Par rapport à 1990, où elle se montait à 19,2 milliards de francs, elle a connu une augmentation moyenne de 10 % par an.

Les investissements ont l'évolution qui a déjà été décrite : une faible progression due à la baisse des investissements (en valeur) dans les réseaux d'assainissement et à la hausse de ceux dans les installations de traitement des eaux usées.

Les aides à l'investissement reçues par les producteurs sont en forte augmentation : elles passent de 1,4 milliard de francs en 1990 à 3,7 milliards en 1995. Cette évolution est due essentiellement à la progression des subventions des Agences de l'Eau. Les 6e programmes, qui portent sur 1992-1996 ont en effet considérablement augmenté les aides aux collectivités locales et aux industriels.

En ce qui concerne la gestion des eaux usées municipales, les parts de marché des deux catégories de producteurs, les administrations publiques et les sociétés spécialisées, évoluent selon deux phases distinctes. Jusqu'en 1993, les sociétés spécialisées dans la gestion des eaux usées, qui représentent la plus grande partie de cette production dès 1990 (61 %), augmentent leur part de marché. En 1993, elle est ainsi estimée à 63 % de la production de services de gestion des eaux usées municipales.

Tableau 3.7

Les principales opérations des producteurs de services de gestion des eaux usées

Millions de francs aux prix courants

	1990	1991	1992	1993	1994 [a]	1995 [a]
Production	19 232	21 829	24 060	26 439	30 306	31 567
Formation brute de capital fixe	17 104	18 526	15 529	16 093	17 521	17 830
Aides à l'investissement reçues	1 406	1 384	1 845	2 586	3 191	3 667

a. Données provisoires.
Source : Ifen.

A partir de 1994, la production de cette catégorie se stabilise, alors que la production globale de services de gestion des eaux usées continue sa progression, comme le montre l'augmentation de la part « assainissement » dans le prix de l'eau sur cette période. De fait, c'est la production des collectivités locales qui augmente fortement en 1994 et 1995.

L'Ifen a réalisé une étude sur l'évolution des services d'alimentation en eau potable, de collecte des eaux usées et de traitement des eaux usées des communes de plus de 50 000 habitants [1]. Celle-ci montre qu'en 1995, la régie directe concerne les deux tiers des services de collecte des eaux usées (68 %) contre seulement un tiers pour ceux de traitement des eaux usées (35,5 %). Par ailleurs, les changements de modes de gestion ont été relativement nombreux entre 1980 et 1995 : 32 % des communes de plus de 50 000 habitants pour le service de collecte et 27 % pour celui de traitement. La grande majorité de ces changements a entraîné une délégation plus importante.

En ce qui concerne les stations d'épuration, le Réseau National des Données sur l'Eau (RNDE) a réalisé une enquête sur leurs modes d'exploitation en 1995 [2]. Sur les 3 423 stations de plus de 2 000 Équivalents-Habitants (EH) [3], qui ont une capacité totale de 67,3 millions d'EH, 41 % sont exploitées directement

1. Ifen, « La gestion des eaux usées 1990-1994 », Études et Travaux n° 10, septembre 1996.

2. RNDE, « Mode d'exploitation des stations d'épuration des villes », 1995.

3. L'Équivalent-Habitant est une unité de mesure de la pollution produite dans l'eau. Il est égal à la pollution moyenne résultant de l'activité quotidienne d'un habitant : 57 grammes de matières oxydables, 90 g de matières en suspension, 15 g d'azote réduit et 4 g de phosphore total.

par les administrations publiques et 59 % sont en gestion privée. Les sociétés exploitent plus les grandes stations d'épuration, puisqu'en capacité exploitée, leur part de marché passe à 65 %, et celle des administrations publiques à 35 %.

Graphique 3.3

Répartition de la production de services de gestion des eaux usées municipales entre régie directe et gestion déléguée

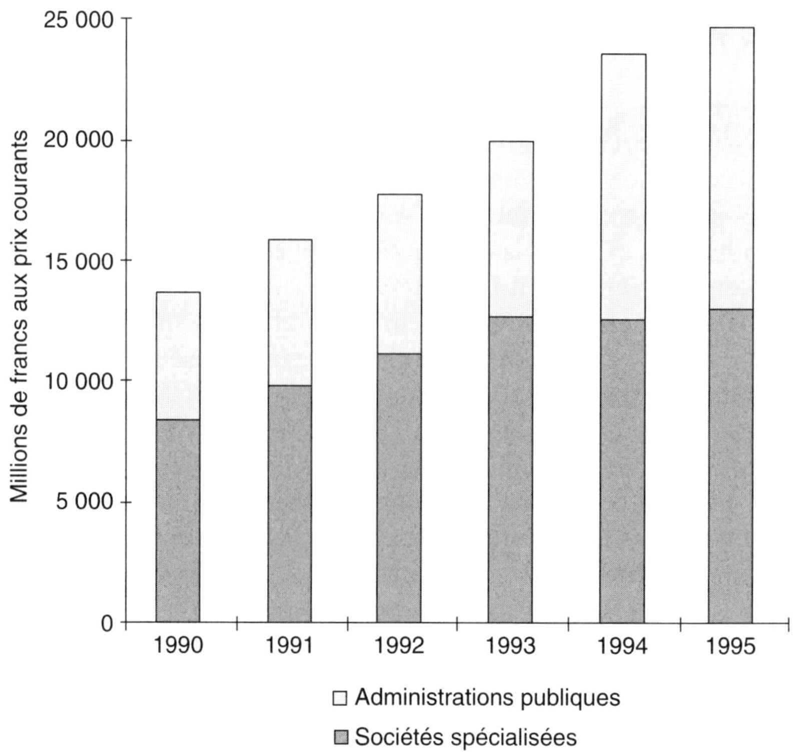

Source : Ifen.

Le schéma suivant récapitule les flux financiers de la gestion des eaux usées en 1995 (résultats provisoires). Les différents intervenants sont isolés, ainsi que les principaux agrégats des comptes de la dépense de protection de l'environnement : consommation, production, dépense en capital.

Il est à noter que les consommations des ménages et des entreprises sont légèrement inférieures à leurs dépenses courantes, celles-ci intégrant également les subventions sur la production des Agences de l'Eau qui leur bénéficient.

Les flux économiques de la gestion des eaux usées en 1995

En millions de francs

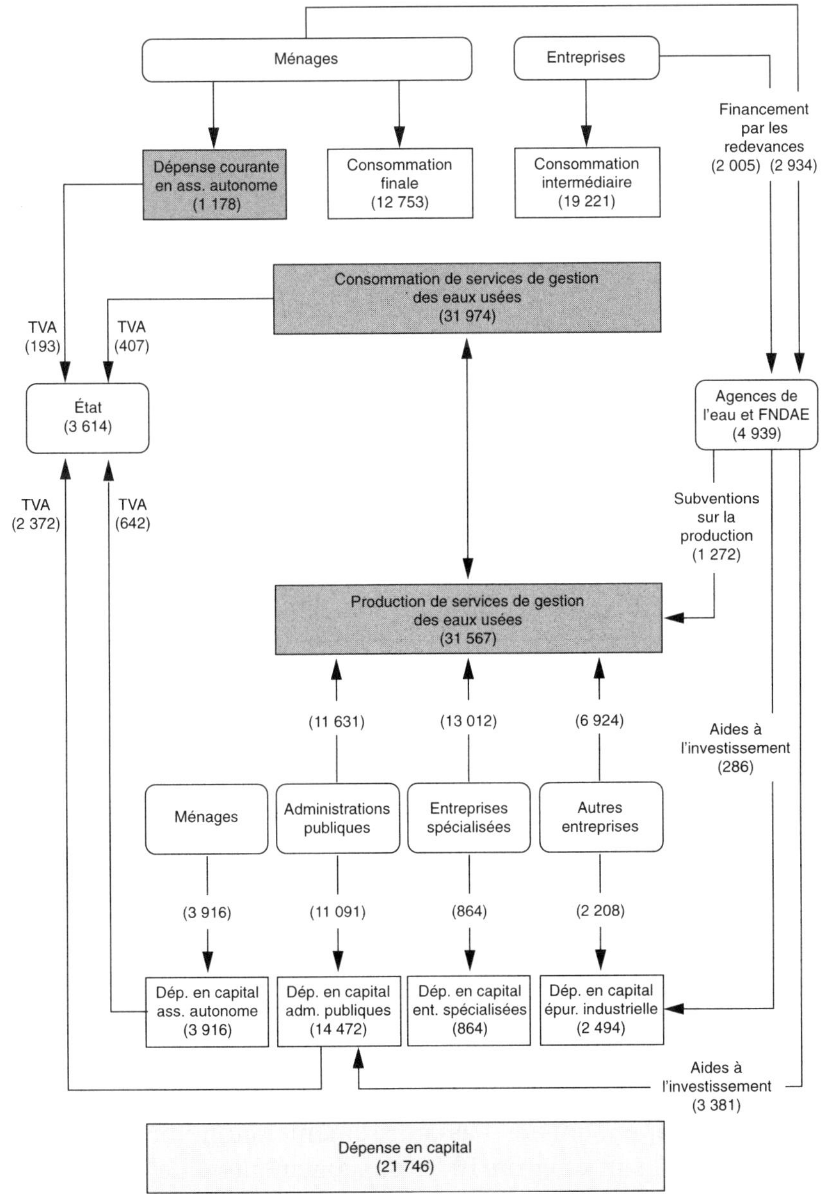

NB : Les flux de TVA concernent uniquement la TVA non déductible.
Résultats provisoires.
Source : Ifen.

La dépense courante est la somme de la dépense courante en assainissement autonome (1 178 MF), de la consommation de services de gestion des eaux usées (31 974 MF) et des subventions sur la production des Agences de l'Eau (1 272 MF) soit 34 424 MF en 1995).

Quelques données sur l'équipement et la dépollution

L'équipement des communes

Les informations sur les communes et populations desservies par les réseaux d'assainissement et des installations de traitement des eaux usées collectives sont fournies par les inventaires communaux réalisés par l'INSEE et le SCEES. Le dernier inventaire porte sur 1988 mais une projection a été réalisée jusqu'en 1994.

Tableau 3.8

Évolutions des taux de desserte des communes et des logements de 1980 à 1994

	% de communes			% de logements		
	1980	**1988**	**1994 projection**	**1980**	**1988**	**1994 projection**
Réseaux d'assainissement	48,8	55,9	61	70	76,5	81
Traitement des eaux usées	26,2	36,5	45	56	69,5	77

Source : Estimation Ifen d'après les inventaires communaux (INSEE et SCEES).

La desserte en réseaux d'assainissement et en système de traitement des eaux usées croît notablement sur 1980-1994, mais de façon plus marquée pour l'épuration des eaux usées, dont les taux de desserte étaient plus faibles en début de période.

Le fait que 76,5 % des logements soient desservis par un réseau d'assainissement en 1988 ne signifie pas que, symétriquement, tous les autres logements (23,5 %) ne sont pas assainis : un certain nombre de logements dépendent de l'assainissement autonome. Par ailleurs, certains logements desservis peuvent ne pas être effectivement raccordés. L'Ifen a estimé le nombre de logements dépendant de l'assainissement autonome à 2,5 millions en 1988, soit environ 10 % des logements [1]. La proportion de logements non desservis en 1988 serait donc à peu près 13 % [2].

---

1. Bréas J., « Les progrès importants de l'assainissement collectif depuis trente ans », Ifen les données de l'environnement n° 20, 1996.

2. Les 23,5 % qui ne sont pas desservis par un réseau collectif moins les 10 % dépendant de l'assainissement autonome.

Par ailleurs, le FNDAE a estimé en 1990 le nombre d'habitants relevant de l'assainissement autonome à 13 millions dont 11 millions en zone rurale.

Les indicateurs de capacité et de dépollution

La Direction de l'eau du ministère de l'Environnement réalise annuellement un bilan de l'activité des Agences de l'Eau qui comprend notamment depuis 1995 un certain nombre d'indicateurs physiques sur la gestion des eaux usées [1].

En 1995, les investissements dans le traitement des eaux usées des collectivités locales se sont traduits par la création d'une capacité supplémentaire de 5,1 millions d'Équivalents-Habitants (EH). Elle est composée de la création de nouvelles stations d'épuration (2,4 millions d'EH) et de l'extension et de l'amélioration des stations d'épuration existantes (2,7 millions d'EH).

Les services de collecte et de transport des eaux usées ont pour leur part étendu leur capacité de collecte de 650 000 EH et leur capacité de transport de 900 000 EH. Les bassins de dépollution ont vu leur volume global augmenter d'un peu plus de 400 000 m^3.

Au niveau de la dépollution des entreprises, les quantités supplémentaires de pollution éliminable s'élèvent en 1995 à 52 tonnes par jour (t/j) de matières en suspension, 107 t/j de matières oxydables, 3 t/j de matières azotées et 2 t/j de matières phosphorées. Pour les élevages, le nombre d'unités de gros bétail assainies est de 258 000 en 1995.

La dépollution de l'eau

La Direction de l'Eau du ministère de l'Environnement réalise également une estimation des quantités de pollution éliminée par les différentes installations depuis 1992 [2]. Ainsi, la pollution éliminée par les stations d'épuration urbaines progresse régulièrement pour dépasser en 1994 le seuil des 3 000 t/j pour les matières en suspension (MES). Pour les matières oxydables

1. « Agences de l'Eau », annexe au projet de loi de finances, Imprimerie Nationale, Paris 1996.

2. La méthodologie d'élaboration de ces informations a été modifiée en 1995. De ce fait, les données ne sont disponibles qu'à partir de 1992.

(MO), la hausse est moins importante, la pollution éliminée arrivant en 1994 au niveau des 1 900 tonnes par jour.

Les pollutions éliminées par les industries non raccordées en 1994 se montent pour leur part à 13 400 tonnes par jour pour les matières en suspension et à 4 000 tonnes par jour pour les matières oxydables.

Graphique 3.4

Pollution domestique et des industries raccordées, éliminée par les stations urbaines (en t/j)

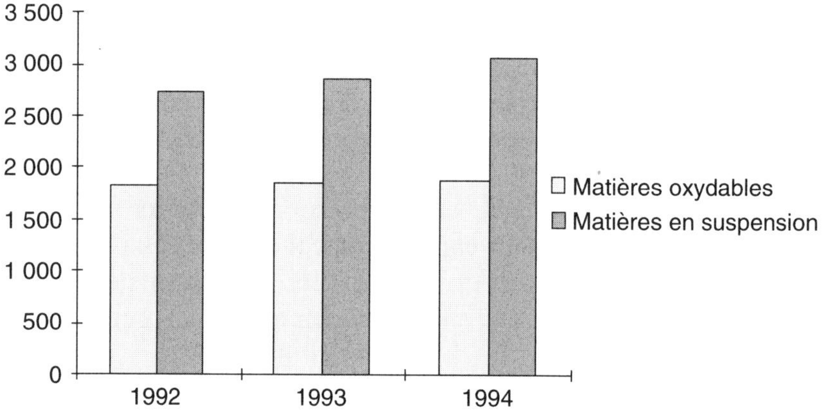

Source : Ministère de l'Environnement, direction de l'Eau.

Graphique 3.5

Pollution des industries non raccordées éliminée (en t/j)

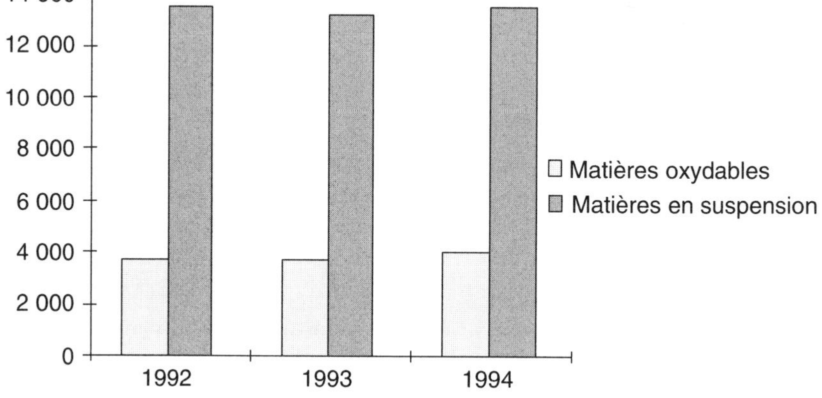

Source : Ministère de l'Environnement, direction de l'Eau.

L'état sanitaire de l'eau

La surveillance des eaux de baignade, renforcée en France à la suite de la directive européenne du 8 décembre 1975, a permis d'estimer qu'en 1995 près de 94 % des points d'analyse pour les baignades en mer classés et 91 % pour les baignades en eau douce étaient conformes aux normes européennes. Pour ces derniers, le taux de conformité varie selon la nature de la baignade : 96 % des baignades en milieu calme (lacs, étangs, eaux de barrage) étaient conformes, alors que le taux n'était que de 80 % pour les baignades en rivière.

Les causes de non conformité sont, pour la majorité des cas, dues à l'insuffisance de l'assainissement : 49 % des cas en 1994, 35 % en 1995. Viennent ensuite l'effet de pluie (30 % en 1994 et en 1995), l'état général du milieu (14 % en 1994, 15 % en 1995) et les autres causes (7 % en 1994, 20 % en 1995). Ces dernières sont difficilement maîtrisables : bateaux, surfréquentation, pollution diffuse [1].

Le ministère de la Santé suit, par ailleurs, la qualité des eaux destinées à la consommation humaine. D'après le dernier bilan disponible pour les unités de distribution desservant plus de 5 000 habitants, la non conformité concerne entre 1,6 et 1,9 million d'habitants pour les paramètres microbiologiques, 700 000 à 870 000 personnes pour les nitrates, 400 000 à 700 000 personnes pour l'aluminium, 400 000 à 600 000 personnes pour le fer et 100 000 à 600 000 personnes pour le fluor. Ces résultats indiquent une amélioration pour la microbiologie et le fer, paramètres pour lesquels les solutions préventives (périmètres de protection) et curatives (désinfection, déferrisation) sont connues et assez rapidement réalisables, mais ils mettent aussi en évidence de nouveaux problèmes liés à l'aluminium (fuites dans les traitements faisant appel à des sels d'aluminium) et au plomb (solubilisation des branchements et réseaux intérieurs en plomb par les eaux peu minéralisées).

1. Ifen, les Données de l'Environnement n° 23, juillet-août 1996.

ANNEXE

Méthode d'élaboration du compte de la dépense de gestion des eaux usées

---

Le compte de la dépense de gestion des eaux usées est élaboré par l'Ifen selon le Système Européen de Rassemblement de l'Information Économique sur l'Environnement (SERIEE) [1].

LES ACTIVITÉS CARACTÉRISTIQUES DE GESTION DES EAUX USÉES

Au niveau européen a été définie une nomenclature des activités caractéristiques de la protection de l'environnement (CEPA). Dans le domaine de la gestion des eaux usées, cette nomenclature est la suivante :

2.1 Prévention de la pollution de l'eau à travers des modifications de procédés
2.2 Réseaux d'assainissement
2.3 Traitement des eaux usées
2.4 Traitement des eaux de refroidissement
2.5 Mesure, contrôle, analyses, etc.
2.6 Autres activités

Les activités de gestion des eaux usées *ne couvrent pas tous les aspects relatifs à la protection de l'eau* : la gestion de la ressource en eau, dans ses aspects quantitatifs est hors du champ du compte de la dépense de protection de l'environnement et est traitée par le SERIEE dans le module des comptes d'utilisation et de gestion des ressources naturelles.

Par ailleurs, la protection des eaux souterraines est traitée spécifiquement dans le domaine de la protection des sols et des eaux souter-

---

1. Ifen, « La gestion des eaux usées 1990-1994 », Études et Travaux n° 10, septembre 1996.

raines (position 4 de la CEPA). La restauration des aquifères est dans le champ de la protection de la biodiversité et des paysages (position 6 de la CEPA).

Enfin, la gestion des boues d'épuration, dès lors que celles-ci sont collectées, sort du champ de la gestion des eaux usées. Les flux financiers liés à cette activité sont intégrés dans le compte de la gestion des déchets (position 3 de la CEPA).

Portée et limites de l'étude

Le domaine de l'eau est un des domaines de l'environnement les mieux couverts en ce qui concerne les sources d'informations.

En effet, les activités économiques qui le concernent représentent des montants suffisamment importants pour que le système statistique les isole en tant que telles. Les organismes regroupant les professionnels du secteur disposent également souvent d'informations spécifiques. Les interventions du service public dans le domaine de l'eau sont anciennes (les Agences de l'Eau ont été créées en 1964) et loin d'être marginales. De ce fait, elles constituent une source supplémentaire de connaissance du domaine.

La principale difficulté réside dans le fait que ces données concernent le plus souvent l'ensemble du domaine de l'eau, c'est-à-dire en agrégeant ce qui est relatif aux eaux usées à ce qui l'est à l'eau potable. C'est souvent le cas pour les services communaux, pour les entreprises spécialisées dans le domaine, pour les canalisations, etc.

Par ailleurs, il faut noter le manque d'information sur l'assainissement non collectif et notamment sur les constructions de fosses septiques et les dépenses courantes liées aux systèmes d'épuration industriels. La qualité des estimations réalisées, pour les comptes définitifs, est récapitulée ci-après.

A partir de 1997 devraient être disponibles des informations exhaustives sur les services communaux d'assainissement grâce à l'instruction comptable M49 relative aux services d'eau et d'assainissement. Cette instruction devrait permettre d'augmenter considérablement la qualité des données relatives aux administrations publiques. Elle devrait également permettre d'isoler les flux financiers relatifs à la gestion des eaux pluviales.

Dans les estimations réalisées, les activités « Mesure, contrôle, analyses, etc. » et « Autres activités » n'ont pas été reprises, à la fois pour des raisons de temps et de données disponibles, mais surtout parce qu'elles n'ont, en terme de dépense, qu'une importance marginale par rapport aux autres.

Pour les financements, les subventions de l'Union Européenne, des conseils régionaux et généraux n'ont pas été intégrées, faute d'infor-

Tableau 3.9

Qualité des estimations réalisées dans le compte de la gestion des eaux usées

Niveau de qualité des agrégats	Principaux agrégats
Bonne et assez bonne qualité	Production des entreprises spécialisées dans la gestion des eaux usées. Investissement dans l'épuration industrielle. Aides, subventions et transferts. Dépense courante pour l'assainissement autonome.
Qualité moyenne	Investissement dans la gestion des eaux usées municipales. Production des administrations publiques (spécialisées). Consommation de services marchands. Opérations courantes des producteurs.
A prendre comme ordre de grandeur	Production des entreprises en « interne ». Investissement pour l'assainissement autonome.

mations disponibles. Les aides des Agences de l'Eau sous la forme d'avances et de prêts à faible taux d'intérêt n'ont pas non plus été intégrées. Seules leurs subventions ont été prises en compte.

Par ailleurs, les activités liées aux eaux pluviales n'ont pu être isolées : elles sont intégrées dans la consommation intermédiaire et la production marchande, avec les flux financiers des entreprises.

Les comptes des années 1990 à 1993, sont définitifs. Les comptes des années 1994 et 1995 doivent être considérés comme provisoires : une version définitive sera établie en intégrant des informations qui n'étaient pas disponibles lors de la réalisation de ces comptes.

Les principaux concepts des comptes de la dépense de gestion des eaux usées

Le système européen utilise plusieurs classifications en ce qui concerne les agents, selon qu'il s'agit d'agents producteurs, utilisateurs/bénéficiaires ou financeurs.

Les producteurs de services caractéristiques

Parmi les producteurs caractéristiques sont distingués :

• Les producteurs exécutant les activités caractéristiques à titre d'activité principale. On parle alors de producteurs caractéristiques spécialisés. Il s'agit essentiellement des entreprises et des services communaux de collecte et de traitement des eaux usées.

On distingue deux catégories de producteurs caractéristiques selon le secteur institutionnel d'appartenance :

– les producteurs caractéristiques appartenant aux administrations publiques : il s'agit surtout de producteurs appartenant au sous secteur des administrations publiques locales : les collectivités locales (communes) ou établissements publics locaux (syndicats, etc.). Ce sont les « services d'assainissement » de ces communes ;

– les producteurs caractéristiques appartenant au secteur des sociétés et quasi-sociétés : ce sont des entreprises qui collectent et/ou traitent les eaux usées collectives sous contrat de délégation : Lyonnaise des Eaux, Compagnie Générale des Eaux, SAUR, CISE,...

• Les producteurs exécutant les activités caractéristiques à titre d'activité auxiliaire. Il s'agit de l'ensemble des producteurs qui ont une activité principale génératrice d'eaux usées et qui prennent des mesures pour diminuer l'impact négatif de leur activité de production sur l'environnement : mise en place d'une station d'épuration de leurs eaux usées, modification d'un procédé de production pour qu'il produise moins d'eaux usées, etc.

Les utilisateurs

Les différentes catégories d'utilisateurs de services de gestion des eaux usées sont :

– les producteurs caractéristiques spécialisés, qui appartiennent soit au secteur des administrations publiques, soit les autres (qui appartiennent au secteur des sociétés et quasi-sociétés) ;

– les unités de production qui ne sont pas spécialisées. Elles comprennent les producteurs auxiliaires et les autres producteurs non caractéristiques qui correspondent aux autres unités productrices de l'économie ;

– les ménages en tant que consommateurs individuels. Ceux-ci utilisent une partie des services de gestion des eaux usées et les produits connexes.

Les financeurs

S'agissant de décrire le financement de la dépense nationale, les agents sont classés par secteur institutionnel des comptes nationaux, et sont donc distingués : les administrations publiques, les sociétés, les ménages.

Il est à noter que les institutions financières ne figurent pas explicitement dans la liste des secteurs institutionnels retenus. Elles sont en effet regroupées avec les sociétés non financières dans le secteur des sociétés. Dans un but de simplification, le SERIEE considère que les emprunts sont, en dernière analyse, payés par les emprunteurs comme une source de financement spécifique, et les traite comme financement propre de l'unité qui emprunte.

De même, les aides des Agences de l'Eau et du FNDAE, dans la mesure où les ressources de ces organismes proviennent de redevances auprès des entreprises et des ménages, sont considérées comme financées par ces deux catégories d'agents. Les Agences et le FNDAE n'apparaissent donc pas comme une catégorie de financeur ultime.

CHAPITRE 4

La dépense de gestion de déchets

La gestion des déchets regroupe l'ensemble des activités liées à la collecte, au transport, au traitement et à l'élimination des déchets, ainsi qu'aux mesures, contrôles, analyses et à la réduction à la source de la production de déchets.

De 1990 à 1995, la dépense nationale de gestion des déchets est passée de 27,2 milliards de francs aux prix courants à 42,9 milliards, ce qui représente une augmentation de 9 % par an en moyenne.

Par rapport au Produit Intérieur Brut (PIB) de la France, cette dépense est passée de 0,42 % du PIB en 1990 à 0,56 % en 1995.

La dépense courante, qui représente les neuf dixièmes de la dépense nationale, augmente de 10 % par an entre 1990 et 1995. La dépense en capital croît relativement moins fortement avec tout de même une hausse de 5 % par an entre 1990 et 1995.

Tableau 4.1

Les dépenses courantes et en capital de gestion des déchets

Millions de francs aux prix courants

	1990	1991	1992	1993	1994[a]	1995[a]	Variation (%)		
							93/92	94/93	95/94
Dépense courante	24 190	26 422	29 238	32 004	35 391	39 202	9,5	10,6	10,8
Dépense en capital	2 985	3 224	3 521	3 651	3 797	3 732	3,7	4,0	8,3
Total	**27 175**	**29 646**	**32 759**	**35 655**	**39 188**	**42 934**	**8,8**	**9,9**	**9,6**

a. Données provisoires.
Source : Ifen.

La dépense courante est composée de la dépense des administrations publiques pour la gestion des déchets municipaux, de la dépense des ménages pour les sacs et récipients de collecte des déchets et de la dépense des entreprises pour la gestion de leurs déchets. Pour cette dernière catégorie de dépense, on distingue entre la dépense pour la gestion des déchets en « externe » qui est la sous-traitance de la collecte et de l'élimination des déchets à une société spécialisée, et en « interne » qui est le traitement par l'entreprise elle-même [1].

La dépense de gestion des déchets municipaux est environ deux fois plus importante que celle des déchets des entreprises : pour la dépense courante, les administrations publiques et les ménages ont une consommation presque double de celle des entreprises.

Cependant, c'est la dépense courante des entreprises qui augmente le plus rapidement, avec une progression annuelle de 13 %.

Tableau 4.2

Les principales composantes de la dépense de gestion des déchets

Millions de francs aux prix courants

	1990	**1991**	**1992**	**1993**	**1994** [a]	**1995** [a]
Dépense courante des administrations publiques pour la gestion des déchets municipaux	14 552	16 048	17 613	19 281	20 649	22 361
Dépense courante des ménages	1 468	1 532	1 574	1 483	1 648	1 953
Dépense courante des entreprises	8 170	8 842	10 051	11 240	13 094	14 888
dont gestion en « externe »	5 405	5 814	6 968	8 230	9 797	11 358
dont gestion en « interne »	2 765	3 028	3 083	3 010	3 297	3 530
Dépense en capital	2 985	3 224	3 521	3 651	3 797	3 732
pour la gestion des déchets municipaux	1 663	1 864	2 072	2 149	2 326	2 286
pour la gestion des déchets des entreprises	1 322	1 360	1 449	1 502	1 471	1 446
Total	**27 175**	**29 646**	**32 759**	**35 655**	**39 188**	**42 934**

a. Données provisoires.
Source : Ifen.

1. Cette dépense courante intègre également des subventions sur la production qui bénéficient aux entreprises : les aides de l'ADEME pour la récupération des huiles usagées et celles des Agences de l'Eau pour l'élimination des déchets.

La dépense de gestion des déchets municipaux

Les dépenses relatives à la gestion des déchets municipaux connaissent une progression soutenue depuis 1992-1993, ce qui peut être rapproché de l'adoption de la loi sur les déchets de juillet 1992.

La forte augmentation des dépenses courantes (9 % par an sur 1990-1995) peut s'expliquer par plusieurs facteurs :

– un effet mécanique, qui est l'augmentation de la quantité de déchets municipaux produits et collectés ;

– le développement de modes d'élimination plus complets. Les déchets municipaux sont moins mis en décharge et subissent des traitements plus poussés. Ainsi, selon les inventaires de l'ADEME, la proportion d'ordures ménagères mise en décharge est passée de 49,9 % en 1989 à 47 % en 1993. Dans le même temps, celle de déchets incinérés est passée de 42,3 % à 45,8 % [1]. Ces traitements plus complets ont un coût plus important, qui se répercute sur la dépense ;

– le fort développement de la collecte sélective depuis le début des années quatre-vingt-dix est également un facteur d'augmentation des coûts. Dans les agglomérations de plus de 30 000 habitants, la collecte du verre est passée de 85 % des communes en 1988 à 96 % en 1994. Toujours en 1994, 2,8 % de ces communes sont désormais concernées par une collecte séparative de plusieurs matériaux à domicile et 44 % par la collecte du papier [2]. Enfin, le nombre de déchetteries a plus que doublé, passant de 350 en 1990 à 885 en 1993 selon l'ADEME.

Les dépenses d'investissement augmentent également sur 1990-1995, mais à un rythme relativement moins élevé : 6 % par an sur 1990-1995. Cette hausse, qui semble modérée dans un secteur en aussi fort développement, peut s'expliquer par un remplacement progressif des installations de traitement de petites tailles et peu adaptées à des traitements diversifiés par des installations plus performantes :

---

1. ADEME, AGHTM, ITOM 6, Techniques Sciences Méthodes hors série 1995.

2. Touzelet M., « Développement des collectes sélectives et du tri à la source », Ifen, les données de l'environnement n° 9, novembre 1994.

Tableau 4.3

La dépense de gestion des déchets municipaux

Millions de francs aux prix courants

	1990	1991	1992	1993	1994 [a]	1995 [a]
Dépense courante	14 552	16 048	17 613	19 281	20 649	22 361
Dépense en capital	1 663	1 864	2 072	2 149	2 326	2 286
Total	**16 215**	**17 912**	**19 685**	**21 430**	**22 975**	**24 647**

a. Données provisoires.
Source : Ifen.

Toujours selon les inventaires de l'ADEME, le nombre d'installations de transit autorisées et traitement des ordures ménagères et assimilés est relativement stable entre 1989 et 1993, passant de 1 031 à 1 060.

Graphique 4.1

Les investissements dans le domaine de la gestion des déchets municipaux

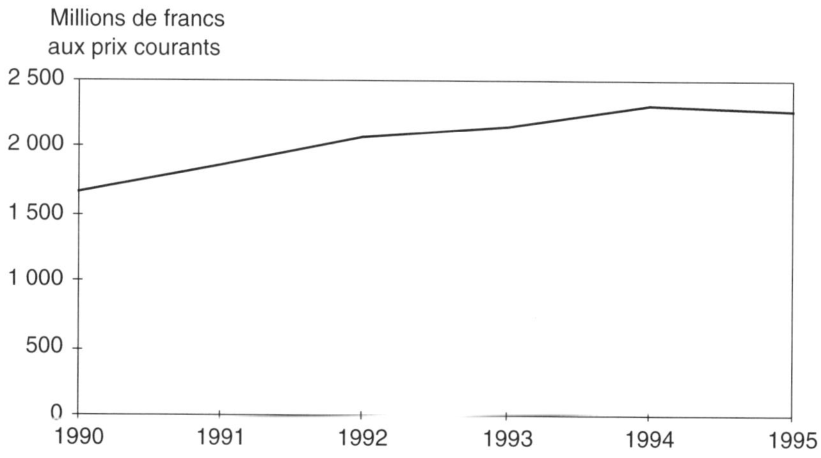

Source : Ifen.

Cette faible progression masque plusieurs effets :

– le développement des installations dotées de modes de traitements différents (103 en 1993 contre 23 en 1989),

– une substitution aux installations de petites tailles d'installations plus importantes. Entre 1989 et 1993, le nombre d'installations traitant plus de 100 000 tonnes par an a augmenté de 158 (4 centres d'incinération, 84 décharges équipées d'engins de compactage et 70 centres de transit) [1].

La dépense de gestion des déchets industriels

Les dépenses des entreprises dans le domaine de la gestion des déchets industriels ont cru très fortement, surtout en ce qui concerne les dépenses courantes. Parmi celles-ci, ce sont surtout les dépenses en externe, c'est-à-dire la sous-traitance à des entreprises spécialisées dans la gestion des déchets industriels, qui augmente : elle passe de 5,4 milliards de francs en 1990 à 11,4 milliards en 1995, soit une hausse de 16 % par an en moyenne.

Les entreprises semblent donc faire appel de plus en plus aux sociétés spécialisées pour l'enlèvement et le traitement de leurs déchets.

Pour leur part, les dépenses d'investissement sont relativement stables, avec une croissance annuelle de 2 % en moyenne entre 1990 et 1995. Cette hausse modérée masque une stabilité des investissements des entreprises spécialisées dans la gestion des déchets industriels et une hausse de ceux des entreprises pour elles-mêmes. Ceux-ci passent de 713 MF en 1990 à 812 MF en 1995.

Tableau 4.4

La dépense de gestion des déchets industriels

Millions de francs aux prix courants

	1990	1991	1992	1993	1994 [a]	1995 [a]
Dépense courante des entreprises	8 170	8 842	10 051	11 240	13 094	14 888
dont gestion en « externe »	5 405	5 814	6 968	8 230	9 797	11 358
dont gestion en « interne »	2 765	3 028	3 083	3 010	3 297	3 530
Dépense en capital	1 322	1 360	1 449	1 502	1 471	1 446
des entreprises spécialisées dans les déchets industriels	609	590	730	596	645	634
des entreprises en « interne »	713	770	719	906	826	812
Total	**9 492**	**10 202**	**11 500**	**12 742**	**14 565**	**16 334**

a. Données provisoires.
Source : Ifen.

1. Ghéwy X., Rouillé G., Thauvin P., « En 1993, les décharges restaient la destination principale des déchets », Ifen, les données de l'environnement n° 18, novembre 1995.

Au total, ce sont plus de 16 milliards de francs que les entreprises auraient consacrés à la gestion des déchets industriels en 1995, contre 9,5 milliards de francs en 1990, ce qui correspond à un rythme moyen de croissance de 11,5 % par an.

Graphique 4.2

Les investissements dans le domaine des déchets industriels

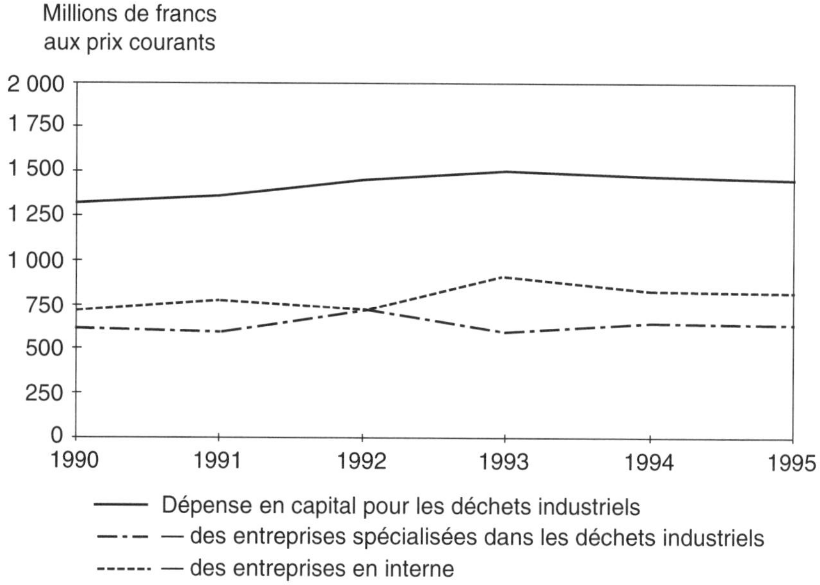

Source : Ifen.

Les investissements antipollution des entreprises dans le domaine des déchets

L'enquête « Antipol » du service statistique du ministère de l'Industrie (SESSI) offre des résultats sur les investissements antipollution dans le domaine des déchets. Les principales évolutions concernant le domaine des déchets sont indiquées dans les paragraphes suivants.

Les investissements spécifiques dans le domaine des déchets progressent en 1992 et 1993, pour diminuer en 1994. Leur montant est de 540 millions en 1994. Leur part dans l'ensemble des investissements spécifiques, qui n'était que de 11 % en 1991, passe à 14 % en 1992, 16 % en 1993 pour atteindre près de 17 % en 1994.

Cette évolution peut être rapprochée de la loi du 13 juillet 1992. L'ADEME a estimé que les flux de déchets nécessitant un traitement spécial représentaient de l'ordre de 5,8 millions de tonnes en 1990 sur un tonnage global estimé à 150 millions de tonnes. Bien que la loi sur les déchets n'ait été promulguée qu'en 1992, les applications de ses dispositions ont souvent été anticipées car le projet, les préparatifs et les discussions afférentes étaient déjà connus des industriels.

Dans la filière de traitement interne des déchets industriels, le recyclage et la valorisation représentent 42 % des investissements spécifiques en 1994 contre 9 % pour l'eau.

Les secteurs qui ont le plus investi en 1994 dans la gestion des déchets sont le secteur « chimie, caoutchouc et plastiques », les industries des produits minéraux et les industries agricoles et agro-alimentaires. A eux trois, ces secteurs réalisent plus de la moitié des investissements spécifiques dans le domaine des déchets.

Les dépenses des ménages

Les ménages achètent des sacs poubelles et des récipients de collecte des déchets. Cette dépense, avec 2 milliards de francs en 1995, représente moins de 5 % de la dépense totale de gestion des déchets.

Selon les estimations réalisées, cette dépense semble avoir été orientée à la baisse entre 1992 et 1993, sans doute du fait du climat économique défavorable, qui a pesé sur un certain nombre de postes de consommation des ménages. Elle se redresserait depuis, la forte hausse entre 1994 et 1995 paraissant due essentiellement à une augmentation des prix des sacs en plastiques, l'accroissement des ventes en volume restant modérée (de l'ordre de 5 %). Il faut noter également l'augmentation de la TVA en 1995 dont le taux est passé cette année là de 18,6 % à 20,6 %.

Le financement de la gestion des déchets : la montée en puissance des aides

Dans les comptes de la dépense de protection de l'environnement établis selon le système européen, la dépense est répartie entre les différentes catégories de financeurs. Ainsi, la dépense courante des collectivités locales est financée par la Taxe d'Enlèvement des Ordures Ménagères (TEOM), la Redevance d'Enlèvement des Ordures Ménagères (REOM) et le budget général des communes. Les aides des Agences de l'Eau, de l'ADEME, du Fonds de Modernisation de la Gestion des Déchets (FMGD), d'Éco-Emballages, d'Adelphe et de Cyclamed sont financées par ceux qui paient les redevances, taxes et contributions qui alimentent ces organismes.

En prenant en compte ces flux financiers, les ménages sont, en valeur absolue, les premiers financeurs de la dépense de gestion des déchets avec 10 milliards de francs en 1990 et 17 milliards en 1995. En 1995, les ménages financent ainsi 40 % de la dépense nationale de gestion des déchets.

Suivent ensuite les sociétés (non spécialisées) qui financent 37 % de la dépense en 1995.

Les administrations publiques, qui financent presque la totalité de leurs investissements et la partie de la dépense courante de gestion des déchets municipaux qui n'est pas couverte par la TEOM et la REOM sont les troisièmes financeurs : 19 % de la dépense totale en 1995.

Enfin, les sociétés spécialisées dans la gestion des déchets, qui paient uniquement pour leurs investissements, financent le reliquat : 4 % en 1995.

Cette répartition du financement de la gestion des déchets est relativement stable sur la période observée. Cependant, la mise en place en 1993 du Fonds de Modernisation de la Gestion des Déchets par l'ADEME ainsi que des sociétés Éco-Emballages et Adelphe se traduit par des financements croisés de plus en plus importants.

Ainsi, les sommes récoltées par le FMGD sont passées de 185 MF en 1993 à 555 MF en 1995. Parallèlement, les organismes agréés dans le cadre de la gestion des emballages ménagers, à savoir Éco-Emballages, Adelphe et Cyclamed, ont reçu en 1995 588 MF de contributions d'environ 18 000 entreprises adhérentes.

Tableau 4.5

Le financement de la dépense de gestion des déchets

Millions de francs aux prix courants

	1990	**1991**	**1992**	**1993**	**1994** [a]	**1995** [a]
Ménages	10 231	11 634	13 003	14 336	15 815	17 363
Sociétés non spécialisées	8 843	9 561	10 709	12 196	14 035	15 793
Administrations publiques	7 023	7 482	7 847	7 848	7 918	8 282
Sociétés spécialisées dans la gestion des déchets	1 078	969	1 200	1 275	1 420	1 496
Total	**27 175**	**29 646**	**32 759**	**35 655**	**39 188**	**42 934**

a. Données provisoires.

Source : Ifen.

En 1993, ces systèmes de financement (FMGD et organismes agréés) ont subventionné pour 26 millions de francs les investissements des collectivités locales. En 1994, ces aides sont passées à 247 millions de francs, dont 80 millions pour la gestion des déchets industriels. En 1995, les subventions à l'investissement s'élèvent à 391 millions de francs, soit 10 % des investissements réalisés dans la gestion des déchets.

Si l'on ajoute à ce montant les subventions des Agences de l'Eau pour l'élimination des déchets et celles de l'ADEME pour la récupération des huiles usagées, ce sont 714 millions de francs qui sont consacrés en 1995 aux aides pour la gestion des déchets.

La production de services de gestion des déchets

Les producteurs de services de gestion des déchets

La production de services de gestion des déchets est le fait de multiples types de producteurs.

– Les administrations publiques locales (communes, syndicats etc.) collectent, traitent et éliminent les déchets municipaux. Leur production propre [1] en 1995 était de 9 850 millions de francs.

– Des entreprises sont spécialisées dans le traitement des déchets. On distingue les producteurs spécialisés dans la gestion des services municipaux, qui travaillent sous contrat de délégation pour les collectivités locales (11 544 millions de francs) et les entreprises spécialisées dans la gestion des déchets industriels, qui réalisent la collecte, le traitement et l'élimination des déchets pour le compte des entreprises (8 104 millions de francs).

– Les producteurs secondaires sont les sociétés qui traitent ou collectent des déchets pour une petite partie de leur activité, comme les cimenteries et les transporteurs occasionnels de déchets (3 126 millions de francs).

– Les producteurs auxiliaires sont les entreprises qui gèrent elles-mêmes leurs déchets, en « interne » (3 361 millions de francs).

1. La production propre exclu la production qui est uniquement achetée par les administrations publiques locales aux entreprises spécialisées, pour être ensuite mise à la disposition des ménages.

Ainsi, la production propre totale des unités de gestion des déchets atteint en 1995 les 36 milliards de francs, contre 22,2 milliards de francs en 1990 *(tableau 4.6)*. Cette hausse s'explique essentiellement par celle de la dépense nationale mais également par celles des recettes non liées à l'environnement et des exportations de services de gestion des déchets.

Les recettes non liées sont des recettes annexes à la gestion des déchets : ventes de l'énergie récupérée lors de l'incinération, du compost, des matériaux collectés sélectivement. Cette production, qui est indissociable des activités de gestion des déchets, mais qui ne constitue pas une activité de protection de l'environnement, représente un peu plus de 3 % de l'activité totale de gestion des déchets. Elle est en forte augmentation entre 1990 et 1995 : + 13 % par an. Cette évolution est due au développement de la collecte sélective et, dans une moindre mesure, à celui de l'incinération avec récupération d'énergie.

La production « stricte » de services de gestion des déchets, c'est-à-dire celle qui est liée à la protection de l'environnement, représente la quasi-totalité de la dépense totale et augmente donc également de 10 % par an entre 1990 et 1995.

La répartition de la production liée à l'environnement est relativement stable entre 1990 et 1995. La gestion des déchets municipaux (administrations publiques et producteurs spécialisés dans ces déchets) représente environ les trois cinquièmes de la production totale. Elle est assurée à un peu plus de 50 % par

Tableau 4.6

Les principales opérations des producteurs de services de gestion des déchets

Millions de francs aux prix courants

	1990	1991	1992	1993	1994[a]	1995[a]
Production	22 202	24 225	27 025	29 655	32 666	35 985
dont production non liée à l'environnement	701	816	930	1 040	1 152	1 297
dont production liée à l'environnement	21 501	23 409	26 095	28 615	31 514	34 688
Formation brute de capital fixe	2 985	3 224	3 521	3 651	3 797	3 732

a. Données provisoires.
Source : Ifen.

les sociétés spécialisées. Celles-ci réalisent près du tiers de la production totale de services de gestion des déchets.

Pour les déchets des entreprises, dont la gestion représente les deux cinquièmes restant de la production liée à l'environnement, la répartition évolue en faveur des entreprises spécialisées : leur part de marché dans la production totale passe de 19 % en 1990 à 23 % en 1995. Les producteurs secondaires (cimenteries et transports occasionnels de déchets) augmentent également leur part de marché, qui passe de 7 % en 1990 à 9 % en 1995.

Cette augmentation se réalise au détriment des entreprises qui traitent elles mêmes leurs déchets (les producteurs auxiliaires) qui voient leur part de marché passer de 13 % à 9 % en cinq ans *(graphique 4.3)*.

Graphique 4.3

Répartition de la production de services de gestion des déchets liés à l'environnement en 1995

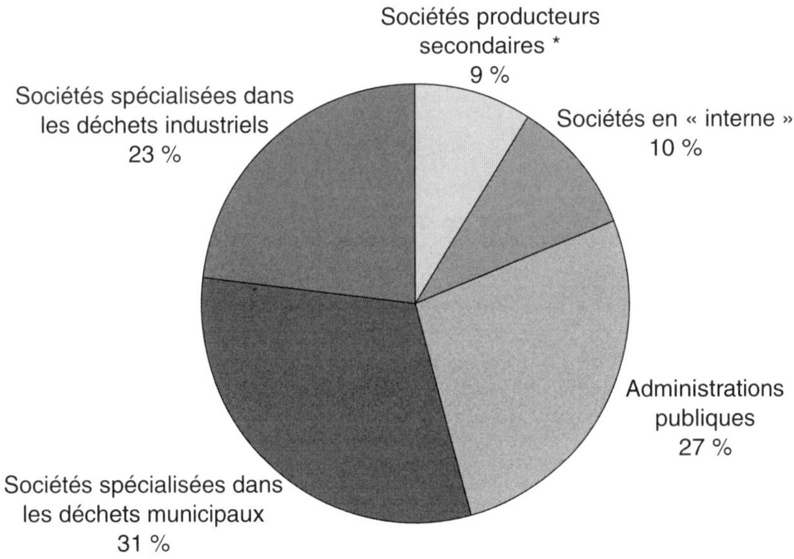

* Cimenteries et transporteurs occasionnels de déchets.
Source : Ifen.

Les échanges avec le reste du monde

S'agissant des échanges extérieurs, ils restent marginaux dans la gestion des déchets : les exportations représentent à peine

1 % des emplois en produits caractéristiques (136 millions en 1995). La France est nettement exportatrice de services de gestion des déchets, ce qui signifie qu'elle reçoit plus de déchets des autres pays qu'elle n'en envoie par delà ses frontières.

Les quantités de déchets qui franchissent les frontières sont en forte diminution depuis la mise en place de la réglementation en 1990 sur les mouvements transfrontaliers de déchets industriels [1] puis en 1992 sur ceux des ordures ménagères [2]. Seules les importations de services de gestion des déchets industriels sont en augmentation notable sur la période, du fait de l'incinération supplémentaire d'environ 20 000 tonnes à l'étranger à partir de 1993.

Les exportations de services de gestion des déchets diminuent pour leur part sur la période 1990-1995, passant de 173 MF en 1990 à 136 MF en 1995, essentiellement du fait de la réduction des quantités de déchets étrangers traités en France.

Le schéma suivant récapitule les flux financiers de la gestion des déchets en 1995 (données provisoires). Les différents intervenants sont isolés ainsi que les principaux agrégats des comptes de la dépense de gestion des déchets : consommation, production (liée à l'environnement), dépense en capital, aides, subventions, imports et exports,...

Tableau 4.7

Les importations et exportations de services de gestion des déchets

Millions de francs aux prix courants

	1990	1991	1992	1993	1994 [a]	1995 [a]
Importations de services de gestion des déchets	11	11	10	32	37	40
Exportations de services de gestion des déchets	173	182	124	110	123	136
Balance commerciale	162	171	114	78	86	96

a. Données provisoires.
Source : Ifen.

1. Décret 90 267 du 23 mars 1990 relatif à l'importation, l'exportation et le transit des déchets générateurs de nuisance.
2. Décret 92 798 du 18 août 1992.

Les flux économiques de la gestion des déchets en 1995

En millions de francs

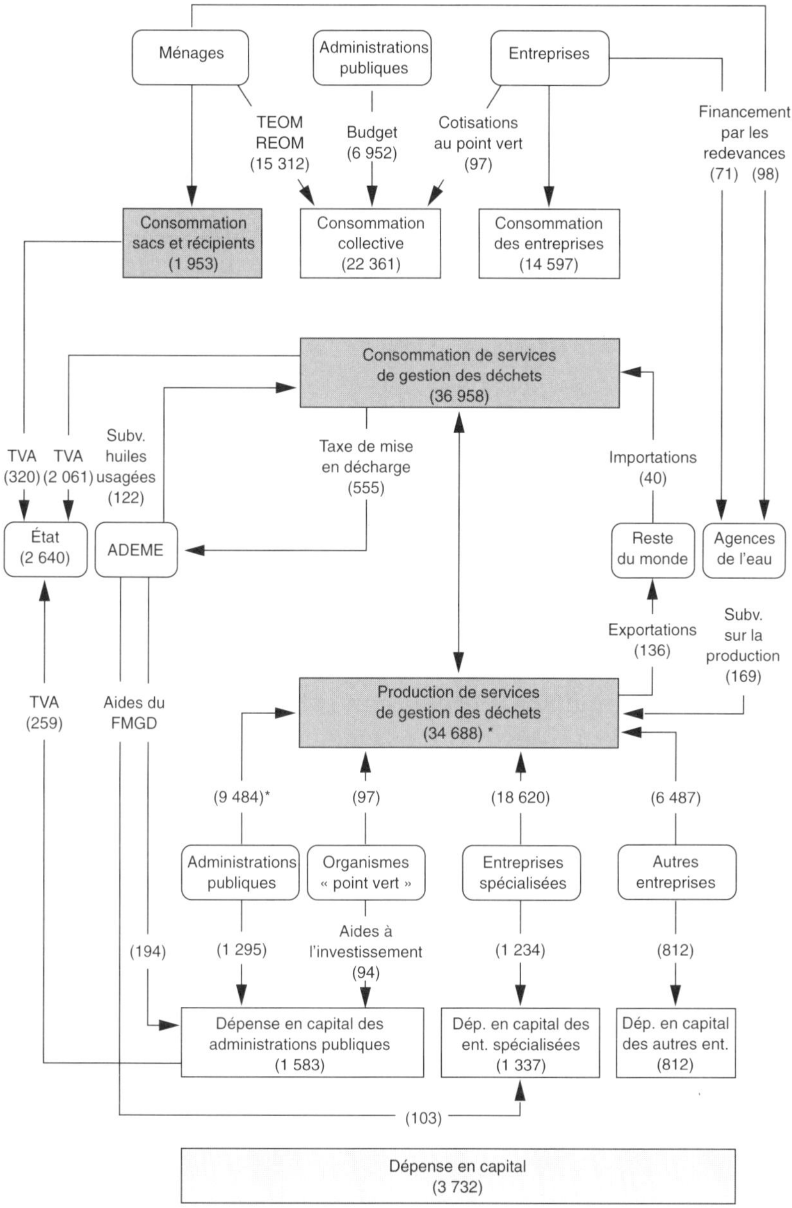

* Production propre.

NB : Les flux de TVA concernent uniquement la TVA non déductible.

Source : Ifen (résultats provisoires).

La dépense courante totale est la somme de la consommation en sacs et récipients (1 953 MF), de la consommation de services de gestion des déchets (36 958 MF) et des subventions sur la production des Agences de l'Eau (169 MF) et de l'ADEME (122 MF) soit 39 202 MF en 1995.

En ce qui concerne les flux de financement, on peut préciser pour ce schéma que la taxe de mise en décharge est due par les exploitants de centres de stockage des déchets : les entreprises spécialisées (pour les décharges privées) et les collectivités locales (pour les décharges en gestion directe). La subvention sur les huiles usagées est financée par les entreprises qui mettent sur le marché des huiles neuves ou régénérées : les fabricants de ces huiles ou les importateurs. Les organismes « point vert » (Éco-Emballages, Adelphe et Cyclamed) sont entièrement financés pour leur production et les subventions attribuées par les entreprises qui mettent les emballages sur le marché.

QUELQUES DONNÉES D'ÉQUIPEMENT ET DE PRODUCTION DE DÉCHETS

La collecte des déchets ménagers dans les agglomérations de 30 000 habitants et plus[1]

Les communes appartenant à une agglomération d'au moins 30 000 habitants représentent 56 % de la population française. Elles ont été enquêtées sur leurs équipements au 1er janvier 1994 (enquête « Équipements urbains au 1.01.1994 » de l'INSEE).

Pour la collecte des ordures ménagères en mélange, la collecte traditionnelle en poubelle est présente dans 17,6 % des communes (ou arrondissements) des agglomérations de plus de 30 000 habitants, qui regroupent 7,3 % seulement de la population de ces agglomérations.

La collecte mécanisée hermétique quand à elle a été choisie par 25,6 % des communes ou arrondissements. Le bac hermétique facilite la tâche des agents de ramassage et permet, grâce à son volume important, de réduire la fréquence de la collecte. L'utilisation exclusive de ce mode de récipient concerne 40 % de la population des agglomérations et croît de façon significative avec la taille de l'agglomération.

Plusieurs types de récipients peuvent être utilisés en association : bac hermétique en habitat vertical par exemple, poubelle traditionnelle en zone pavillonnaire, sacs plastiques fournis par

1. Texte repris essentiellement de la publication de M. Touzelet, « Développement des collectes sélectives et du tri à la source », Ifen, les données de l'environnement n° 9, novembre 1994.

Tableau 4.8

La collecte des ordures ménagères en mélange au 1/01/1994 dans les agglomérations de 30 000 habitants et plus

Unité : %

Type de récipient	% de communes	% de population	% de population par taille de l'unité urbaine : 30 000 à 200 000 hab.	200 000 à 1 million d'hab.	plus de 1 million d'hab.
Un seul type de récipient	48,5	50,3	37,9	47,4	63,8
Poubelle traditionnelle	17,6	7,3	7,2	9,3	5,9
Sac (plastique ou papier)	5,2	2,9	5,7	1,9	1,3
Conteneur hors domicile	0,1	ε	ε	ε	ε
Bac hermétique	25,6	40,1	25,0	36,2	56,6
Plusieurs types de récipients	51,5	49,7	62,1	52,6	36,2
Bac hermétique et autre type de récipient	38,9	44,1	54,2	48,2	31,9
Plusieurs types de récipients sauf bac hermétique	12,6	5,6	7,9	4,4	4,3
Ensemble	**100**	**100**	**100**	**100**	**100**

Source : INSEE.

la mairie dans des quartiers anciens. Si l'on prend en compte l'utilisation unique ou simultanée du bac hermétique, on arrive à 64,5 % des communes concernées, qui regroupent 84,2 % de la population des agglomérations de plus de 30 000 habitants.

En 1994, toujours dans les agglomérations de plus de 30 000 habitants, 96 % des communes assurent une collecte sélective pour le verre, 44 % pour le papier et 91 % pour les objets encombrants.

Les Français se sont habitués à aller déposer leurs bouteilles en verre dans des conteneurs spécifiques : 91,1 % des communes en ont placé sur leur territoire. Si l'on tient compte des ramassages effectués à domicile, c'est 96,1 % des communes ou arrondissements des agglomérations de plus de 30 000 habitants qui sont concernées par la collecte sélective du verre. Le ramassage à domicile touche plus de communes dans les agglomérations de moins de 200 000 habitants.

La collecte du papier des ménages (magazines et journaux essentiellement) est moins développée que celle du verre :

43,6 % des communes des agglomérations ont mis en place un système de collecte. Elle concerne surtout les unités urbaines de plus de 200 000 habitants et elle est pratiquée dans plus de deux tiers des communes sous forme de dépôts en lieu fixe.

Tableau 4.9

La collecte sélective de certains matériaux au 1/01/1994 dans les agglomérations de 30 000 habitants et plus

Unité : %

Matériaux et types de collecte	% de communes	% de communes par taille de l'unité urbaine		
		30 000 à 200 000 hab.	200 000 à 1 million d'hab.	plus de 1 million d'hab.
Verre	96,1	95,8	96,6	96,2
Dépôt en lieu fixe hors déchetterie	84,5	83,1	84,9	86,9
Ramassage à domicile	5,0	5,7	4,7	3,9
Dépôt et ramassage	6,6	7,0	7,0	5,4
Papier	43,6	36,1	49,6	52,2
Dépôt en lieu fixe hors déchetterie	29,5	22,6	35,1	37,3
Ramassage à domicile	10,8	10,6	10,2	12,1
Dépôt et ramassage	3,3	2,9	4,3	2,8
Objets encombrants	90,9	89,0	90,7	95,1
Dépôt en lieu fixe hors déchetterie	7,5	8,0	7,7	6,0
Ramassage à domicile	74,6	73,0	74,3	78,5
Dépôt et ramassage	8,8	8,0	8,7	10,6

Source : INSEE.

Les installations de traitement des déchets ménagers et assimilés en 1993[1]

L'augmentation continue de la production de déchets de toutes sortes, dont une partie était simplement mise en décharge, est à l'origine de la loi du 13 juillet 1992 relative à l'élimination des

1. Ce texte est extrait pour l'essentiel d'une synthèse réalisée par l'ADEME du Sixième inventaire des installations de traitement, de transit ou de mise en décharge de déchets ménagers ou assimilés en France (ITOM6), publié dans l'édition précédente de Données Économiques de l'Environnement.

déchets ainsi qu'aux installations classées pour la protection de l'environnement.

Celle-ci définit le cadre d'une rénovation de la gestion de nos déchets et son décret d'application du 3 février 1993 place chaque département dans l'obligation d'élaborer un plan départemental ou interdépartemental d'élimination des déchets ménagers ou assimilés.

Dans l'attente de la réception de l'ensemble de ces plans, on a dressé un bilan du sixième inventaire des installations de traitement, de transit ou de mise en décharge de déchets ménagers et assimilés en France (ITOM6) dont les principaux éléments sont résumés ci-dessous.

En 1993, 868 unités de traitement et de mise en décharge de déchets ménagers et assimilés ont, au total, traité près de 34 millions de tonnes. Les 499 décharges (57,5 % du parc et plus de 60 % des déchets), font de ce type d'installation la principale destination des déchets, précédant le traitement thermique qui compte 298 unités d'incinération (34,3 % du parc et 11,4 millions de tonnes traitées).

Il est à noter que le traitement biologique ne concerne que 5 % des déchets et que 17 % des déchets reçus par une unité de traitement sont passés par une station de transit.

En ce qui concerne le parc d'incinérateurs, ceux qui disposent d'un système de récupération d'énergie reçoivent près de 73 % des déchets traités par voie thermique mais ne représentent que 26,5 % du parc d'incinérateurs.

La taille moyenne des installations de traitement et de mise en décharge se situe aux environs de 39 000 tonnes/an et connaît de grandes disparités d'un mode à l'autre : 105 000 tonnes/an pour les incinérateurs avec récupération d'énergie et 56 000 tonnes/an pour les décharges contrôlées compactées qui constituent les installations les plus importantes de par les tonnages traités et environ 15 000 tonnes/an pour les incinérateurs sans récupération d'énergie et les décharges contrôlées sans compactage qui constituent des solutions adaptées à des volumes de déchets plus faibles.

Il est à noter que la part de la population française desservie par les installations et décharges inventoriées s'établit, selon cet inventaire, à 92,1 %. Les 7,9 % de la population apparemment non desservis le sont soit par des décharges autorisées recevant moins de trois mille tonnes de déchets par an, non recensées, soit par des installations, décharges et dépôts non autorisés.

Les principales évolutions entre 1989 et 1993

La comparaison entre les deux inventaires est plus particulièrement délicate pour les décharges compte tenu de la modification du champ de l'inventaire au niveau des catégories de déchets prises en compte. ITOM5 ne portait que sur les déchets ménagers et assimilés alors qu'une approche tous déchets a été adoptée pour ITOM6.

Les chiffres relatifs à l'état dressé par ITOM6 (notamment les quantités reçues dans les décharges) et qui figurent dans le texte peuvent ainsi parfois être très différents de ceux de ce tableau qui a pour objet de présenter une évolution à champs comparables.

Tableau 4.10

Parc d'installations, quantités reçues et populations desservies par mode de traitement en 1989 et 1993 [1]

Mode de traitement	Nombre d'installations		Population desservie (milliers d'habitants)		Quantités reçues (milliers de tonnes)	
	1989	1993	1989	1993	1989	1993
Tri	*0*	*1*	*0*	*34*	*0*	*15*
Traitement biologique	*78*	*69*	*4 510*	*4 213*	*1 401*	*1 536*
Traitement thermique	*305*	*298*	*23 097*	*24 176*	*7 566*	*9 777*
Incinération avec récupération d'énergie	75	79	15 588	17 271	5 428	6 902
Incinération sans récupération d'énergie	228	218	7 363	6 849	2 090	2 857
Combustibles dérivés de déchets	2	1	147	55	48	18
Décharges	*485*	*459*	*24 198*	*25 089*	*8 928*	*10 025*
Total	***868***	***827***	***51 805***	***53 511***	***17 895***	***21 353***
Installations de transit	163	233	5 778	9 190	nd	3 886

Source : ADEME – Inventaires ITOM5 et ITOM6.

1. Seules les installations qui reçoivent, au moins, des ordures ménagères (827 sur un total de 868 en 1993) ont été prises en compte afin de rendre comparables les deux inventaires.

On constate que le tri est apparu entre les deux inventaires et ne concerne encore qu'une faible population et que le parc d'incinérateurs s'est légèrement resserré en raison de la fermeture de petites unités sans récupération d'énergie. Toutefois, un des faits les plus marquants est le fort développement des installations de transit.

Les principales évolutions du parc d'installations entre les deux derniers inventaires sont représentées dans le tableau 4.10.

La production de déchets industriels banals

L'ADEME a réalisé pour les années 1991-1993 une étude sur la production des déchets industriels banals des entreprises de

Graphique 4.3

La production de déchets industriels banals des entreprises de 10 salariés et plus des secteurs des industries manufacturières et extractives, de la construction, du commerce de gros et du commerce de détail (de plus de 400 m²) en 1991-1993

Unité : milliers de tonnes

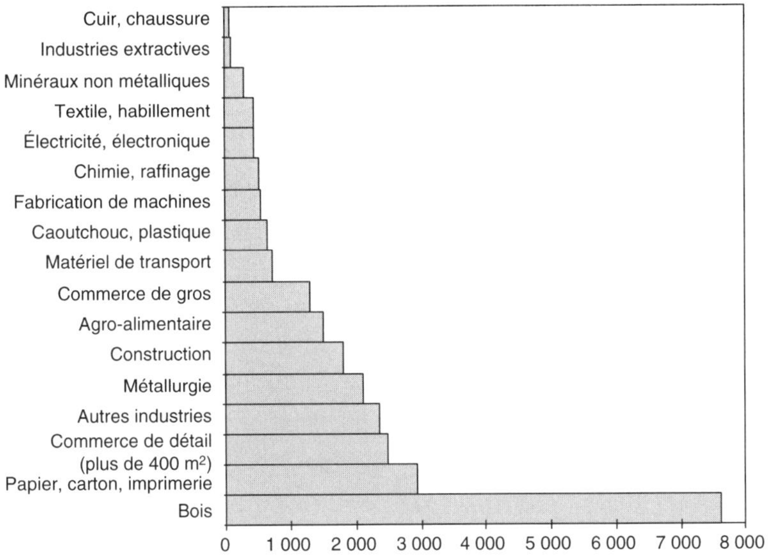

Source : ADEME.

NB : Cette ventilation ne concerne qu'une partie des déchets industriels. On ne dispose pas de répartition par activité pour le total des déchets industriels banals, ni pour les déchets industriels spéciaux.

10 salariés et plus des secteurs des industries manufacturières et extractives, de la construction, du commerce de gros et du commerce de détail (de plus de 400 m^2) [1]. Cette étude, qui ne concerne donc qu'une partie des déchets industriels, permet cependant de déterminer la quantité de ces déchets produits par les différents secteurs d'activité. Sur les 25,8 millions de tonnes produites, la moitié proviennent de trois secteurs : l'industrie du bois (29 %), l'industrie du papier, carton et imprimerie (11 %) et du commerce de détail de plus de 400 m^2 (10 %).

1. ADEME, « Déchets industriels banals : quel tonnage ? », avril 1996.

ANNEXE

Méthode d'élaboration du compte de la dépense de gestion des déchets

Le compte de la dépense de gestion des déchets est élaboré par l'Ifen selon le Système Européen de Rassemblement de l'Information Économique sur l'Environnement (SERIEE) [1].

LES ACTIVITÉS CARACTÉRISTIQUES DE GESTION DES DÉCHETS

Au niveau européen a été définie une nomenclature des activités caractéristiques de la protection de l'environnement (CEPA). Dans le domaine de la gestion des déchets, cette nomenclature est la suivante :

3.1 Prévention de la production de déchets à travers des modifications de procédés
3.2 Collecte et transport
3.3 Traitement et élimination des déchets dangereux
- 3.3.1 Traitement thermique
- 3.3.2 Décharges
- 3.3.3 Autres traitements et élimination

3.4 Traitement et stockage des déchets non dangereux
- 3.4.1 Incinération
- 3.4.2 Décharges
- 3.4.3 Autres traitements et élimination

3.5 Mesure, contrôle, analyses, etc.
3.6 Autres activités

Dans les comptes, la description des activités caractéristiques est faite selon une structure différente de celle de la nomenclature européenne. Il a été distingué :

1. Ifen, « La gestion des déchets 1990-1993 », Études et Travaux n° 9, mai 1996.

Les activités de gestion liées aux déchets municipaux (ordures ménagères, encombrants et assimilés)

A1 Collecte et transport
A2 Traitement
A3 Mise en décharge

Les activités de gestion liées aux déchets industriels, en séparant les déchets industriels spéciaux, les déchets industriels banals et les déchets industriels inertes, ainsi que les activités internes et externes

B1 Les activités de gestion liées aux déchets industriels banals
B11 Collecte et transport
B12 Traitement et mise en décharge
B2 Les activités de gestion liées aux déchets industriels inertes
B21 Collecte et transport
B22 Traitement et mise en décharge
B3 Les activités de gestion liées aux déchets industriels spéciaux
B31 Collecte et transport
B32 Traitement et mise en décharge

Il est en effet apparu, d'une part que cette présentation était mieux adaptée aux sources statistiques disponibles et que d'autre part, dans la mesure où elle plus détaillée que la classification européenne, les résultats peuvent être « restructurés » pour être présentés sous la forme souhaitée.

Portée et limites de l'étude

L'articulation des données monétaires et des données physiques est un élément constitutif de la démarche des comptes satellites et le SERIEE fixe comme objectif de relier les évaluations de la dépense aux données physiques. La méthode qui a été privilégiée met donc l'accent sur la liaison entre données physiques et monétaires. Ce choix est par ailleurs en partie dicté par la faiblesse des statistiques disponibles sur les données monétaires.

Le caractère non satisfaisant de la situation actuelle en matière de données, tant physiques que monétaires, sur la gestion des déchets est bien connu. L'élaboration des comptes ne pouvait pas ne pas pâtir de cette situation. Il en résulte en particulier que la méthode exposée ci-après est susceptible d'évoluer profondément au cours des prochaines années ; dans de nombreux domaines de nouvelles données deviendront disponibles qui devraient permettre de consolider les évaluations réalisées encore souvent très fragiles. La fiabilité et la précision des agrégats calculés varient donc fortement. La qualité des estimations, pour les comptes définitifs, est récapitulée ci-dessous.

Tableau 4.11

Qualité des estimations réalisées dans le compte de la gestion des déchets

Niveau de qualité des agrégats	Principaux agrégats
Bonne et assez bonne qualité	Production et investissement des entreprises spécialisées dans la gestion des déchets. Investissement des entreprises en « interne ». Redevances, taxes, subventions et aides.
Qualité moyenne	Production et investissement des administrations publiques (spécialisées). Opérations courantes des producteurs.
A prendre comme ordre de grandeur	Production relative aux encombrants, boues d'épuration, déchets verts, déchets d'automobile. Production des producteurs non spécialisés (auxiliaires et secondaires). Dépense en sacs et récipients de collecte.

Dans les comptes qui ont été établis pour les années 1990 à 1995, les activités relevant des deux dernières positions (3.5 et 3.6) n'ont pas été reprises, à l'exception des activités d'administration et de communication des organismes Éco-Emballages, Adelphe et Cyclamed. Ces activités sont mal couvertes par les données disponibles, et surtout elles n'ont, en terme de dépense, qu'une importance marginale par rapport aux autres.

Par ailleurs, le nettoyage des rues qui est théoriquement compris dans la position 3.2 n'a pas été traité.

En ce qui concerne les catégories de déchets, les déchets radioactifs, les déchets hospitaliers traités en « interne » et les déchets de l'agriculture, de l'élevage, de la pêche et de la sylviculture n'ont pas été intégrés.

S'agissant de la dernière catégorie, les quantités en cause (plus de 300 millions de tonnes dont 280 pour les seuls fumiers et lisiers) seraient susceptibles de modifier l'évaluation des dépenses de gestion. Dans les faits, très peu de données sont disponibles et il est considéré en général que ces déchets sont valorisés sur place (épandage, valorisation énergétique, alimentation animale, voire humaine, industrie cosmétique et pharmaceutique, etc.). Cependant, la valorisation des traitements des déchets animaux, dommageables pour l'environnement, conduirait à augmenter la dépense de protection de l'environnement de 10 à 20 milliards de francs.

Seule une petite partie des déchets hospitaliers et des professions de la santé est justifiable d'un traitement spécial, soit 70 000 tonnes au maximum. Ceux qui sont traités par des établissements spécialisés sont inclus dans le compte. Seuls ceux traités par les hôpitaux eux-mêmes échappent à l'estimation.

Les déchets radioactifs, explicitement exclus du champ de la gestion des déchets par le SERIEE, n'ont pas été traités.

Pour les flux financiers, les subventions de l'Union européenne, des conseils régionaux et généraux n'ont pas été intégrées, faute d'information à leur sujet. De même, la redevance spéciale payée par les sociétés aux communes pour l'enlèvement de leurs déchets n'a pu être évaluée. Les financements des services de gestion des déchets municipaux se répartissent donc entre la taxe d'enlèvement des ordures ménagères, la redevance d'enlèvement des ordures ménagères et le budget communal.

Les principaux concepts des comptes de la dépense de gestion des déchets

Le système européen adopte plusieurs classifications en ce qui concerne les agents, selon qu'il s'agit d'agents producteurs, utilisateurs/bénéficiaires ou financeurs.

Les producteurs de services caractéristiques

Parmi les producteurs de services caractéristiques les comptes distinguent :

– Les producteurs caractéristiques spécialisés, c'est-à-dire qui exécutent les activités de gestion des déchets à titre d'activité principale appartenant au secteur des administrations publiques locales (communes, syndicats etc.) ou au secteur des sociétés non financières.

– Les producteurs caractéristiques secondaires, qui exercent les activités de gestion des déchets pour une petite partie de leur activité totale (exemples : cimenteries, transporteurs de déchets à titre occasionnel, etc.).

– Les producteurs caractéristiques à titre auxiliaire, c'est-à-dire de façon interne. Il s'agit de l'ensemble des producteurs qui ont une activité « polluante » et qui prennent des mesures pour diminuer l'impact négatif de leur activité de production sur l'environnement.

Les utilisateurs

Différentes catégories d'utilisateurs sont distinguées :

– Les administrations publiques en tant que consommateur collectif, qui utilisent les services non marchands de gestion des déchets.

– Les ménages en tant que consommateurs individuels, qui dépensent pour les sacs et récipients de collecte (les produits connexes).

– Les producteurs caractéristiques spécialisés, appartenant soit au secteur des administrations publiques, soit à celui des sociétés.

– Les unités de production qui ne sont pas spécialisées. Elles comprennent les producteurs secondaires, les producteurs auxiliaires et les producteurs non caractéristiques, qui regroupent toutes les autres unités productrices de l'économie.

Il a été considéré que les services de gestion des déchets municipaux étaient toujours une consommation collective. Quelles que soient les modalités selon lesquelles ils sont produits, ces services sont en effet toujours achetés *in fine* par les collectivités locales pour être fournis « gratuitement » à la communauté. La raison de ce classement est la suivante : la Taxe d'Enlèvement des Ordures Ménagères (TEOM), qui est la principale recette des collectivités locales dans le domaine de la gestion des déchets n'est pas classée comme redevance pour service rendu mais comme impôt sur le patrimoine ; sa base n'est pas le niveau du service fourni, mais la valeur locative des immeubles et terrains.

En toute rigueur ce classement ne devrait pas s'appliquer à la Redevance d'Enlèvement des Ordures Ménagères (REOM), qui est une redevance pour service rendu mais il a semblé préférable d'agréger les données relatives à la redevance et à la taxe ; de plus il aurait fallu pouvoir identifier les payeurs par secteur institutionnel.

Les services de gestion des déchets industriels sont soit produits par des producteurs spécialisés (production marchande) soit réalisés par les entreprises productrices de déchets elles-mêmes (production réalisée à titre auxiliaire et donc non marchande).

La dépense nationale affectée aux ménages en tant que consommateurs individuels, consiste essentiellement dans leur consommation de produits connexes (sacs poubelles, etc.). L'essai de quantification effectué sur une catégorie produits adaptés (les piles sans mercure) n'a pas abouti : il a été impossible de mettre en évidence, de façon satisfaisante, le surcoût lié aux piles sans mercure, et aucune dépense n'a été enregistrée au titre des produits adaptés.

Les financeurs

Le financement de la dépense nationale est assuré par les agents classés par secteur institutionnel des comptes nationaux. On distingue : les administrations publiques, les sociétés et les ménages.

On notera que les institutions financières ne figurent pas explicitement dans la liste des secteurs institutionnels retenus, non plus d'ailleurs que les organismes sans but lucratif au service des ménages.

Aucun organisme sans but lucratif n'a été identifié dans le domaine : les entreprises comme Éco-Emballages et Adelphe sont classées dans le secteur des sociétés.

Les institutions financières sont regroupées avec les sociétés non financières dans le secteur des sociétés. Dans un but de simplification, il est considéré que les emprunts sont, en dernière analyse, payés par les emprunteurs comme une source de financement spécifique, et sont traités comme financement propre de l'unité qui emprunte.

CHAPITRE 5

La dépense des autres domaines (bruit, air, cadre de vie...)

Le présent chapitre étudie les coûts liés à la lutte contre la pollution de l'air, à la protection contre le bruit, au nettoyage des rues, à la protection du patrimoine écologique, à la recherche et développement dans le domaine de l'environnement, aux dépenses d'administration générale de l'environnement, à la mobilisation de la ressource en eau et aux dépenses pour l'amélioration du cadre de vie.

LA DÉPENSE DE LUTTE CONTRE LA POLLUTION DE L'AIR

La dépense de lutte contre la pollution de l'air est évaluée à partir de l'addition des dépenses effectuées par les entreprises et les ménages. Les dépenses des administrations publiques ne sont pas estimées, faute de sources directes d'information. De plus, ces dépenses étaient considérées, jusqu'à présent, comme relativement peu significatives. L'adoption d'une nouvelle loi sur l'air, et, parallèlement, la réalisation par l'Ifen d'un compte de la dépense de lutte contre la pollution de l'air devraient changer cette situation prochainement, tant sur le plan des montants financiers que sur celui du système d'information.

De 1990 à 1995, la dépense de lutte contre la pollution de l'air est passée de 7,6 milliards de francs aux prix courants à 9,3 milliards de francs, ce qui représente une augmentation de 4,1 % par an en moyenne *(tableau 5.1)*.

Tableau 5.1

Les dépenses des entreprises et des ménages pour la lutte contre la pollution de l'air

En millions de francs courants

	1990	1991	1992	1993	1994	1995	Taux de croissance annuel moyen (%)			
							92/90	93/92	94/93	95/94
Dépense courante	5 675	5 930	6 330	6 720	7 010	7 190	+ 5,6	+ 6,2	+ 4,3	+ 2,6
Dépense en capital	1 930	2 015	2 055	2 000	2 030	2 130	+ 3,2	– 2,7	+ 1,5	+ 4,9
Total	**7 605**	**7 945**	**8 385**	**8 720**	**9 040**	**9 320**	**+ 5,0**	**+ 4,0**	**+ 3,7**	**+ 3,1**

Source : BIPE Conseil à partir du SESSI, des travaux du Comité de Conjoncture des activités éco-industrielles et d'enquêtes de BIPE Conseil auprès des industriels.

La dépense des entreprises pour la lutte contre la pollution de l'air

En 1995, les dépenses en capital des entreprises dans le domaine de l'air ont cru de 5 % en francs courants, ce qui indique une reprise nette, les dépenses en capital des entreprises pour l'année 1994 ayant augmenté de façon beaucoup plus modérée (+ 1,5 %).

Cependant, malgré une réglementation plutôt contraignante, les entreprises accordent encore la priorité à d'autres domaines comme l'eau ou les déchets, pour lesquels la pression réglementaire est peut-être plus importante à court terme.

D'après les résultats de l'enquête 1994 du SESSI, six gros secteurs représentent plus de 75 % des investissements dans ce domaine : ce sont la chimie – y compris caoutchouc et matières plastiques – (21 % du total), la production et distribution d'eau, de gaz et d'électricité (19 %), la production de combustibles et de carburants (12 %), la métallurgie et la transformation des métaux (8 %) l'industrie des produits minéraux (8 %) et l'industrie automobile (7 %).

Les dépenses courantes effectuées par les entreprises en 1995 pour la lutte contre la pollution de l'air ont enregistré une hausse de 2 % en francs courants par rapport à 1994, soit un rythme comparable aux années précédentes *(tableau 5.2)*.

Tableau 5.2

Les dépenses des entreprises pour la lutte contre la pollution de l'air

En millions de francs courants

	1990	1991	1992	1993	1994	1995	Taux de croissance anuuel moyen (%)			
							92/90	93/92	94/93	95/94
Dépense courante	4 825	5 010	5 140	5 260	5 370	5 480	+ 3,2	+ 2,3	+ 2,1	+ 2,0
Dépense en capital	1 930	2 015	2 055	2 000	2 030	2 130	+ 3,2	– 2,7	+ 1,5	+ 4,9
Total	**6 755**	**7 025**	**7 195**	**7 260**	**7 400**	**7 610**	**+ 3,2**	**+ 0,9**	**+ 1,9**	**+ 2,8**

Source : BIPE Conseil à partir du SESSI, des travaux du Comité de Conjoncture des activités éco-industrielles et d'enquêtes de BIPE Conseil auprès des industriels.

La dépense des ménages pour la lutte contre la pollution de l'air

Les dépenses des ménages dans le domaine de la lutte contre la pollution de l'air ont progressé de 4,3 % en 1995 *(tableau 5.3)*. Ce taux de croissance est bien inférieur à ceux des années précédentes, qui ont vu l'introduction des pots catalytiques sur les véhicules neufs à essence. Ceux-ci sont aujourd'hui généralisés pour ce type de véhicules, ce qui limite la progression du marché. L'introduction des pots d'oxydation sur les véhicules diesel en 1996 et 1997 devrait entraîner un nouveau bond des dépenses.

Les résultats s'expliquent donc essentiellement par une progression modérée des ventes de véhicules en 1995, et un léger accroissement des dépenses occasionnées par les contrôles techniques automobiles de plus en plus sévères en matière d'émission de polluants.

Tableau 5.3

Les dépenses des ménages pour la lutte contre la pollution de l'air

En millions de francs courants

	1990	1991	1992	1993	1994	1995	Taux de croissance anuuel moyen (%)			
							92/90	93/92	94/93	95/94
Dépense courante	850	920	1 190	1 460	1 640	1 710	+ 18,3	+ 22,7	+ 12,3	+ 4,3
Dépense en capital	–	–	–	–	–	–	–	–	–	–
Total	**850**	**920**	**1 190**	**1 460**	**1 640**	**1 710**	**+ 18,3**	**+ 22,7**	**+ 12,3**	**+ 4,3**

Source : BIPE Conseil à partir du SESSI, des travaux du Comité de Conjoncture des activités éco-industrielles et d'enquêtes de BIPE Conseil auprès des industriels.

La dépense de lutte contre le bruit

La dépense de lutte contre le bruit étudiée ici comprend les dépenses en capital dans des équipements de lutte contre le bruit ordonnées par les administrations publiques (25 % de la dépense), les entreprises (30 % de la dépense) et les ménages (45 % de la dépense).

Le niveau de la dépense de lutte contre le bruit de 1995 se situe, en francs courants, légèrement en dessous du niveau de 1990, à 2,53 milliards de francs *(tableau 5.4)*. La reprise de croissance de cette dépense constatée au cours de ces deux dernières années ne compense pas la baisse de 1993, si bien que le niveau de 1995 est encore inférieur à celui de 1990.

Tableau 5.4

Les dépenses courantes et en capital pour la lutte contre le bruit

En millions de francs courants

	1990	1991	1992	1993	1994	1995	Taux de croissance annuel moyen (%)			
							92/90	93/92	94/93	95/94
Dépense courante	–	–	–	–	–	–	–	–	–	–
Dépense en capital	2 570	2 675	2 620	2 370	2 445	2 535	+ 1,0	– 9,5	+ 3,2	+ 3,7
Total	**2 570**	**2 675**	**2 620**	**2 370**	**2 445**	**2 535**	**+ 1,0**	**– 9,5**	**+ 3,2**	**+ 3,7**

Source : BIPE Conseil à partir du SESSI, des travaux du Comité de Conjoncture des activités éco-industrielles, d'enquêtes de BIPE Conseil auprès des industriels, et de l'enquête ECOLOC.

La dépense des administrations publiques pour la lutte contre le bruit

La reprise des investissements publics de lutte contre le bruit, amorcée en 1994, semble s'être poursuivie en 1995, avec une croissance de + 3,2 % en francs courants par rapport à 1994 *(tableau 5.5)*.

Cette bonne tenue des investissements publics dans le domaine du bruit s'explique par la conjonction de plusieurs facteurs :

– l'impact des évolutions réglementaires avec, en particulier, la publication de plusieurs nouveaux arrêtés relatifs à la loi sur le bruit du 31 décembre 1992 concernant, notamment, l'application de normes d'insonorisation dans les bâtiments publics (établissements scolaires, hôpitaux, etc.) ;

Tableau 5.5

Les dépenses des administrations publiques pour la lutte contre le bruit

En millions de francs courants

	1990	1991	1992	1993	1994	1995	Taux de croissance anuuel moyen (%)			
							92/90	93/92	94/93	95/94
Dépense courante	–	–	–	–	–	–	–	–	–	–
Dépense en capital	590	620	640	610	625	645	+ 4,2	– 4,7	+ 2,5	+ 3,2
Total	**590**	**620**	**640**	**610**	**625**	**645**	**+ 4,2**	**– 4,7**	**+ 2,5**	**+ 3,2**

Source : BIPE Conseil d'après les travaux du Comité de Conjoncture des activités éco-industrielles et l'enquête Ecoloc.

– une sensibilité forte de l'opinion publique à l'égard des problèmes de bruit. L'enquête Ecoloc[1] 1996 a d'ailleurs révélé l'importance accordée à la lutte contre le bruit lié aux transports par les collectivités locales de plus de 50 000 habitants ;

– l'ouverture de plusieurs gros chantiers de couverture ou d'aménagement des voies, qui peuvent avoir, sur un marché relativement étroit, un impact très significatif. On peut citer notamment les chantiers autoroutiers A86 (Rueil-Malmaison), A86 Est et A1 (Saint-Denis), la protection phonique du boulevard périphérique et la couverture du nouveau tronçon de l'A12 (triangle de Rocquencourt).

En région Ile-de-France, le Contrat de Plan État-Région 1994-1998 recense notamment un programme de réduction des nuisances sonores d'un montant global de plus de 800 millions de francs. De tels programmes devraient dynamiser la dépense publique dans le domaine du bruit dans les années à venir.

La dépense des entreprises pour la lutte contre le bruit

Les résultats de l'enquête publiée par le service statistique du ministère de l'Industrie diffèrent assez largement des chiffres présentés ici, en raison de différences méthodologiques détaillées en annexe.

1. L'enquête Ecoloc sur les interventions « environnement » des collectivités locales est réalisée chaque année par Bipe Conseil pour le ministère de l'Environnement, l'ADEME et la Caisse des Dépôts et Consignations.

L'année 1995 a été marquée par une reprise limitée des dépenses en capital des industriels dans le domaine du bruit *(tableau 5.6)*. Ce résultat s'inscrit dans le cadre du rebond des investissements des industriels qui s'est amorcé en 1995. Les investissements de lutte contre le bruit ne paraissent pas bénéficier, globalement, d'un caractère prioritaire significatif.

Tableau 5.6

Les dépenses des entreprises pour la lutte contre le bruit

En millions de francs courants

	1990	1991	1992	1993	1994	1995	Taux de croissance anuuel moyen (%)			
							92/90	93/92	94/93	95/94
Dépense courante	–	–	–	–	–	–	–	–	–	–
Dépense en capital	790	820	780	675	670	690	– 0,6	– 13,5	– 0,7	+ 3,0
Total	**790**	**820**	**780**	**675**	**670**	**690**	**– 0,6**	**– 13,5**	**– 0,7**	**+ 3,0**

Source : BIPE Conseil à partir des travaux du Comité de Conjoncture des activités éco-industrielles et d'enquêtes de BIPE Conseil auprès des industriels.

D'après l'enquête du SESSI, l'essentiel de l'effort est réalisé par les entreprises de quatre secteurs, qui réalisent 68 % des dépenses totales en capital : il s'agit des secteurs de la production et distribution d'eau, de gaz et d'électricité (39 %), de la métallurgie et transformation des métaux (12 %), des industries agricoles et alimentaires (9 %), et des industries du bois et du papier (8 %).

La dépense des ménages pour la lutte contre le bruit

En 1995, les dépenses en capital des ménages dans le domaine du bruit ont progressé de 4,3 % en francs courants, alors qu'en 1994, elles avaient progressé de 6 % *(tableau 5.7)*.

Ce fléchissement du rythme de croissance des dépenses est lié à la morosité du marché du bâtiment, en particulier au second semestre, alors que les dépenses en capital des ménages dans ce domaine dépendent dans une large mesure de la conjoncture du logement neuf.

Tableau 5.7

Les dépenses des ménages pour la lutte contre le bruit

En millions de francs courants

	1990	1991	1992	1993	1994	1995	Taux de croissance anuuel moyen (%)			
							92/90	93/92	94/93	95/94
Dépense courante	–	–	–	–	–	–	–	–	–	–
Dépense en capital	1 190	1 235	1 200	1 085	1 150	1 200	+ 0,4	– 9,6	+ 6,0	+ 4,3
Total	**1 190**	**1 235**	**1 200**	**1 085**	**1 150**	**1 200**	**+ 0,4**	**– 9,6**	**+ 6,0**	**+ 4,3**

Source : BIPE Conseil à partir des travaux présentés au Comité de Conjoncture des activités éco-industrielles et d'enquêtes de BIPE Conseil auprès des industriels.

La dépense de nettoyage des rues

De 1990 à 1995, la dépense des administrations publiques pour le nettoyage des rues est passée de 4,5 à 5,3 milliards de francs aux prix courants, soit une progression annuelle de + 3,2 % *(tableau 5.8)*. La dépense courante représente plus de 90 % de la dépense totale pour le nettoyage des rues.

Tableau 5.8

Les dépenses des administrations publiques pour le nettoyage des rues (hors collecte des déchets)

En millions de francs courants

	1990	1991	1992	1993	1994	1995	Taux de croissance anuuel moyen (%)			
							92/90	93/92	94/93	95/94
Dépense courante	4 145	4 310	4 425	4 550	4 690	4 830	+ 3,3	+ 2,8	+ 3,1	+ 3,0
Dépense en capital	400	425	440	450	465	470	+ 4,9	+ 2,3	+ 3,3	+ 1,1
Total	**4 545**	**4 735**	**4 865**	**5 000**	**5 155**	**5 300**	**+ 3,5**	**+ 2,8**	**+ 3,1**	**+ 2,8**

Source : BIPE Conseil d'après les travaux du Comité de Conjoncture des activités éco-industrielles et l'enquête Ecoloc.

La dépense de nettoyage des rues a progressé de façon modérée depuis le début des années 1990, avec un rythme annuel de croissance en francs courants de l'ordre de + 3 %, correspondant à une croissance de la dépense en volume comprise entre 1 % et 2 % par an.

La baisse du taux de croissance des dépenses de nettoyage des rues, par rapport à la fin des années quatre-vingt, s'explique principalement par un ralentissement des dépenses d'investissement, les dépenses de fonctionnement progressant à un rythme plus stable.

Plusieurs facteurs contribuent à la modération de la croissance des dépenses de nettoyage des rues :

– le développement de la mécanisation, encouragé par la privatisation des services urbains, permet des économies d'échelles par une utilisation plus intensive des machines ;

– de manière générale, le nettoyage des rues ne figure plus parmi les toutes premières priorités des collectivités locales, à la fois sur le plan politique et en termes de dépenses. Ainsi, selon l'enquête Ecoloc 1996, le nettoyage des rues arrive-t-il en 7e position sur les dix premières priorités « environnement » des collectivités locales ;

– enfin, le parc de machines, qui date en grande partie des investissements réalisés à la fin des années 1980, n'est pas encore à renouveler massivement.

La dépense de protection du patrimoine écologique

Après une nette décélération en 1993, les dépenses des administrations publiques pour la protection du patrimoine écologique sont restées ensuite plutôt stables jusqu'en 1995 *(tableau 5.9)*. Il faut remarquer que les dépenses en capital et les dépenses courantes ont évolué différemment, ces dernières progressant de manière régulière (plus de 3 % par an en moyenne, en francs courants) en raison des frais de personnel qui en sont une composante essentielle.

L'évolution de la dépense de protection du patrimoine naturel a été marquée par :

– une légère reprise de l'effort relatif à l'aménagement des forêts (38 % de la dépense totale), qui, après être tombé à 270 millions de francs environ en 1993, se situait à plus de 280 millions en 1994 ;

– une nette diminution de la dépense relative à la défense contre les incendies, qui est passée de 100 millions de francs en 1993 à 68 millions en 1994 ;

– la progression de la dépense de protection contre l'érosion (110 MF en 1994) ;

– une décroissance sensible des investissements relatifs aux parcs naturels régionaux (88 millions en 1994 contre 116 millions en 1993).

Tableau 5.9

Les dépenses des administrations publiques pour la protection du patrimoine écologique

En millions de francs courants

	1990	1991	1992	1993	1994	1995	Taux de croissance anuuel moyen (%)			
							92/90	93/92	94/93	95/94
Dépense courante	855	890	930	965	1 000	1 030	+ 4,3	+ 3,8	+ 3,6	+ 3,0
Dépense en capital	750	790	820	770	745	715	+ 4,6	– 6,2	– 3,2	– 4,0
Total	**1 605**	**1 680**	**1 750**	**1 735**	**1 745**	**1 745**	**+ 4,4**	**– 0,9**	**+ 0,6**	**0,0**

Source : BIPE Conseil d'après la Direction de la Comptabilité Publique, Comptabilité Spéciale des Investissements Locaux (CSIL) pour les investissements 1990 à 1994 et l'enquête Ecoloc pour les autres données.

La gestion des espaces ruraux et naturels est une priorité plus pour les petites collectivités locales, en majorité rurales, que pour les grandes. En particulier, les résultats de l'enquête Ecoloc ont révélé une montée en puissance des intentions relatives à l'aménagement et l'entretien des rivières, jugés prioritaires par une collectivité locale sur trois.

LA DÉPENSE DE RECHERCHE ET DÉVELOPPEMENT

Le rôle de la science est, dans le domaine de l'environnement peut-être davantage que dans d'autres domaines, indispensable à l'orientation et à la définition des politiques. L'évolution des technologies se conjugue, en effet, à des enjeux écologiques mais aussi économiques et sociaux. Si l'on essaye d'évaluer l'effort financier en matière de recherche en environnement, on est confronté à un problème complexe lié à l'aspect transversal et nouveau des questions d'environnement : dans de nombreux cas, la protection de l'environnement n'est qu'une finalité parmi d'autres, et il est donc difficile d'estimer un montant spécifique à l'environnement.

Pour ce qui concerne la recherche publique en environnement, l'enquête réalisée à l'initiative des ministères de l'Environnement et de la Recherche (Service de la Recherche et des Affaires Économiques et Centre de Prospective et de Veille Scientifique), du club des organismes de recherche publique et de l'Observatoire des Sciences et Techniques (OST) à partir d'une grille définissant précisément le champ de la recherche en environnement, a permis de compléter l'information concernant les budgets de la recherche exécutée par les organismes publics, notamment en « stabilisant » la collecte des données.

L'enquête, dont l'année de référence est 1994, présente des résultats selon deux « périmètres » : le premier (périmètre I) comptabilise les programmes ou recherches dont la finalité première est l'environnement, le second (périmètre II) prend en compte les programmes ou recherches à finalité environnement secondaire. L'enquête a montré que les budgets pour la production de recherche environnement étaient d'environ 2 milliards pour le périmètre I et de 2,3 milliards pour le périmètre II, soit 4,3 milliards pour l'ensemble des recherches [1].

Dans la mesure où le SERIEE pousse à ne retenir que les dépenses qui ont comme objectif principal la protection de l'environnement, ce sont les dépenses du périmètre I qui sont retenues dans le cadre de cet ouvrage, en prenant en compte également les dépenses du CNES pour le développement et l'exploitation des systèmes spatiaux, supérieures à un milliard en 1994.

Enfin, il est intéressant de relever que, d'après l'enquête de l'OST, les thématiques environnement représentent en 1994 environ 3 % de l'effort public et 2 100 chercheurs pour le périmètre I, et plus de 6 % et 4 600 chercheurs (4 700 personnes toutes catégories confondues) pour les périmètres I et II additionnés. Aucune série n'est fournie, mais la réactualisation éventuelle de cette enquête devrait permettre de consolider la connaissance de la recherche publique en environnement dans les années à venir.

Par ailleurs, il semble que la réglementation environnementale soit fortement incitatrice de Recherche et Développement dans les entreprises, et notamment dans le domaine des déchets. En effet, la loi de juillet 1992, qui restreint la mise en décharge aux seuls déchets ultimes à l'horizon 2002, conduit les collectivités locales à mener une réflexion sur le choix de nouvelles filières de

1. Cette estimation ne prend pas en compte les recherches menées par le CEA sur les questions d'environnement associées aux radioéléments, ni la recherche des grandes écoles et de l'Université effectuée en dehors de laboratoires associés au CNRS (et estimée par ailleurs à 305 MF), ni les dépenses du CNES pour le développement et l'exploitation des systèmes spatiaux utilisés pour la recherche environnement.

traitement des déchets ménagers, et incite les entreprises à développer et utiliser des technologies propres. Cela crée des opportunités de marché pour les entreprises du secteur qui réalisent des travaux de recherche et de mise au point de solutions nouvelles pour le traitement et la valorisation des déchets. De même, la R&D est importante dans le secteur de l'instrumentation.

Néanmoins, la R&D est effectuée de manière « informelle » dans beaucoup de PME, celles-ci ne disposant pas de cellule spécifique bien identifiée. Il est plus difficile d'identifier la dépense de R&D chez les entreprises, qui est estimée à près de 2 milliards de francs en 1995.

Au total, on estime ainsi que les dépenses R&D environnement se montaient à plus de 5 milliards de francs courants en 1995, ce qui marque une progression de 3,6 % en francs courants par rapport à l'année 1994 *(tableau 5.10)*. Ce résultat s'explique en grande partie par l'augmentation des dépenses courantes des administrations (+ 4,9 % en valeur), et par une reprise des dépenses en capital des entreprises dans le domaine de la R&D.

Tableau 5.10

Les dépenses de recherche et développement pour l'environnement

En millions de francs courants

		1990	1991	1992	1993	1994	1995	Taux de croissance annuel moyen (%)			
								92/90	93/92	94/93	95/94
APU	Dépense courante	2 180	2 335	2 530	2 680	2 830	2 970	+ 7,7	+ 5,9	+ 5,6	+ 4,9
	Dépense en capital	230	245	265	280	290	285	+ 7,3	+ 5,7	+ 3,6	– 1,7
	Total	2 410	2 580	2 795	2 960	3 120	3 255	+ 7,7	+ 5,9	+ 5,4	+ 4,3
Entreprises	Dépense courante	1 705	1 830	1 800	1 745	1 770	1 810	+ 2,7	– 3,1	+1,4	+ 2,3
	Dépense en capital	155	170	160	150	150	155	+ 1,4	– 6,0	0,0	+ 3,3
	Total	1 806	2 000	1 960	1 895	1 920	1 965	+ 2,6	– 3,3	+ 1,3	+ 2,3
Total	Dépense courante	3 885	4 165	4 330	4 425	4 600	4 780	+ 5,6	+ 2,2	+ 4,0	+ 3,9
	Dépense en capital	385	415	425	430	440	440	+ 5,0	+ 1,3	+ 2,3	0,0
	Total	4 270	4 580	4 755	4 855	5 040	5 220	+ 5,5	+ 2,1	+ 3,8	+ 3,6

Source : BIPE Conseil d'après l'OST pour les administrations publiques et des enquêtes auprès d'industriels pour les entreprises.

La dépense d'administration générale

Pour l'administration générale de l'environnement, le SERIEE intègre dans ce domaine les dépenses de tous les agents : administration centrale (ministères, établissements publics), administration locale (régions, départements, voire communes, groupements de communes ayant un service environnement), entreprises (ayant un service environnement) et les associations de protection de l'environnement.

Dans le cas présent, le poste « administration générale » recouvre les dépenses budgétaires consenties par l'État (ministère de l'Environnement et autres ministères) ainsi que les dépenses de gestion des établissements publics sous tutelle ou cotutelle du ministère de l'Environnement. Il est évalué à partir des documents budgétaires relatifs aux différentes catégories d'agents par agrégation de toutes les dépenses excepté celles de Recherche-Développement qui sont comptabilisées séparément.

Globalement, il ressort que la dépense d'administration générale de l'environnement s'est nettement accrue depuis le début des années 1990, même si un petit tassement intervient en 1995 *(tableau 5.11)*. Cette évolution, due à l'État et aux établissements publics, présente les caractéristiques suivantes :

– forte croissance des dépenses du ministère de l'Environnement qui ont doublé entre 1990 et 1995, passant de 0,857 à 1,754 milliards de francs courants ; après la forte hausse du début des années 1990, un pallier est observé depuis 1993 ;

– les crédits budgétaires des autres ministères (hors recherche) ont connu une hausse sensible et régulière et sont passés de 2,1 à 3,5 milliards de francs courants entre 1991 et 1995, soit un accroissement des deux tiers ;

– les ressources propres des établissements publics (taxes et redevances essentiellement) sous tutelle et cotutelle ont plus que doublé entre 1991 et 1995 sous l'effet des VIe programmes des Agences de l'Eau et de la montée en puissance de l'ADEME consécutive à l'instauration par la loi du 13 juillet 1992 d'une taxe sur la mise en décharge des déchets ménagers et assimilés. Les ressources propres des Agences de l'Eau passent ainsi de 3,6 à 9,4 milliards de francs tandis que celles de l'ADEME passent de 0,2 à 0,9 milliard de francs. Cet accroissement général des ressources propres s'est répercuté sur les frais de gestion de ces établissements publics.

Tableau 5.11

Les dépenses d'administration générale de l'environnement

En millions de francs courants

	1990	1991	1992	1993	1994	1995	Taux de croissance anuel moyen (%)			
							92/90	93/92	94/93	95/94
Dépense courante	2 540	2 834	3 340	3 807	4 190	4 441	+ 14,7	+ 14,0	+ 10,1	+ 6,0
Dépense en capital	1 615	1 851	2 085	2 459	2 653	2 613	+ 13,6	+ 17,9	+ 7,9	– 1,5
Total	**4 155**	**4 685**	**5 425**	**6 266**	**6 843**	**7 054**	**+ 14,3**	**+ 15,5**	**+ 9,2**	**+ 3,1**

Source : Ministère de l'Environnement.

LA DÉPENSE DE MOBILISATION DE LA RESSOURCE EN EAU

Les investissements relatifs à l'alimentation en eau sont essentiellement des investissements de renouvellement et, dans une moindre mesure, des investissements destinés à améliorer la qualité des eaux distribuées et à sécuriser la distribution d'eau potable, dans la mesure où la quasi-totalité de la population française est raccordée au réseau de distribution d'eau potable.

Dans un contexte de forte priorité accordée aux investissements dans le domaine de l'assainissement-épuration, les investissements liés à la mobilisation de l'eau potable connaissent une tendance à la baisse depuis le début des années 1990, à l'exception de 1994 qui avait connu un redressement par rapport à 1993. L'année 1995 semble avoir été marquée par une baisse des investissements dans ce domaine *(tableau 5.12)* que l'on peut rapprocher de la baisse générale des investissements locaux en année électorale.

Tableau 5.12

Les dépenses des administrations publiques pour la mobilisation de la ressource en eau

En millions de francs courants

	1990	1991	1992	1993	1994	1995	Taux de croissance anuel moyen (%)			
							92/90	93/92	94/93	95/94
Dépense courante	15 550	16 185	16 650	17 145	17 660	18 190	+ 3,5	+ 3,0	+ 3,0	+ 3,0
Dépense en capital	11 420	11 415	11 400	11 000	11 140	11 030	– 0,1	– 3,5	+ 1,3	– 1,0
Total	**26 970**	**27 600**	**28 050**	**28 145**	**28 800**	**29 220**	**+ 2,0**	**+ 0,3**	**+ 2,3**	**+ 1,5**

Source : BIPE Conseil d'après l'EAE, l'enquête Ecoloc et des données des Agences de l'Eau, du SPDE, des Canalisateurs de France et des enquêtes auprès des industriels.

LA DÉPENSE D'AMÉLIORATION DU CADRE DE VIE

Les dépenses affectées à l'amélioration du cadre de vie, qui avaient progressé de près de 6 % en 1993 en francs courants, ont reculé de plus de 4 % en 1994. Cette baisse a été particulièrement forte pour les dépenses en capital, qui sont passées sous la barre des 2 milliards de francs en 1994, les dépenses courantes progressant chaque année de manière plus régulière, au rythme d'environ + 5 % en francs courants *(tableau 5.13)*.

La baisse des investissements en 1994 a touché l'ensemble des postes de dépenses, avec, en particulier, une très forte diminution des dépenses liées aux espaces verts autres que les parcs et jardins (– 40 % en francs courants) et à la restauration immobilière (– 30 % en francs courants). Cependant, les données de 1995 montrent une stabilisation de l'investissement.

Tableau 5.13

Les dépenses des administrations publiques pour l'amélioration du cadre de vie

En millions de francs courants

	1990	1991	1992	1993	1994	1995	Taux de croissance annuel moyen (%)			
							92/90	93/92	94/93	95/94
Dépense courante	5 110	5 420	5 650	5 910	6 210	6 520	+ 5,1	+ 4,6	+ 5,1	+ 5,0
Dépense en capital	2 875	3 080	2 350	2 550	1 890	1 910	– 9,6	+ 8,5	– 25,9	+ 1,1
Total	**7 985**	**8 500**	**8 000**	**8 460**	**8 100**	**8 430**	**+ 0,1**	**+ 5,7**	**– 4,3**	**+ 4,1**

Source : BIPE Conseil, d'après la Direction de la comptabilité publique, Comptabilité Spéciale des Investissements Locaux (CSIL) pour les données d'investissement de 1990 à 1994, et l'enquête Ecoloc pour les autres données.

ANNEXE

Méthodes d'estimation des dépenses de protection de l'environnement dans divers domaines (air, bruit...)

LUTTE CONTRE LA POLLUTION DE L'AIR

La dépense de lutte contre la pollution de l'air est répartie entre les entreprises et les ménages.

En l'absence de compte officiel de la dépense dans le domaine de la lutte contre la pollution de l'air, les estimations relatives à la dépense des *entreprises* sont issues des sources suivantes :

– pour le champ, la nomenclature SERIEE, qui inclut notamment la prévention, le traitement des gaz et de l'air, ainsi que la mesure, le contrôle et l'analyse ;

– pour le chiffrage, des éléments issus des travaux du SESSI, du Comité de Conjoncture des activités éco-industrielles et d'enquêtes auprès des industriels, en particulier sur les marchés du dépoussiérage et du traitement des gaz.

Les dépenses de lutte contre la pollution de l'air affectées aux ménages regroupent, d'une part, des dépenses de réglages antipollution des véhicules (calculées à partir des éléments suivants : parc français de véhicules légers, pourcentage estimé de véhicules ayant effectué une révision dans l'année et coût moyen du réglage antipollution) et, d'autre part, les dépenses relatives aux achats de pots catalytiques (estimées à partir des chiffres de ventes de voitures équipées d'un pot catalytique et du prix moyen du pot catalytique).

LUTTE CONTRE LE BRUIT

La dépense de lutte contre le bruit est répartie entre les administrations publiques, les entreprises et les ménages.

Le champ du compte de la lutte contre le bruit, tel qu'il est défini dans SERIEE, comprend plusieurs postes de dépenses des *administrations publiques* :

– bruit et vibrations liés au trafic routier et ferroviaire,
– bruit lié au trafic aérien,
– mesures, contrôles, analyses.

La nomenclature NFA comprend un poste relatif aux installations contre le bruit, mais l'analyse des résultats tend à montrer que ce poste est peu rempli par les collectivités locales, en raison de l'inclusion des travaux de lutte contre le bruit dans les investissements dont la fonction première n'est pas la lutte contre le bruit, mais la réalisation de nouvelles voies routières, par exemple.

Le champ des dépenses des *entreprises* dans le domaine de la lutte contre le bruit comprend, d'après la nomenclature de SERIEE :
– le bruit et les vibrations liés au trafic routier et ferroviaire,
– le bruit lié au trafic aérien,
– le bruit et vibrations industriels,
– mesures, contrôles, analyses.

Dans le domaine industriel, la réduction du bruit à l'intérieur des usines ou sur les chantiers de construction, qui est en général couverte par la législation sur l'hygiène et la sécurité plutôt que par la réglementation sur l'environnement, n'est pas comprise, *a priori*, dans le domaine [1]. A cette difficulté théorique s'ajoute une difficulté pratique, dans la mesure où les entreprises elles-mêmes ont une connaissance imparfaite des sommes qu'elles investissent dans ce domaine.

Les principales activités répertoriées dans le domaine industriel sont donc la mise en place d'installations et d'équipements ayant pour objectif de réduire le bruit émis dans leur environnement, telles que les suivantes : recouvrement et isolation phonique des machines et tuyauteries, dispositif d'amortissement des bruits, écrans, barrières antibruit.

L'évaluation de la dépense des *ménages* affectée à la lutte contre le bruit ne recouvre que les investissements, évalués en première approximation à partir du coût moyen d'une installation d'isolation (double vitrage, revêtement de façade...) rapporté au nombre de logements ayant bénéficié d'une nouvelle installation d'isolation. Il est à noter que ces dépenses concourent à d'autres objectifs d'environnement (économies d'énergie en particulier). Les montants des travaux d'entretien et de maintenance, assimilables à des dépenses de fonctionnement, n'ont pas été évalués, dans la mesure où ils sont considérés comme très peu significatifs par rapport aux dépenses d'investissement.

1. Cf. SERIEE, Eurostat, 1994, paragraphes 7030 et suivants.

De ce fait, les estimations réalisées ici prennent en compte, pour l'essentiel, les éléments disponibles auprès de l'offre relatifs à la lutte contre le bruit dans le domaine routier essentiellement, et dans une moindre mesure ferroviaire et aérien (écran antibruit et travaux d'isolation acoustique des bâtiments).

Nettoyage des rues

La nomenclature SERIEE précise que le nettoyage des rues doit être inclus au sein de la dépense de protection de l'environnement « pour la partie concernant les poubelles publiques et la collecte des ordures des rues », à l'exclusion de services très particuliers comme les services de déneigement[1]. D'après la nomenclature SERIEE, le nettoyage des rues doit être inclus dans le compte de gestion des déchets. Comme cela n'est pas le cas dans le compte de la gestion des déchets élaboré par l'Ifen (voir l'annexe méthodologique du chapitre 4), il a été conservé ici une estimation spécifique du nettoyage des rues.

Celle-ci est rendue particulièrement délicate par le fait qu'il n'existe pas de source statistique officielle française dans ce domaine. De plus, le nettoyage des rues prend des formes très variables suivant les contours structurels de la collectivité locale concernée, à savoir la configuration de l'habitat (dispersé ou vertical), la superficie, la fréquentation de la collectivité ou encore la fréquence du nettoiement.

L'estimation a été réalisée à partir des éléments suivants :

– kilomètres de rues dans les villes françaises, d'après l'INSEE ;

– coût du nettoyage au kilomètre de rues, d'après divers contacts avec des offreurs éco-industriels ;

– fréquence moyenne d'entretien, d'après la configuration de l'habitat, la fréquentation de la collectivité, etc., d'après divers contacts auprès des services concernés des collectivités locales et vérification des coûts indiqués par les offreurs ;

– mise en cohérence globale par la double approche offre/demande.

Protection du patrimoine écologique

La nomenclature du SERIEE comprend un « compte de la protection de la biodiversité et des paysages » dont les éléments principaux sont les suivants :

– protection (et réhabilitation) des espèces,

– protection (et réhabilitation) des paysages et des habitats,

– restauration et nettoyage des aquifères,

– mesures, contrôles, analyses.

1. Cf. SERIEE, Eurostat, 1994, paragraphe 5023.

Ces éléments recoupent largement le champ de la protection du patrimoine écologique défini dans les « Données Économiques de l'Environnement », qui couvre, pour l'essentiel, les deux volets suivants :

– un volet prévention et gestion conservatoire de la nature et des milieux, qui comprend notamment les dépenses relatives aux parcs régionaux, aux parcs naturels et l'aménagement des forêts ;

– un volet préservation écologique des accidents naturels, qui comprend notamment les dépenses relatives à la protection contre l'érosion.

Comme les deux approches sont largement compatibles, il a été décidé, dans cette édition, de conserver le champ établi dans l'édition précédente de façon à présenter des séries cohérentes. Les chiffres relatifs aux investissements sont issus directement des données de la Comptabilité Publique pour les années 1990 à 1994. Les données pour les investissements 1995 et les dépenses de fonctionnement ont été estimées à partir d'informations obtenues auprès de collectivités locales.

Recherche et développement

Le champ de la recherche dans le domaine de l'environnement est calé sur la définition des activités de protection de l'environnement tel qu'il est défini dans le SERIEE.

Pour les Administrations Publiques, il a été précisé de la façon suivante par l'OST :

– observation et mesure,

– compréhension des phénomènes et des systèmes,

– pression des activités humaines sur l'environnement,

– conséquences directes des transformations de l'environnement sur la santé humaine,

– autres conséquences des transformations de l'environnement,

– réformes technologiques,

– autres réformes (gestion des politiques publiques…).

Les estimations de l'OST reposent sur des enquêtes directes auprès des principaux organismes, selon une méthode précisée dans « Construction d'indicateurs caractérisant la recherche scientifique dans le domaine de l'environnement », cahier de l'OST, juin 1996. Elles ont été complétées par des recoupements avec les autres informations disponibles sur l'effort de Recherche Publique en France, notamment pour établir des séries et calculer des ratios d'investissement par rapport aux dépenses de fonctionnement.

La répartition entre dépense courante et dépense en capital est difficile, et repose sur des hypothèses fortes : dans le cadre du travail de l'OST, seule la valeur de l'amortissement (en linéaire sur la durée de vie de l'équipement) est retenue, ce qui mène à des montants d'investissements très réduits, en comparaison avec d'autres domaines de la recherche. Les résultats présentés ci-après sont plutôt basés sur des répartitions plus « habituelles » des dépenses de recherche publique en France.

Pour ce qui concerne l'effort de recherche des entreprises, BIPE Conseil a rassemblé des informations disponibles auprès de secteurs clés et de grandes entreprises dont les dépenses de protection de l'environnement (et donc souvent l'effort de recherche) représentent une part importante des dépenses du secteur.

En l'absence d'informations officielles, il doit être souligné qu'il s'agit ici d'estimations, qui fournissent des éléments de cadrage, mais qu'il s'agira de préciser dans les années à venir.

ADMINISTRATION GÉNÉRALE DE L'ENVIRONNEMENT

Ce poste de la nomenclature SERIEE recouvre les dépenses consenties par l'État (ministère de l'Environnement et autres ministères) ainsi que les établissements publics sous tutelle ou cotutelle du ministère de l'Environnement. Il a été évalué pour la première fois dans la précédente édition à partir des documents budgétaires relatifs aux différentes catégories d'agents par agrégation de toutes les dépenses excepté celles de recherche-développement qui sont comptabilisées séparément.

Il faut toutefois noter que les dépenses qui figurent dans les comptes des établissements publics sont dans la plupart des cas partiellement transférées vers d'autres administrations publiques (collectivités locales essentiellement) ou vers des entreprises. Afin de réduire les risques de doubles comptes, il a été décidé de ne pas retenir les dépenses d'intervention des établissements publics destinées à aider des investissements qui sont comptabilisés par ailleurs (dépense des entreprises, dépense des administrations publiques dans le domaine de l'eau, des déchets...).

AMÉLIORATION DU CADRE DE VIE

Le champ des dépenses d'amélioration du cadre de vie n'est pas inclus au sein du Compte de la Dépense de Protection de l'Environnement tel qu'il est défini dans la version 1994 de SERIEE.

Ces dépenses ont néanmoins été maintenues dans les dépenses de l'environnement (au sens large) telles qu'elles sont présentées ici, en raison de leur appartenance au domaine de l'environnement conçu comme un système et non pas seulement comme une collection d'objets naturels, et de leur importance économique pour les collectivités locales françaises. Les dépenses présentées ici (cf. nomenclature NFA en annexe) concernent essentiellement les espaces verts comme les parcs et les jardins.

Elles ont été évaluées à partir des données de la Comptabilité Spéciale des Investissements Locaux (CSIL) et des éléments quantitatifs inclus dans l'enquête Ecoloc.

Mobilisation de la ressource en eau

Le SERIEE n'inclut pas les dépenses relatives à la mobilisation de la ressource en eau dans le compte de la dépense de protection de l'environnement (identifié ici comme dépense de protection de l'environnement au sens strict) mais définit par ailleurs, un compte de la gestion des ressources naturelles au sein duquel le compte de mobilisation des eaux continentales constitue un élément essentiel.

La gestion des eaux continentales comprend la recherche (dont les questions d'économies de consommation), la mobilisation (dont en particulier l'alimentation en eau potable, l'irrigation et les eaux industrielles) et la régulation des ressources en eau, à savoir toutes les autres activités qui visent le passage d'une eau du statut d'eau « naturelle » à un statut d'eau « contrôlée » (dont l'aménagement des rivières, la construction et l'entretien des voies d'eau, voire même les barrages qui ne sont pas destinés à la production d'électricité [1]).

En l'absence de données officielles fiables et des nouvelles investigations de l'Ifen, les estimations présentées ici concernent essentiellement l'alimentation en eau et ont été élaborées à partir d'un croisement des données de l'enquête annuelle d'entreprises (EAE) du secteur BTP (ministère de l'Équipement), de la Fédération Nationale des Travaux Publics, des Agences de l'Eau et des données des sociétés privées en charge de la distribution de l'eau (données du syndicat SPDE et résultats de l'EAE industrie).

1. Cf. SERIEE, 1994, paragraphe 10051 à 10056.

CHAPITRE 6

Comparaisons internationales

LES DÉPENSES DE PROTECTION DE L'ENVIRONNEMENT

Les dépenses de protection de l'environnement dans les quinze pays membres

A partir d'une définition relativement étroite du champ de l'environnement [1], il a été possible d'estimer la dépense environnement de l'Union Européenne à environ 90 milliards d'Ecu en 1994 soit 1,4 % du PIB de l'Union Européenne *(tableau 6.1)*. Plus de la moitié de ces dépenses a été effectuée par l'Allemagne et la France : la dépense environnement de l'Allemagne représente plus de 35 % de la totalité de la dépense environnement de l'Union Européenne, celle de la France 19 %. Suivent le Royaume-Uni (12 % du total), l'Italie (10 %) et les Pays-Bas (8 %). Ces cinq pays représentent près de 85 % de la dépense totale.

En rapportant la dépense environnement de chaque pays à son PIB, on constate que l'environnement tient la place la plus importante en Autriche où la dépense représente 2,6 % du PIB, aux Pays-Bas (2,3 %) et en Allemagne (2 %). La Grèce, l'Italie, la Belgique, l'Irlande, et l'Espagne consacrent moins de 1 % de leur PIB à l'environnement. La France se situe dans la moyenne avec une dépense environnement de l'ordre de 1,5 % du PIB.

---

1. Cf. Annexe méthodologique. Le choix d'un champ étroit est justifié par l'objectif d'une comparabilité large des données nationales sélectionnées.

Tableau 6.1

La dépense environnement dans les pays membres de l'Union Européenne 1994

Prix 1994

Pays	Dépense		Dépense en % du PIB
	(Millions d'ECU)	(% du total)	(%)
Allemagne	31 870	35	2,0
Autriche	3 420	4	2,3
Belgique	1 320	1	0,8
Danemark	1 400	1	1,1
Espagne	2 680	3	0,7
Finlande	1 070	1	1,1
France [a]	17 120	19	1,5
Grèce	230	ns	0,3
Irlande	610	1	1,1
Italie	8 870	10	1,0
Luxembourg	120	ns	0,9
Pays-Bas	6 880	8	2,3
Portugal	600	1	1,0
Royaume-Uni	10 700	12	1,0
Suède	2 940	3	1,5
UE 15	89 830	100	1,4

a. Voir le dernier paragraphe de l'encadré de la page 116.

Source : Rapport ECOTEC/BIPE pour la Communauté Européenne (DGXI) et Eurostat, 1996.

En 1994, la moyenne de la dépense environnement par habitant se situait aux alentours de 240 ECU. La dépense environnement par habitant est la plus élevée aux Pays-Bas (450 ECU par habitant). C'est en Espagne, au Portugal et en Grèce que la dépense environnement par habitant est la plus faible, avec moins de 80 ECU par habitant. En France, elle est d'environ 296 ECU par habitant, ce qui place la France au sixième rang en Europe *(graphique 6.1)*.

Graphique 6.1

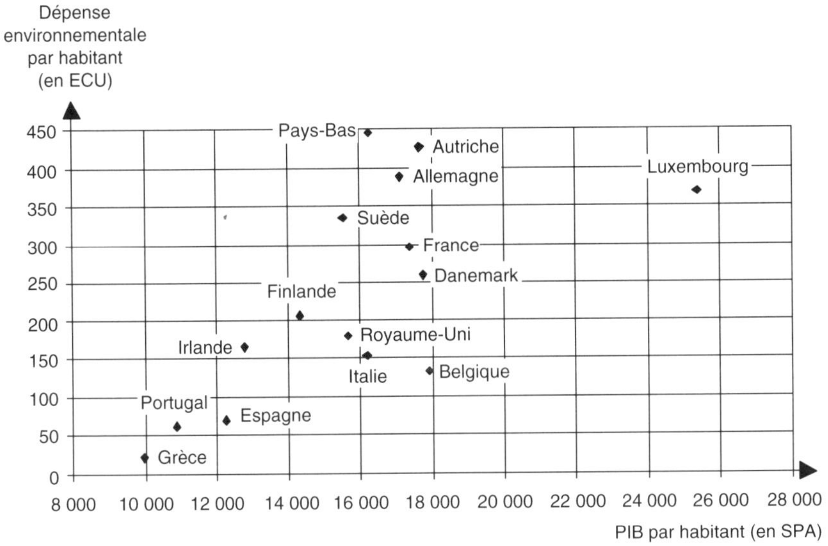

Source : BIPE d'après Eurostat et Rapport ECOTEC/BIPE pour la Communauté Européenne (DGXI) et Eurostat, 1996.

La dépense environnement de l'Union Européenne par secteur

Les dépenses les plus importantes sont effectuées dans le secteur de la gestion des eaux usées qui représente 42 % de la dépense environnement totale. La gestion des déchets est le second poste de dépense, avec 29 % de la dépense globale, le troisième poste étant la lutte contre la pollution de l'air avec 19 % du total. Ces trois secteurs représentent à eux seuls 90 % de la dépense environnement globale *(graphique 6.2)*.

Le faible niveau de dépense dans les autres secteurs (réhabilitation des sols, lutte contre le bruit, R&D, conseil-ingénierie, instrumentation-mesure-contrôle) peut relever en partie d'une sous-évaluation de cette dépense, souvent reportée dans les trois premiers secteurs (assainissement-épuration, gestion des déchets et lutte contre la pollution de l'air). Ainsi, la réhabilitation des sols est souvent considérée comme un sous-secteur de la gestion des déchets, ceci étant partiellement dû au fait que ce sont souvent les entreprises spécialisées dans la gestion des déchets qui dépolluent les sols contaminés. De même, les dépenses concernant l'instrumentation sont comptabilisées dans les secteurs où celle-ci est utilisée (eau, air,…).

Graphique 6.2

La dépense environnement de l'Union Européenne par secteur en 1994

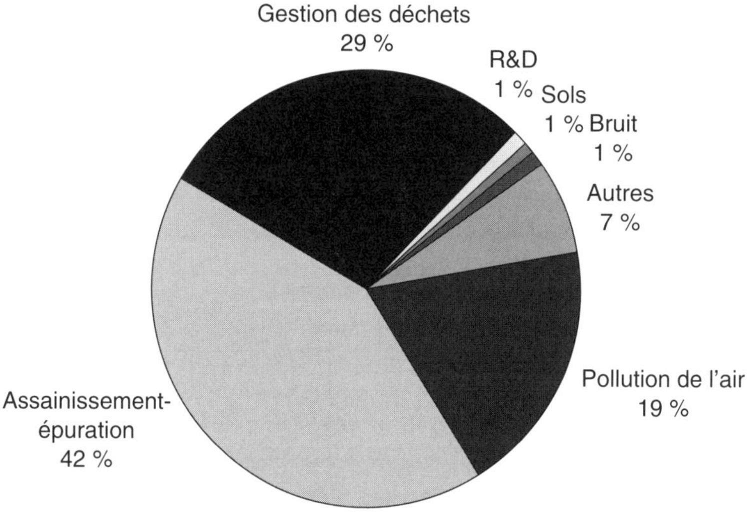

Source : Rapport ECOTEC/BIPE pour la Communauté Européenne (DGXI) et Eurostat, 1996.

On constate que les dépenses consacrées à la lutte contre la pollution de l'air sont proportionnellement plus faibles en France que dans la plupart des autres pays de l'Union Européenne : ceci s'explique essentiellement par le poids majeur de l'électricité d'origine nucléaire dans la production d'électricité en France, alors que la plupart des autres pays ont recours massivement à des centrales thermiques au charbon, au gaz ou au pétrole (et donc engagent des investissements de lutte contre la pollution de l'air).

Cette observation incite à manier les données internationales avec une certaine prudence. Un niveau élevé de dépenses de pollution peut être dû en effet à des pollutions importantes. Les comparaisons internationales de dépenses de protection de l'environnement doivent donc se faire en tenant compte de la disparité des causes de pollution.

Les dépenses d'investissement et de fonctionnement

Au sein de l'Union Européenne, la dépense environnement est composée à 40 % par les dépenses d'investissement, et à 60 % par les dépenses de fonctionnement. La répartition selon ces deux types de dépenses varie néanmoins suivant les secteurs et les pays.

Les dépenses de fonctionnement prédominent largement dans le secteur de la gestion des déchets, où la main-d'œuvre est importante. La répartition entre dépenses de fonctionnement et d'investissement est plus équilibrée dans les secteurs de la lutte contre la pollution de l'air et de l'assainissement-épuration.

La dépense environnement par agent : administrations publiques, entreprises et ménages

Le rôle des secteurs privé et public varie de façon significative selon les pays : les pays du Sud sont caractérisés par une contribution plus importante du secteur public au financement de la dépense environnement. En Espagne, au Portugal, en Grèce et en Italie, les deux tiers des dépenses proviennent des administrations publiques.

Dans les pays d'Europe du Nord et d'Europe centrale, le secteur privé prend une place de plus en plus importante. En Autriche, par exemple, la dépense environnement des entreprises représentait 44 % du total des dépenses en 1994, alors que sa contribution n'était que de 30 % cinq ans auparavant. Le Royaume Uni est le seul pays où la part des dépenses du secteur privé est significativement plus élevée que celle du secteur public. Cela est dû aux programmes de privatisation, en particulier dans le secteur de l'assainissement-épuration, mais également dans celui des déchets.

Les indicateurs de synthèse sur l'environnement

Dans la mesure où les questions environnementales relèvent très largement de phénomènes internationaux (comme l'illustre l'effet de serre, par exemple) et où la recherche de solutions adéquates est aussi nécessairement en grande partie internationale (cf. la conférence de Rio), l'élaboration de comparaisons internationales relatives aux pressions, à l'état de l'environnement ou aux réformes de la société est de plus en plus urgente. C'est dans ce contexte que l'OCDE, la Commission Européenne et plus récemment l'Agence Européenne de l'Environnement ont engagé de nombreux travaux. Il est rendu compte ici de certains des résultats les plus récents.

L'air

Les données dont on dispose par le Compendium OCDE concernent les émissions des principaux polluants : SOx, NOx, poussières, CO et CO_2. La France se caractérise par une évolution relativement favorable des émissions d'oxydes de soufre et d'oxydes d'azote entre 1980 et 1993 par rapport aux autres pays *(graphique 6.3)*, mais avec une inversion de tendance à partir du second choc pétrolier de 1986, due notamment pour les oxydes d'azote à la croissance des sources mobiles.

Graphique 6.3

Évolution des émissions de NO_x dans quelques pays entre 1980 et 1993

Indice base 100 en 1980

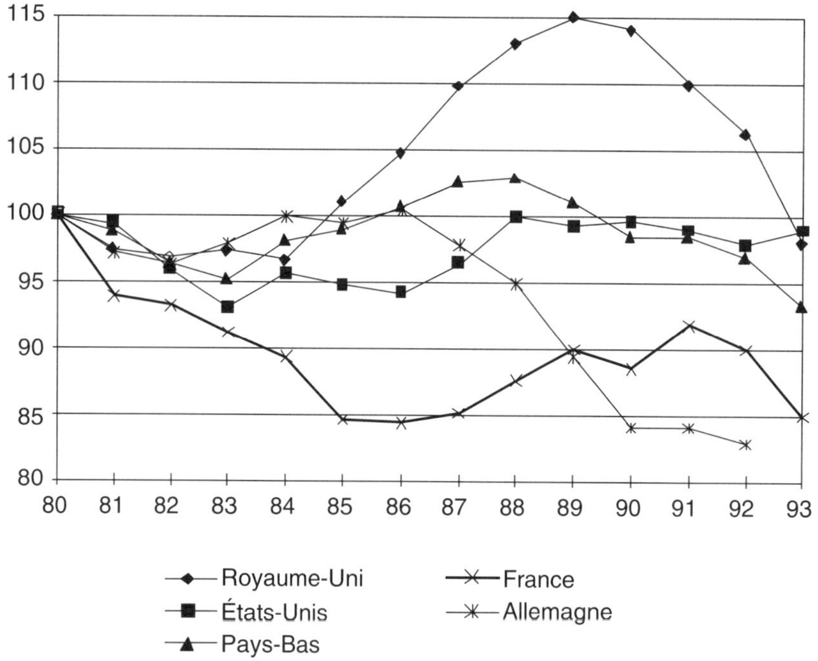

Sources : Compendium de l'OCDE de 1995 – Statistical Compendium for the Dobris Assessment, Eurostat, 1995.

Certes, ces évolutions sont en parties liées à celles de l'activité économique que reflète par exemple l'évolution du produit intérieur brut (PIB) : la croissance du PIB est ainsi plus forte aux États-Unis qu'en France sur l'ensemble de la période, à savoir

+ 32 % contre + 25 %. Mais, en Europe, l'écart est faible entre les pays pour ce qui est de l'activité économique globale entre 1980 et 1993 et les évolutions des émissions de polluants peuvent être analysées directement.

On peut préciser les évolutions précédentes pour les seuls transports routiers à partir d'une étude d'Eurostat. Pour les émissions d'oxydes d'azote liées aux transports routiers, on observe une baisse aux Pays Bas, au Royaume Uni et en Allemagne entre 1990 et 1994 où l'introduction des convertisseurs catalytiques a permis des progrès rapides.

Les évolutions des émissions de CO_2 liées à l'utilisation de l'énergie confirment la bonne position relative de la France par rapport aux principaux pays européens et aux États-Unis comme l'illustre le graphique ci-après *(graphique 6.6)* : entre 1980 et 1993, les émissions de CO_2 liées à l'utilisation de l'énergie ont baissé de plus de 25 % en France, ce qui est le meilleur résultat des pays comparables et s'explique en grande partie par la montée en puissance rapide du parc nucléaire.

Graphique 6.4

Émissions annuelles d'oxydes d'azote des véhicules routiers (1 000 tonnes)

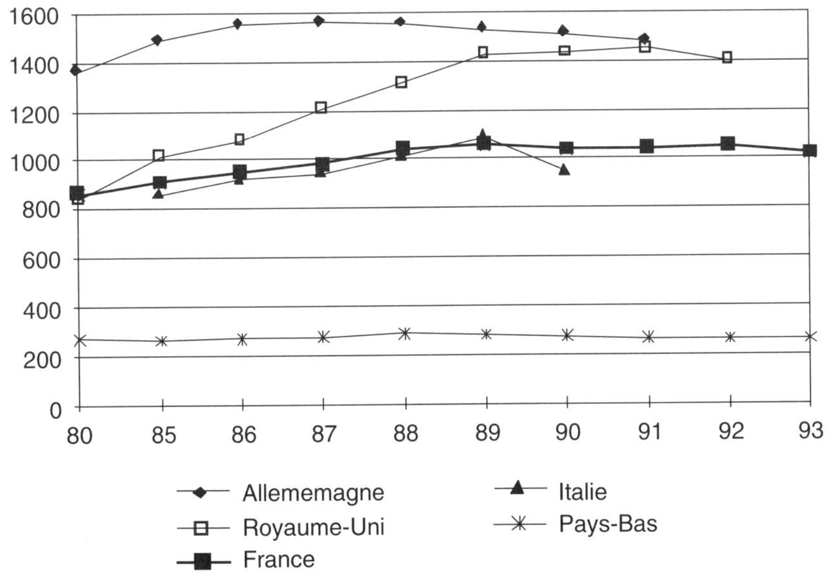

Source : Eurostat.

S'agissant du dioxyde de soufre *(graphique 6.5)*, on observe une croissance dans tous les pays entre 1980 et 1994 sauf en Allemagne car le parc des véhicules à diesel augmente beaucoup moins vite que dans d'autres pays.

Graphique 6.5

Émissions annuelles de dioxyde de soufre des véhicules routiers (1 000 tonnes)

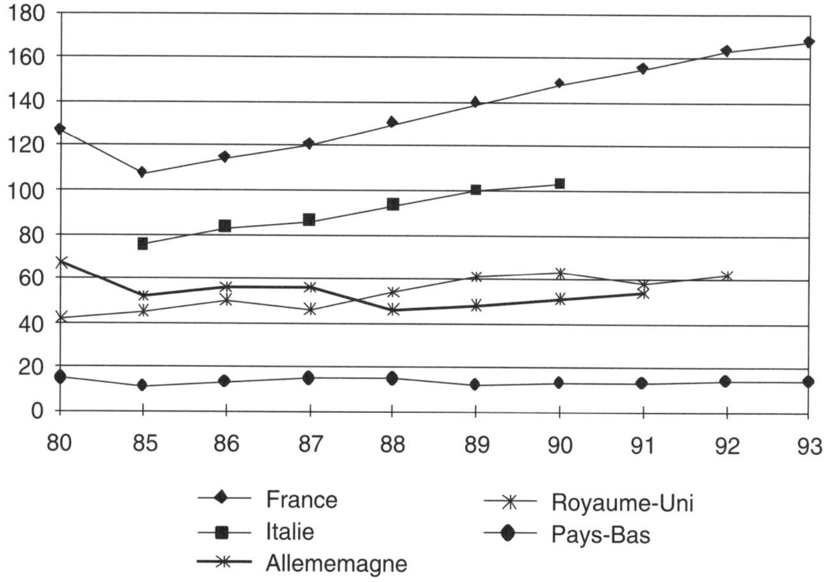

Source : Eurostat.

L'eau

Les quelques indicateurs disponibles sur le raccordement de la population aux réseaux d'assainissement sont intéressants mais doivent être interprétés avec précaution, dans la mesure où ils ne prennent pas en compte la partie – variable d'un pays à l'autre – de la population qui relève de l'assainissement autonome *(tableau 6.2)*. C'est le cas en particulier de la France, dont l'indicateur peut de ce fait être considéré comme sensiblement sous-évalué. On estime que 10 % de la population française utilisent un système d'assainissement autonome.

Graphique 6.6

Évolution des émissions de CO_2 dues à l'utilisation de l'énergie dans quelques pays entre 1980 et 1993 [1]

Indice base 100 en 1980

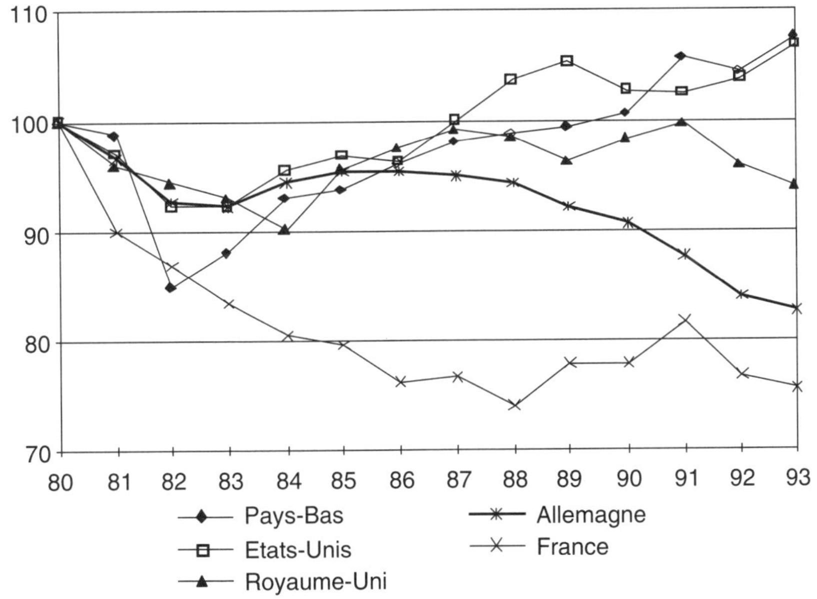

Sources : Compendium de l'OCDE de 1995 – Statistical Compendium for the Dobris Assessment, Eurostat, 1995.

Tableau 6.2

Raccordement de la population aux réseaux d'assainissement dans quelques pays en 1990

% de la population nationale

	Population raccordée aux réseaux d'assainissement publics
Canada	75,0
France	77,6
Allemagne	90,2
Pays-Bas	95,3
Portugal	55,3
Espagne	72,5
Royaume-Uni	96,4

Source : Compendium de l'OCDE, 1995.

1. Ces émissions excluent les émissions de CO_2 liées à des procédés industriels, par exemple la production de ciment.

Les déchets

Le taux de recyclage est défini comme le rapport entre la valeur des matériaux réutilisés dans le processus de production et la consommation apparente (production distribuée du produit + importations – exportations). La France se situe à un niveau intermédiaire pour les papiers-cartons et le verre *(tableau 6.3)*, entre les pays fortement engagés dans le recyclage (Allemagne, Pays-Bas) et ceux qui le sont beaucoup moins (États-Unis, Royaume-Uni).

Tableau 6.3

Taux de recyclage des déchets (en %)

	Papiers-cartons				**Verre**			
	1980	**1985**	**1990**	**1993**	**1980**	**1985**	**1990**	**1993**
États-Unis	22	–	29	34	5	–	20	22
France	30	34	37	42	–	26	29	48
Allemagne	33	40	40	46	23	44	54	75
Pays-Bas	46	50	50		17	49	67	77
Royaume-Uni	30	28	32	32	5	12	21	28

Source : Compendium de l'OCDE de 1995.

Origine des données pour les comparaisons internationales des dépenses de protection de l'environnement

Les données sur la dépense de protection de l'environnement en Europe présentées dans ce chapitre sont issues d'un travail effectué par Ecotec et BIPE Conseil pour Eurostat et la Commission Européenne (DG XI) en 1996[1].

Toutes les précisions méthodologiques nécessaires sont contenues dans le rapport qui est disponible auprès des commanditaires. On ne reprendra donc ici que quelques éléments saillants indispensables :

– la nomenclature utilisée a été calée sur la classification des activités de protection de l'environnement incluse dans le Système Européen de Rassemblement de l'Information Économique sur l'Environnement (SERIEE) ;

– l'un des principes de base de l'étude a consisté à s'appuyer systématiquement, et autant que possible, sur les applications nationales du SERIEE, qui commencent à faire l'objet de publications dans de nombreux

1. Les consultants du BIPE remercient ces organismes pour avoir autorisé la publication de certains résultats ici.

pays européens et qui sont rassemblées et coordonnées par Eurostat ; de ce fait le travail de comparaison a été rendu moins difficile que lors d'études antérieures effectuées sur le même sujet, en particulier, grâce au soutien constant apporté au projet par A. Steurer, d'Eurostat et à la collaboration entière des organismes nationaux correspondants d'Eurostat (l'Ifen pour la France) ; si certaines imprécisions demeurent, elles relèvent néanmoins de la seule responsabilité du BIPE ;

– le choix des domaines résulte de la combinaison de la définition des domaines dans le SERIEE et de leur mise en application dans les différents pays européens.

Les domaines suivants ont ainsi été retenus :
– pollution de l'air,
– gestion des eaux usées,
– gestion des déchets,
– réhabilitation des sols,
– lutte contre le bruit,
– recherche et développement,
– conseil-ingénierie,
– instrumentation-mesure-contrôle.

Les activités telles que la production d'eau potable, la protection de la nature, la maîtrise de l'énergie, ne sont ainsi pas prises en compte dans le présent chapitre, soit parce qu'elles ne figurent pas dans le « cœur » des activités de protection de l'environnement pour Eurostat (production d'eau potable, maîtrise de l'énergie), soit parce que les statistiques fiables sont encore trop rares (protection de la nature).

De ce fait, le champ global des dépenses considéré ici est plus restreint que le champ utilisé pour l'ensemble de la dépense nationale de protection de l'environnement en France dans les chapitres précédents. Ceci explique les différences pour le total des dépenses de la France.

PARTIE II
Économie des pressions

CHAPITRE 7

Les comptes physiques du patrimoine naturel

Ces comptes apportent des données sur les actifs naturels. Ils se limitent ici à des données physiques. On étudiera ici des données sur la forêt, l'occupation des sols et les actifs naturels marchands (pétrole, gaz naturel et charbon).

LES COMPTES DE LA FORÊT

Dans le domaine forestier, il existe deux grandes enquêtes. L'Inventaire forestier national (IFN) permet de mesurer la production biologique annuelle de la forêt française. L'enquête annuelle de branche « exploitation forestière » (EAB-EF) renseigne sur la récolte commercialisée.

Définitions

Dans les comptes physiques, on distingue les stocks (ressources) et les flux. L'IFN évalue quatre grandeurs : la surface forestière, le volume sur pied, l'accroissement de ce volume sur pied et le recrutement.

L'ensemble du volume des arbres forestiers sur pied constitue la ressource forestière. Elle est généralement exprimée en m^3 sur écorce.

La production (biologique) représente la quantité de matière ligneuse aérienne fabriquée sur une surface et pendant une période de temps déterminées, par l'accroissement combiné en diamètre et en hauteur des arbres forestiers. Elle comprend l'accroissement et le recrutement. Elle est aussi exprimée en m^3 sur écorce.

L'accroissement du volume sur pied fait référence au croît naturel d'un arbre lorsque le diamètre de celui-ci a dépassé 7,5 cm.

Le recrutement correspond au volume total des arbres qui ont franchi la barre de 7,5 cm de diamètre entre deux passages en inventaire.

Tableau 7.1

Résultats nationaux de l'IFN au 1er janvier 1995

En millions de m³ de bois fort (sur écorce)

Matériel sur pied	Volume	Accroissement	Recrutement
Formations boisées de production			
Feuillus (sauf peupliers)	1 150	40,2	3,3
Conifères	738	34,2	1,4
Peupliers	26	1,3	
Total	**1 914**	**75,7**	**4,7**

Source : Inventaire forestier national.

La récolte est la part de la disponibilité forestière effectivement mobilisée, car une part de cette disponibilité, mobilisable, n'est pas récoltée. Au contraire de la production, quasiment continue, la récolte est une opération discontinue. On distingue :

La récolte commercialisée qui représente la part de la ressource forestière effectivement exploitée, commercialisée ou auto consommée par un exploitant forestier. L'EAB-EF fournit une estimation de cette récolte.

La récolte non commercialisée représente la part de la ressource forestière effectivement exploitée, auto consommée par un propriétaire ou un agriculteur.

La disponibilité forestière (ou ressource mobilisable) se définit comme suit : « ensemble des quantités maximales de produits ligneux que l'on peut espérer obtenir des forêts d'une zone déterminée, à une échéance ou pendant une période de temps données, sans compromettre l'avenir des peuplements, compte tenu des modèles de sylviculture adoptés ». Cette notion fait référence à une gestion « durable » de la ressource.

La disponibilité forestière est donc égale à la production plus (ou moins) un terme de correction sylvicole. Ce terme est positif quand il faut rajeunir la forêt, négatif quand il faut la reconsti-

Tableau 7.2

Estimation de la récolte commercialisée en 1993

En millions de m^3 sur écorce

Grumes	21,6
Feuillus (peupliers inclus)	13,0
Résineux	6,0
Bois d'industrie	11,0
Feuillus (peupliers inclus)	5,0
Résineux	6,0
Bois de feux	2,7
Total récolte commercialisée	**35,3**

Source : AGRESTE – EAB-EF.

tuer. Dans une forêt en parfait équilibre, la disponibilité forestière est égale à la production.

Pour simplifier, on peut admettre que la partie de la production relative aux jeunes peuplements appelée « recrutement » est un assez bon estimateur de la partie de la production nécessaire à la constitution ou à la reconstitution des peuplements.

La balance forestière française

Compte tenu de différents facteurs d'augmentation de la production (accroissement du volume des houppiers, éléments linéaires) et éléments de disponibilité non mobilisable (recrutement, production inaccessible, mortalité naturelle), on peut estimer la production nette totale des surfaces boisées (71 M/m^3 sur écorce en 1995).

De même, on peut estimer la récolte totale hors formations non linéaires non inventoriées. Elle est de 52 M/m^3 sur écorce en 1995.

Par différence entre les deux agrégats, on obtient le solde disponible, soit 19 M/m^3 sur écorce en 1995, qui malgré ses incertitudes, donne un ordre de grandeur qu'on retiendra.

Tableau 7.3

Balance Production-récolte des bois en France

En millions de m^3 de bois fort (sur écorce)

	Feuillus	Peupliers	Résineux	Total
Production des surfaces boisées				
Production biologique	43,5	1,3	35,6	80,4
Houppiers	3,4	0,2	0	3,6
Estimation de la disponibilité des éléments linéaires	3,0			3,0
Total	*49,9*	*1,5*	*35,6*	*87,1*
Estimation de la disponibilité non mobilisable				
Recrutement	3,3	0	1,4	4,7
Production inaccessible ou inexploitable	3,5	0	3,6	7,1
Mortalité naturelle	2,3	0,1	1,8	4,2
Total	9,1	*0,1*	*6,8*	*16,0*
Production nette totale des surfaces boisées	***40,8***	***1,4***	***28,8***	***71,0***
	Feuillus et peupliers			
Récolte commercialisée en 1993				
Grumes	8,6		13,0	21,6
Bois d'industrie	5,0		6,0	11,0
Bois de feu	2,7			2,7
Total commercialisé	*16,3*		*19,0*	*35,3*
Récolte de bois non commercialisée				
En provenance des formations boisées inventoriées				
Forêts et peupleraies	8,6		3,2	11,8
Houppiers	2,0			2,0
En provenance des formations boisées non inventoriées				
Éléments linéaires	3,0			3,0
Formations non linéaires	4,3			4,3
Total non commercialisé	*17,9*		*3,2*	*21,1*
Récolte totale hors formations non linéaires non inventoriées	***29,9***		***22,2***	***52,1***
Balance – Solde disponible	**12,3**		**6,6**	**17,5**

LES COMPTES D'OCCUPATION DES SOLS

Les comptes d'occupation des sols ont fait l'objet de premiers travaux à l'Ifen. Ils ont été élaboré à partir des résultats de l'enquête TER-UTI [1]. Ils ont fait l'objet d'une publication. On reprend ici les différents emplois du sol métropolitain en distinguant trois catégories.

La catégorie « *naturelle* » recouvre l'ensemble des surfaces qui, loin de constituer des aires naturelles au sens strict du terme, font l'objet d'une moindre pression humaine et foncière ou d'un moindre degré d'artificialisation. Elle regroupe les milieux aquatiques intérieurs, les zones de haute montagne, les alpages, les landes, les maquis, ainsi que les massifs forestiers.

La catégorie « *agricole* » recouvre l'ensemble des surfaces affectées à des productions agricoles (prairies, terres cultivées, vergers,...) ainsi que les surfaces occupées par des éléments structurants du paysage agricole (haies, chemins de terre, bosquets et arbres épars, etc).

La catégorie « *artificielle* » recouvre toutes les surfaces qui font l'objet d'une emprise urbaine ou d'une pression humaine forte (bâtiments, surfaces imperméabilisées comme les routes et les parkings, décharges, chantiers, carrières, etc.).

Ces catégories ne comprennent pas les zones militaires interdites.

Le tableau 4 montre que la France reste un pays rural même si les terres agricoles diminuent (passant de 57 % du territoire en 1985 à 54 % en 1990). Les surfaces naturelles augmentent légèrement (de 37 % à 38 %). Les surfaces artificielles augmentent le plus (de 6 % à 7,3 %) soit une augmentation relative de 22 % sur la période.

1. La méthodologie de cette enquête repose sur la détermination de points générés à partir d'un échantillon de 15 449 photographies aériennes réparties régulièrement sur l'ensemble du territoire. Réalisées par l'Institut géographique national, les terrains photographiés sont distants de 6 km environ. Chaque photographie est dotée d'une grille de 36 points, alignés de 6 en 6, qui sont séparés sur le terrain d'environ 300 m. Des enquêteurs vont ensuite observer de manière précise, chaque année, l'occupation physique et l'utilisation fonctionnelle du sol. Au total, 553 250 points sont enquêtés. Un changement d'échantillon a lieu tous les dix ans, le dernier remontant à 1991.

Tableau 7.4

Évolution de la couverture des sols par catégorie naturelle, agricole et artificielle de 1985 à 1995

France métropolitaine – Unité (km^2)

	Naturelle	%	Agricole	%	Artificielle	%
1985	202 257	36,8	312 649	56,9	32 894	6,0
1990	203 726	37,1	308 403	56,2	35 666	6,5
1995	209 879	38,2	298 005	54,3	40 087	7,3

Source : Ifen d'après ministère de l'Agriculture (SCEES), enquête TER-UTI.

Le tableau suivant donne les évolutions des surfaces de 1992 à 1995 pour les différentes catégories naturelle, agricole et artificielle, période pour laquelle l'échantillon de points est le même.

Même durant cette courte période on constate que les tendances d'évolution sont bien marquées.

Tableau 7.5

Évolution de la couverture physique du territoire par catégorie entre 1992 et 1995

France métropolitaine – Unité (km^2)

	1992	1993	1994	1995
Roches et eaux	18 373	18 308	18 375	18 373
Landes, parcours alpages	45 038	44 449	44 068	43 409
Forêts	144 221	145 920	147 211	148 097
Naturelle	*207 631*	*208 676*	*209 654*	*209 879*
Cultures pérennes	13 193	13 189	13 080	13 016
Prairies	116 888	115 105	114 107	113 766
Cultures annuelles	151 558	151 990	151 617	151 413
Haies, arbres épars et peupleraies	20 669	20 313	20 046	19 810
Agricole	*302 307*	*300 597*	*298 850*	*298 005*
Bâti	9 424	9 589	9 736	9 848
Non bâti	13 236	13 534	13 936	14 232
Routes et parkings	15 354	15 572	15 798	16 006
Artificielle	*38 014*	*38 695*	*39 470*	*40 087*

Les graphiques suivants permettent de comparer les évolutions relatives de chacune des catégories. Ils montrent que les trois catégories artificielles (non bâti, bâti et routes et parkings) progressent le plus, que seule la « forêt » augmente parmi les catégories naturelles, les « roches et eaux » sont stables tandis que les « landes, parcours alpages » diminuent sensiblement. Parmi les catégories agricoles, les « cultures annuelles » sont stables tandis que les « cultures pérennes » et plus particulièrement les « prairies » et les « landes, parcours alpages » diminuent.

Les catégories de la couverture des sols

Couverture naturelle

Roches et Eaux (postes 11 à 17 de Teruti) : marais salants, étangs d'eau saumâtre, lacs, bassins, étangs d'eau douce, rivières, estuaires, canaux, marais, zones humides sans utilisation agricole particulière, glaciers, neiges éternelles, rochers, éboulis, dunes blanches, plages de sable ou de galets.

Landes, parcours, alpages (postes 49, 50, 69, 70 de Teruti) : alpages et estives, superficie en herbe à faible productivité, friches, landes.

Forêts (postes 18 à 21 de Teruti) : forêts de feuillus, de résineux, feuillus en voie d'enrésinement ou mixtes.

Couverture agricole

Cultures pérennes (postes 43, 53 à 66 de Teruti) : vergers (toutes espèces, vignes et pépinières).

Prairies (postes 46 à 48, 51 de Teruti) : prairies artificielles, temporaires, permanentes et prés vergers.

Cultures annuelles (postes 27 à 45, 52, 67 de Teruti) : céréales (toutes espèces) et plantes sarclées (de plein champ ou de potager).

Haies, arbres épars et peupleraies (postes 22 à 26, 72, 73 de Teruti) : bosquets, arbres épars, peupleraies, haies et chemins de terre ou enherbés.

Couverture artificielle

Bâti (postes 77, 79, 85 à 91 de Teruti) : tout volume construit, quel que soit sa hauteur ou son usage. Comprend également les cimetières et les cours de ferme.

Non bâti (postes 68, 74 à 76, 78, 84 de Teruti) : toute surface altérée (chantier, carrière, décharge, terrain vague) ainsi que les pelouses d'agrément.

Routes et parkings (postes 80 à 83 de Teruti).

Graphique 7.1

Évolution des catégories naturelles de 1992 à 1995

Surface 1992 = 100

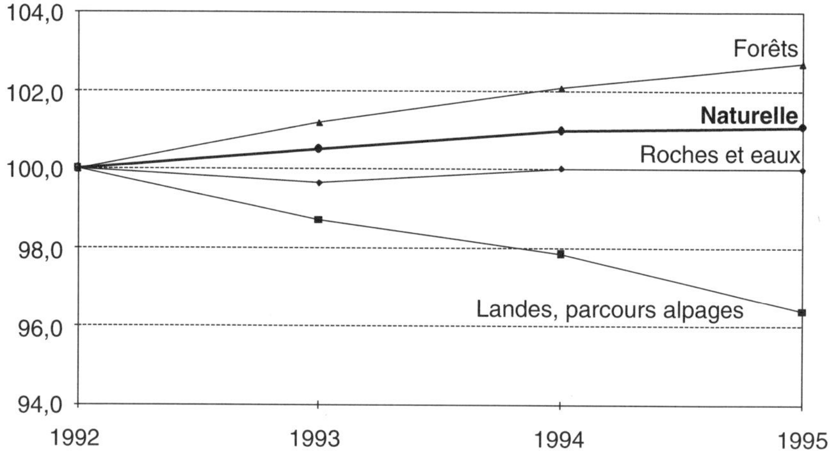

Source : Ifen d'après enquête Teruti (ministère de l'Agriculture/SCEES).

Graphique 7.2

Évolution des catégories agricoles de 1992 à 1995

Surface 1992 = 100

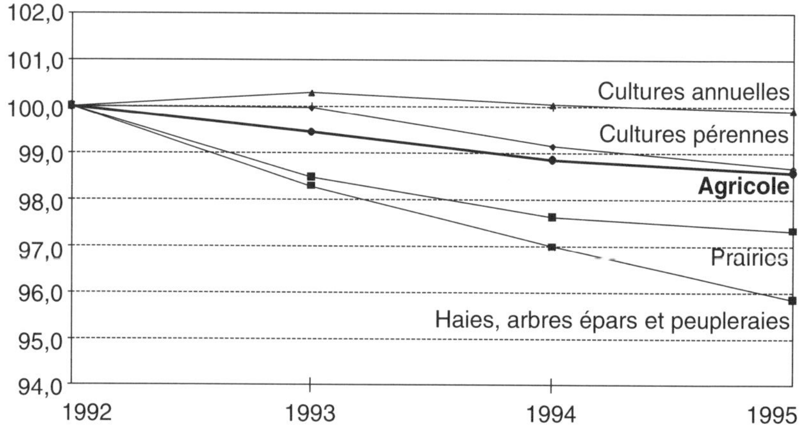

Source : Ifen d'après enquête Teruti (ministère de l'Agriculture/SCEES).

Graphique 7.3

Évolution des catégories artificielles de 1992 à 1995

Surface 1992 = 100

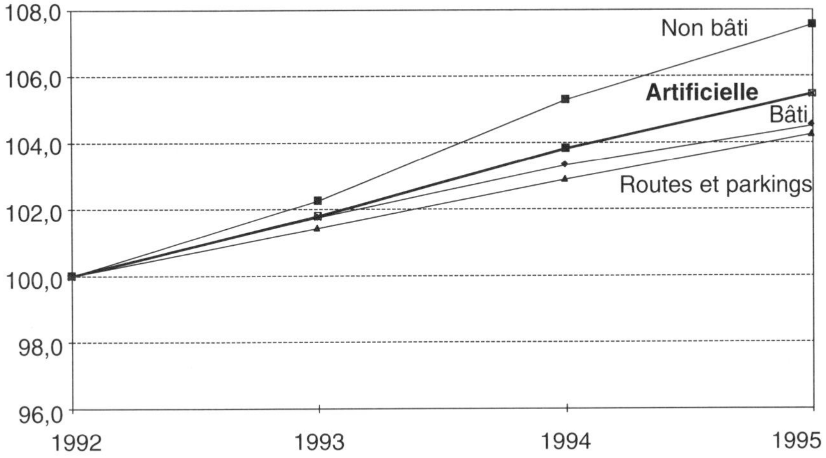

Source : Ifen d'après enquête Teruti (ministère de l'Agriculture/SCEES).

Ce sont les grandes tendances de l'évolution de la couverture des sols en France métropolitaine. Ces tendances se retrouvent, plus ou moins marquées, dans les régions plutôt diversifiées en termes d'occupation des sols [1].

Les comptes des actifs naturels marchands

Nous n'étudierons dans cette partie que les gisements et en particulier ceux de pétrole, de gaz, de charbon et d'uranium pour lesquels on dispose d'informations statistiques.

Il faut cependant rappeler la modestie des taux d'indépendance énergétique de l'économie française : en 1990 ils étaient de 40 % pour le charbon, 10 % pour le gaz, 4 % pour le pétrole et 40 % pour l'uranium.

1. Ifen, L'environnement en France – approche régionale –, édition 1996-1997, Éditions La Découverte

Les définitions de la comptabilité nationale

Au sein des actifs économiques, les gisements sont classés dans la catégorie des actifs non produits corporels. A l'instar de tout actif économique, ils doivent vérifier deux conditions :

– des droits de propriété transférables doivent être exercés sur ceux-ci, individuellement ou collectivement, par des unités institutionnelles ;

– leur détention ou utilisation au cours d'une période déterminée peut procurer des avantages économiques à leurs propriétaires eu égard à l'état de la technologie et des connaissances scientifiques, aux conditions économiques, aux ressources disponibles et aux prix relatifs. Dans le cas particulier des gisements, c'est-à-dire des réserves connues de minéraux tant affleurantes que souterraines, la seconde condition implique qu'ils soient économiquement exploitables.

Les quantités

Le ministère de l'Industrie et plus précisément l'Observatoire de l'Énergie publie les réserves énergétiques prouvées pour les trois matières premières *(charbon, pétrole et gaz naturel)* au premier janvier de chaque année dans *Les chiffres clés de l'énergie.* On peut rappeler ici que les réserves énergétiques prouvées sont des réserves économiquement exploitables et qu'elles sont couramment réévaluées à la lumière des changements techniques et économiques ; elles correspondent également à des réserves dont la probabilité d'existence est fixée à 95 % par la firme exploitante dans le domaine de l'exploitation pétrolière. En ce qui concerne les productions annuelles, on utilise les statistiques charbonnières annuelles et la revue du comité professionnel du pétrole.

(Conversion : 1 tep = 1,5 tonne de charbon = 1 000 m^3 de gaz naturel épuré = 13 MWh.)

On propose aussi une annexe méthodologique sur l'évaluation monétaire de ces ressources naturelles marchandes (pétrole, gaz naturel, charbon et uranium) (cf. annexe en fin de chapitre).

Tableau 7.6

Réserves énergétiques français prouvées au premier janvier de chaque année

	Pétrole (en millions de tonnes)	Gaz (en milliards de m^3)	Charbon (en millions de tonnes)	Uranium (en milliers de tonnes)
1980	13,9	65,2	438	40
1981	15,5	60,3	452	80
1982	17,2	55,4	466	120
1983	20,0	50,4	462	120
1984	25,0	45,8	462	120
1985	30,3	41,2	462	120
1986	30,3	41,2	462	112
1987	30,3	41,2	462	108
1988	26,2	33,4	258 [a]	108
1989	24,0	33,4	258	108
1990	20,8	37,5	210	95
1991	19,5	36,7	195	93
1992	20,8	35,1	182	95
1993	20,0	28,2	176	48
1994	17,4	25,2	157	
1995	15,7	20,5	145	
1996	14,3	19,3		

a. La forte chute des réserves prouvées en charbon entre début 1987 et début 1988 est expliquée en partie par la fermeture des bassins du Nord.
Sources : Chiffres clés de l'énergie, recherche et production pétrolière en France, Charbonnage de France et Cogema (Productions par énergie en France dans les mêmes unités).

Tableau 7.7

Production énergétique française

	Pétrole (en millions de tonnes)	**Gaz (en milliards de m^3)**	**Charbon (en millions de tonnes)**	**Uranium (en milliers de tonnes)**
1980	1,41	6,17	20,72	2,6
1981	1,68	5,80	21,54	2,6
1982	1,65	5,39	19,96	3,0
1983	1,66	5,42	19,61	3,3
1984	2,06	5,16	19,02	3,2
1985	2,64	4,40	16,96	3,2
1986	2,95	3,42	16,54	3,2
1987	3,24	3,16	15,80	3,4
1988	3,36	2,50	13,80	3,4
1989	3,24	2,49	13,67	3,2
1990	3,02	2,41	12,82	2,8
1991	2,95	2,76	12,12	2,5
1992	2,87	2,70	11,06	2,1
1993	2,75	2,76	10,25	1,7
1994	2,77	2,76	8,96	
1995	2,50			

Sources : Statistiques charbonnières annuelles édition 95, revue du CPDP et Cogema.

ANNEXE

Évaluation de la valeur des stocks naturels

On trouvera ici des données sur l'évaluation monétaire des stocks de ressources naturelles économiques, telle que le pétrole, le gaz naturel, le charbon et l'uranium puis une évaluation monétaire des terrains non bâtis, en particulier les bois et forêts.

L'ÉVALUATION MONÉTAIRE DES STOCKS DES RESSOURCES NATURELLES ÉCONOMIQUES

Les expériences étrangères

Les comptables *canadiens* établissent aussi des comptes des actifs naturels [1] (en volume et en valeur) sur les *ressources renouvelables* (forêt) et *non-renouvelables* (pétrole brut, gaz naturel) *(tableau 7.8)*. Les comptes physiques montrent les stocks d'ouverture des réserves établies restantes, les additions annuelles dues aux découvertes, à la mise en valeur et réévaluation ou à la récupération assistée (pour le pétrole), l'épuisement, et les stocks de fermeture. Les comptes monétaires des ressources renouvelables et non renouvelables sont semblables aux comptes physiques, montrant la valeur du stock d'ouverture, les additions, les épuisements et les stocks de fermeture. La valeur de la réévaluation des stocks est ajoutée afin de refléter l'effet de la variation des prix et des coûts durant la période.

Les ressources naturelles exploitables devraient être considérées comme des avoirs en capital qui font partie du patrimoine national, c'est-à-dire évaluées au prix du marché. Or, la plupart des ressources

1. « Résultats provisoires concernant la valeur des réserves de pétrole brut et de gaz naturel en Alberta », A. Born, Statistique Canada, Perspectives sur l'environnement, n° 11, 1993.

font peu souvent l'objet de transactions commerciales et leur valeur marchande doit donc être imputée. La notion de *rente économique* est au cœur de l'*évaluation monétaire* des ressources naturelles. Elle est la *différence* entre le *prix international* du produit et *le coût total des facteurs pour l'exploitation*, ce qui comprend un revenu normal du capital. La valeur des stocks de ressources est égale aux revenus futurs (les flux de la rente économique) tirés de l'exploitation de ces ressources.

Tableau 7.8

Comptes de réconciliation des réserves établies de pétrole brut en Alberta (1990)

	Comptes physiques (millions de m^3)	**Comptes monétaires (millions de $)**
Stock d'ouverture	560,5	15 438
Additions (réévaluation découvertes)	3,0	117
Épuisement	53,1	2 077
Variation nette	- 50,1	- 1 960
Réévaluation monétaire	–	6 484
Stock de fermeture	510,4	19 962

Trois méthodes d'évaluation sont utilisées : « valeur actuelle », « prix net », « coût de remplacement ». Pour les méthodes de la valeur actuelle et du prix net, la rente est calculée de la façon suivante : revenus moins frais d'exploitation moins coût d'option du capital produit par l'homme (c'est-à-dire revenu du capital et annuité d'amortissement). La méthode du prix net consiste à multiplier le prix net moyen à l'unité, par exemple le prix moyen à la tête du puits de pétrole moins les frais de production et dépenses d'investissement par le volume des réserves établies. La méthode du coût de remplacement utilise les coûts de découvertes comme mesure approximative de la rente.

Une première expérience française : les comptes du patrimoine en gisements

Dans le cadre de ces travaux dans les comptes de patrimoine, l'INSEE a réalisé une première évaluation de ces réserves [1].

Deux méthodes ont été employées. La première pour la période 90-95 et pour le pétrole, le gaz naturel et le charbon, la seconde pour

1. Ces évaluations n'ont pas fait l'objet de publication de la part de l'INSEE. Il faut les considérer comme provisoires et prospectives.

la période antérieure à 90 pour ces trois matières premières et pour toute la période pour l'uranium.

Méthodologie utilisée

La valeur de ces réserves a été évaluée par la *valeur courante des rendements nets actualisés de leur exploitation commerciale.* Cette valeur ne doit inclure ni les coûts d'exploration accumulés (actifs incorporels produits), ni les installations et aménagements qui y sont intégrés (actifs corporels produits). En effet, il convient d'éviter tout double compte entre valeur des actifs en exploration et valeur des gisements en estimant cette dernière par la *somme actualisée des cash-flows nets de la consommation de capital fixe en exploration* (diminués des coûts d'exploration consommés pendant l'exercice) *et de la consommation de capital fixe relative aux actifs corporels utilisés lors de l'exploitation des gisements.*

Le *cash-flow net des consommations de capital fixe* est le bénéfice net des dotations aux provisions et aux amortissements. Il est estimé par une grandeur proche du résultat d'exploitation de la comptabilité d'entreprise. On construit ensuite pour chaque secteur d'activité concerné un ratio cash-flow/production non stockée. Appliqué aux productions anticipées, celui-ci permet d'estimer les cash-flows à venir de l'exploitation.

Le calcul d'une *somme actualisée de revenus* exige de prévoir la chronique de ces revenus et l'utilisation d'un taux d'actualisation adéquat. Connaissant les réserves énergétiques (en tonnes ou en m^3) prouvées à un moment donné et anticipant le rythme d'extraction de ces réserves au cours des années futures jusqu'à leur épuisement, on prévoit les valeurs des productions futures en valorisant les quantités extraites à un prix donné. En multipliant ensuite ces productions par le ratio cité plus haut, on obtient la chronique des cash-flows nets.

Se pose alors le problème de *l'actualisation de ces revenus* compte tenu du niveau d'inflation et/ou du risque inhérent au projet. On opère dans une première étape une simplification selon laquelle l'extraction de réserves énergétiques prouvées (réserves mesurées avec exactitude à l'aide de nombreux sondages et tests) n'est pas un projet à risque ; ceci justifie l'utilisation du taux d'inflation comme taux d'actualisation (à noter que l'utilisation d'un tel taux est davantage adaptée à une situation dans laquelle les prix relatifs ne se modifient pas trop). D'autre part, on dispose pour valoriser la production de prévisions de prix stables en termes réels (franc ou $). Dans ces conditions, il est équivalent d'évaluer la chronique des revenus et de l'actualiser à l'aide du taux d'inflation ou d'estimer à un instant donné le cumul des revenus attendus (simplification du numérateur et du dénominateur).

Cette méthode surestime, semble-t-il, la valeur des actifs d'autant plus fortement que le rapport *réserves/production annuelle* est élevé. On propose donc dans une seconde étape de procéder à une actualisation supplémentaire tenant compte de la valeur de ce dernier ratio, c'est-à-dire des temps d'exploitation avant épuisement.

Pour valoriser la production, on utilise le prix du marché mondial. Cette méthode se justifie, d'une part, en termes de coûts d'opportunité (combien faudrait-il payer si l'économie devait importer cette matière première plutôt que la produire ?). D'autre part, cette évaluation a le mérite de correspondre à un certain niveau de généralité et est conforme à la volonté de mesurer la valeur du gisement indépendamment de l'opérateur qui l'exploite.

Ne pouvant disposer des prévisions de prix de moyen terme pour le passé (pour la période avant 1990), le prix courant au moment de l'évaluation a été utilisé en y appliquant un ration cash flow/production.

Puis un raccordement avec la série 1990-1995 a été faite par rapport à l'année 90 en considérant que la première méthode se rapproche plus d'un calcul de valeur actualisée nette.

Actualisation supplémentaire

Cette actualisation a été faite pour tenir compte des différences d'horizons d'épuisement des différents gisements en France. Au rythme de production actuelle il est de 9 années pour le pétrole, 11 pour le gaz, 21 pour le charbon et 33 pour l'uranium. Un taux d'actualisation de 5 % a été utilisé en plus du taux d'inflation.

Les résultats chiffrés

On trouvera ci après les valeurs des gisements au 1er janvier en milliards de francs courants ainsi que le tableau complet des variations de patrimoine en gisements et en milliards de francs courants *(tableau 7.9)*.

L'ÉVALUATION MONÉTAIRE DES BOIS ET FORÊTS [1]

L'évaluation qui est présentée ici est tirée de l'évaluation des comptes du patrimoine national par l'INSEE, utilisant la méthodologie du chapitre XIII du système de comptabilisé nationale (SCN 1990) révisé.

Le concept de patrimoine de la comptabilité nationale repose sur la notion de propriété et se définit, pour une unité, comme l'état de ses avoirs et de ses dettes à un instant donné. De plus, tout actif repris

1. *Source* : INSEE-Méthodes n° 41-42-43, p. 143-172, 1994.

Tableau 7.9

Valeurs des gisements au 1er janvier

En milliards de francs courants

	Pétrole	Gaz	Charbon	Uranium
1980	4,35	9,47	2,19	0,97
1981	7,70	13,74	2,59	2,51
1982	10,96	19,18	- 0,77	3,12
1983	14,35	20,53	- 1,44	3,39
1984	19,14	20,19	0,00	4,76
1985	19,04	19,68	2,49	5,80
1986	10,30	15,79	6,31	5,29
1987	6,18	9,73	14,18	5,68
1988	4,23	5,76	10,27	5,51
1989	3,59	5,47	12,07	5,50
1990	4,88	5,91	12,38	4,66
1991	4,63	5,64	11,14	4,34
1992	5,41	5,29	10,69	4,18
1993	5,13	4,27	10,48	2,23
1994	4,57	4,31	10,70	
1995	3,74	3,56	8,87	

dans les comptes de patrimoine constitue une valeur marchande accumulée, c'est-à-dire faisant, ou étant susceptible de faire l'objet d'une transaction. Ce concept exclut donc les actifs (ou les passifs) situés en dehors de la sphère marchande, comme la plupart des actifs du patrimoine naturel. Ceux-ci constituent pourtant des patrimoines, mais leur prise en compte en tant que tel ne peut s'opérer que dans un cadre plus large que celui lié à une approche marchande des patrimoines.

Néanmoins certains actifs marchands sont pris en compte dans ces comptes du patrimoine. Ce sont :

– les *actifs naturels produits, stocks,* comme par exemple les cultures, les animaux élevés pour l'abattage et évalués aux prix courant du marché ;

– les *actifs naturels fixes produits* comme par exemple les vergers, les plantations ou les animaux élevés pour la reproduction, la production laitière évalués, selon des prix prenant en compte le coût de remplacement et la durée de vie résiduelle ;

– les *actifs non produits, stocks,* comme les ressources épuisables, évalués en prenant la valeur de vente future moins les coûts d'exploitation ;

– et les *actifs fixes non produits,* comme la terre, évalués en prenant le prix du marché.

Nous allons exposer rapidement la méthode de l'évaluation des bois et forêts. Ils sont évalués dans le cadre des terrains non bâtis.

Les terrains non bâtis sont évalués à leur valeur vénale, selon le type de terre. La valeur utilisée dépend de l'utilisation actuelle ou future du sol.

L'évaluation nécessite donc la connaissance des surfaces et des prix de transaction.

La détermination des surfaces fait appel à deux sources, l'enquête « Utilisation du territoire » (Teruti) et les plans d'occupation des sols (documents de la planification spatiale) qui servent à déterminer les surfaces des terrains destinés à l'urbanisation.

Les prix des bois et forêts sont issus des statistiques fiscales dites « marché foncier », qui concernent les mutations des surfaces boisées par région agricole et par département. Il faut cependant noter que le nombre de transactions par an étant limité, les prix ne sont pas connus chaque année pour toutes les régions agricoles. Un prix moyen est déterminé à partir des prix dominants des différentes régions agricoles. Les valeurs présentés ici diffèrent légèrement de celles de la publication citée en référence. Elles tiennent compte des révisions faites dans le cadre des comptes nationaux.

Au cours de la décennie 70, les prix des terrains ont fortement progressé. Les prix ont commencé à baisser à partir de 1984.

Tableau 7.10

Patrimoine en bois et forêts

En milliards de francs en fin d'année

Année	**1970**	**1971**	**1972**	**1973**	**1974**	**1975**	**1976**	**1977**	**1978**	**1979**
Valeur	69,7	77,1	86,9	95,5	106,8	122,2	139,9	158,1	181,4	207,9

Année	**1980**	**1981**	**1982**	**1983**	**1984**	**1985**	**1986**	**1987**	**1988**	**1989**
Valeur	231,1	247,9	257,8	253,7	253,2	253,3	248,1	240,7	237,8	243,1

Année	**1990**	**1991**	**1992**	**1993**	**1994**	**1995**
Valeur	251,4	256,2	251,5	251,4	255,3	255,5

Source : INSEE – Comptes nationaux.

CHAPITRE 8

L'évaluation des dommages

La notion de dommage environnemental se rapporte à des situations de nature très différente : l'exploitation des ressources naturelles non renouvelables, la modification d'un paysage résultant de l'implantation d'une infrastructure ont un coût environnemental qu'on peut accepter dans la mesure où le développement économique et social n'est pas remis en cause. Par contre, les dommages liés à la pollution provoquent des externalités négatives, qu'il s'agit de réduire le plus possible. L'évaluation monétaire des dommages concerne la seconde catégorie d'atteintes à l'environnement. Cependant l'identification et l'évaluation du coût des dommages ne sont pas seulement une question d'observation pragmatique de la réalité ; elles impliquent en outre une large réflexion qui permette de resituer ces dommages en fonction d'une appréciation des changements culturels et des équilibres sociaux. Prendre la mesure des coûts sociaux, économiques et environnementaux des dommages causés par l'homme suppose une identification de la nature et des causes des préoccupations environnementales. Par exemple, la notion scientifique de l'effet de serre et de ses conséquences est désormais admise, la mesure des dommages qu'il provoque s'avère extrêmement difficile. Le grand public lui attribue une dangerosité élevée et s'estime concerné sans connaître avec précision les bouleversements qui peuvent en résulter. Ainsi, aux idées ou concepts peuvent être liés des effets psychologiques importants, non quantifiables monétairement mais qui par leur existence même coûtent. Le danger pour la santé publique qui est fréquemment évoqué en constitue un bon exemple.

Difficile à apprécier, la valeur intrinsèque ou valeur d'existence de la nature attire l'attention d'un grand nombre de personnes. Peut-on répondre à la question : Que coûte la disparition de la baleine bleue ? Si cette baleine donne lieu à une industrie, un coût tutélaire peut lui être imputé. Mais qu'en est-il de la valeur de satisfaction de son existence, de sa place et nécessité dans la chaîne alimentaire, des conséquences de sa disparition ? L'intérêt de cette préservation est difficilement évaluable, si ce n'est par les montants des dépenses engagées par les décisions politiques qui ne reflètent en rien la valeur réelle des espèces à préserver.

La signification culturelle des atteintes à l'environnement, plus ou moins importante selon les populations, ne permet pas une évaluation homogène des dommages. Un dommage est donc une valeur subjective, pas nécessairement monétaire, qui résulte d'arbitrages individuels et de comparaisons. Cette valeur est définie à l'intérieur d'un cadre décisionnel donné, qui sert de référentiel pour toute estimation économique. Certains dommages sont tangibles donc intégrables dans un calcul économique, d'autres non quantifiables si ce n'est par une valeur approchée. A cette classification, il faut ajouter la partition entre dommages directs et indirects. L'évaluation des dommages indirects est difficile voire impossible lorsque l'on touche à des domaines tels que l'eau ou bien l'air par exemple.

Deux types de travaux sont menés. Certains sont d'ordre macro-économique, d'autres se limitent à des approches micro-économiques.

LES ÉVALUATIONS MACRO-ÉCONOMIQUES EN TERMES MONÉTAIRES

Certains pays, qui disposent de moyens statistiques et comptables relativement importants dans le domaine de l'environnement, ont tenté d'évaluer monétairement les dommages de pollution (entre 1 % et 6 % du PIB selon les estimations). En France, une telle estimation aboutissait à 3,9 % du PIB en 1970 et 3,2 % en 1978 des dommages causés par 24 polluants. On tentera de faire ici une évaluation des dommages de pollutions en France, cohérente avec le SECN pour l'année 1990.

En *France*, un tel calcul passe par certaines hypothèses simplificatrices qui tiennent compte de la spécificité de l'économie française (faiblesse relative des ressources naturelles) et des statistiques disponibles.

D'abord, on peut faire l'hypothèse que les coûts d'épuisement des ressources naturelles sont négligeables, non seulement parce que celles-ci sont faibles, mais aussi parce qu'on peut supposer que le prix du marché reflète parfois le coût d'épuisement.

Les travaux sur le coût social des nuisances distinguent en général :

– les coûts de protection existant (CP) ;

– les coûts supplémentaires de protection nécessaires pour atteindre l'optimum de nuisance (CX) ;

– le préjudice résiduel (PR) situé au-delà de l'optimum de protection.

Ici, on ne retient que les deux premiers, sachant que dans certains cas (PR) peut être considéré comme négligeable. Pour l'eau, si on sait que x % de l'eau rejetée sont traités, pour un montant de (CP) francs, le coût total du dommage (brut) est de :

$$\mathrm{CP} + \mathrm{CX} + \mathrm{PR} = \frac{(1-x)}{x}\mathrm{CP}$$

Autrement dit, on fait aussi l'hypothèse que ces *dommages doivent être comptabilisés bruts* ce qui revient à ne pas tenir compte des dépenses de protection (CP) dans le calcul du PIB et à comptabiliser les dommages nets.

L'avantage de cette comptabilisation est d'estimer pour partie les dommages par les coûts de maintenance (ou coûts révélés). Toutefois, plusieurs difficultés subsistent :

– Comment évaluer l'optimum de nuisances ?

– Comment évaluer les coûts supplémentaires pour atteindre cet optimum (en particulier, leur coût moyen est-il égal à celui des dépenses déjà consenties) ? Par exemple, pour l'eau si l'on sait que 50 % de l'eau est dépolluée, peut on multiplier par 2 le coût de dépenses consenties pour atteindre un optimum de nuisance qui serait ici égal à 0 ? Autrement dit, peut-on faire l'hypothèse que dans certains cas, les coûts de pollution sont égaux à ceux de restauration de la ressource ?

En fait, les réponses sont liées aux informations disponibles. Malgré certaines imperfections, ce sont les dépenses de protection qu'on connaît le mieux mais elles ne comprennent pas ici celles correspondant aux « éco-produits ». Quelques travaux ponctuels (transport, agriculture) permettent d'évaluer l'ensemble des dommages.

On propose en outre un tableau du type de celui des hollandais qui croise secteurs institutionnels (ou sous-secteurs d'activité) et domaines. Ces derniers comprennent l'eau, l'air, les déchets, le bruit, et un poste « autres » incluant notamment les forêts, le sous-sol, les paysages,... *(tableau 8.1)*. Ce tableau distingue le coût existant et le coût supplémentaire pour atteindre l'optimum de nuisances.

Tableau 8.1

Estimation des dépenses d'environnement et des coûts de pollution en France en 1990

En milliards de francs

Domaines	Eau		Air		Déchets		Bruit		Autres		Total		Total
Secteurs institutionnels [a]	CP	CX	CP	CX	CP	CX	CP	CX	CP	CX	CP	CX	CP + CX
Entreprises	8	6	7	40	10	5	1	11	2	4	28	66	94
Agriculture		3										3	3
Industrie [b]	8	3	7	30	10	5	1	1	2		28	39	67
Transports				10				10		4		24	24
dont routes				7		–		4		2		13	13
autres modes				3				6		2		11	11
Ménages	4	1	1	15	1	8	1	10		2	7	36	43
Transports			1	15		2	1	10		2	2	29	31
Autres	4	1			1	6					5	7	12
APU	30	35			16		1		3		50	35	85
Total	**42**	**42**	**8**	**55**	**27**	**13**	**3**	**21**	**5**	**6**	**85**	**137**	**222**

a. Hors « éco-produits ».

b. (y.c. l'énergie électrique, le BTP). Pour les dépenses des entreprises, on a tout « mis » dans l'industrie, mais une partie provient des transports et de l'agriculture. En revanche, les coûts de pollution de l'air et du bruit des transports non « combattues » par des dépenses comprennent pour partie des coûts du transport pour compte propre.

CP = coût de protection existant ; CX = coût supplémentaire de protection nécessaire pour atteindre l'optimum de nuisance (voir page précédente).

En pratique, les coûts des dommages de pollution restent assez difficiles à estimer en France sauf dans certains cas où des travaux récents ont permis une avancée. Le problème posé par les dommages à « long terme » et « supranationaux », tel l'effet de serre, reste difficile à traiter ainsi que l'évaluation des dommages intangibles.

Le total auquel on aboutit ici, autour de 222 milliards de francs en 1990, comprend pour plus du tiers (37 %) des dommages « traités » par des dépenses « défensives ». Les dommages bruts représenteraient un peu plus de 3 % du PIB. Ceci marquerait une stabilité relative par rapport à 1978, compte tenu de l'imprécision des estimations et des hypothèses très larges, et surtout sur le fait que de nombreux éléments (paysages, forêts,...) échappent en partie à cette estimation.

D'un manière synthétique, les dépenses d'environnement et les coûts de pollution se décomposent comme cela apparaît sur le tableau 8.1.

Ce qui paraît en revanche plus significatif, c'est l'étude de domaines particuliers, (eau, air, déchets,...) et la contribution des secteurs institutionnels ou sous-secteurs d'activité à ces pollutions. Sur ce plan, les transports jouent un « rôle » important mais il est vrai que ce sont eux qui ont fait l'objet d'études les plus poussées sur ces questions, et de chiffrages assez précis. En outre, on a vu qu'on connaît assez mal la décomposition des dépenses de protection des entreprises par sous secteurs d'activités.

LES ÉVALUATIONS PAR DOMAINE ET PAR SECTEUR

Les évaluations sectorielles sont intéressantes à plusieurs titres.

– D'une part, on doit passer par cette étape pour faire des évaluations de l'ensemble de l'économie et pour étudier quelle est la part de chaque secteur dans l'évaluation globale, par exemple la part de l'industrie dans les dommages monétaires de dégradation de l'air.

– D'autre part, l'évaluation des dommages par secteur permet d'avoir une vision du « coût social externe » à l'intérieur de ce secteur et de confronter celui-ci aux dépenses réalisées par chaque agent afin de voir si celui-ci paie au juste prix le bien ou le service qu'il utilise.

C'est ce second aspect qui est intéressant ici comme le montrent les travaux réalisés dans le cadre de la commission des comptes des transports.

Le croisement des domaines et des secteurs permet d'expliciter la part prise par chacun des secteurs dans chaque domaine.

L'eau

On dispose de données assez précises des dommages liés à l'eau. La dépense de protection pure (assainissement et épuration), qui est retenue dans le manuel du SERIEE élaboré par Eurostat, serait de l'ordre de 42 milliards de francs. Sa part relative dans le prix de l'eau a augmenté continûment ces dernières années, pour en représenter le tiers en janvier 1996 *(tableau 8.2)*.

Tableau 8.2

Part des l'adduction et de l'assainissement dans le prix de l'eau

	Adduction	Assainissement
Janvier 1990	58,8 %	27,8 %
Janvier 1995	52,4 %	30,6 %
Janvier 1996	45,4 %	32,8 %

Source : Agences de l'eau.

Par ailleurs, un schéma de pollution de l'eau permet d'établir que le taux de dépollution, défini comme le rapport entre la pollution rejetée et la pollution générée, serait de 50 %. Il s'agit de la pollution organique et solide. On peut donc estimer à 42 milliards de francs le montant des dommages liés à la dégradation de l'eau, qui ne soient pas traités, soit un total de près de 84 milliards de francs de coûts des dommages bruts. Bien qu'il ne soit pas très facile de décomposer ceux ci par secteurs institutionnels compte tenu des informations existantes, on estime que la part la plus importante est supportée par les administrations, notamment en ce qui concerne les investissements.

En extrapolant, les résultats de 1990, le coût des dommages liés à l'eau aurait été de 112 milliards de francs en 1995, en augmentation de 6 % par an en moyenne. La pollution éliminée par les stations urbaines progresse régulièrement – 3 000 tonnes/jour pour les matières en suspension (MES) et 1 900 tonnes/jour pour les matières oxydables (MO) en 1994 – de même que les pollutions éliminées par les industries non raccordées – 13 400 tonnes/jour pour les matières en suspension (MES) et 4 000 tonnes/jour pour les matières oxydables (MO) en 1994.

L'air

Le problème d'évaluation des dommages de l'air est plus complexe que celui de l'eau. On évalue à 8 milliards de francs la dépense des industries et des ménages pour protéger l'air en 1990. Dans cet ouvrage, les industries excluent les transports alors que les dépenses des ménages (1 milliard de francs) englobent le transport pour compte propre. Le rapport des comptes des transports évalue en outre à 7 milliards de francs le surcoût CX de pollution de proximité lié aux transports routiers. Mais il estime aussi à près de 50 milliards de francs les conséquences de ces mêmes transports sur l'effet de serre. Une autre étude évalue les coûts de pollution de l'air liée à la route (locale et globale) à près de 22 milliards de francs, chiffre qu'on peut retrouver en multipliant une pollution moyenne par véhicule-kilomètre de 0,05 franc par le nombre de véhicules-kilomètres (436 milliards en France en 1990 selon le Rapport du compte des transports). Si l'on exclut l'effet de serre on retiendra donc un coût de pollution globale pour l'air, y compris les dépenses, de l'ordre de 63 milliards de francs qui comprend :

– 8 milliards de dépenses réelles des entreprises (hors transport au sens fonctionnel) (cf. *infra*) et des ménages.

– Le montant des coûts de pollution liée aux transports a été estimé à 25 milliards de francs en 1990, en considérant que les transports « expliquent » 45 % de la pollution atmosphérique. C'est le cas pour les trois polluants (SO_2, NO_x, poussières). Les coûts de pollution non combattue liés aux transports routiers (qui comprennent ceux réalisés pour le compte propre et par les ménages) sont imputés pour 15 milliards aux transports des ménages, pour 7 milliards aux transports routiers des entreprises et 3 milliards liés aux autres modes de transport.

– On en déduit un ordre de grandeur de 30 milliards pour les autres secteurs, représentant 55 % de la pollution atmosphérique des autres activités.

A ces dommages s'en ajoutent d'autres, plus indirects, qui ne sont pas repris dans le total ci-dessus : par exemple, la pollution des façades d'immeubles et l'effet de serre.

Les dépenses de ravalement des ménages sont en partie rendues indispensables par la pollution atmosphérique. On les estime à 700 francs par ménage, soit 5 milliards pour la France. Elles ne sont pas reprises dans le tableau.

Tableau 8.3

Coût des transports lié à l'effet de serre

Modes de transport (Voyageur × km)	**Coût lié à l'effet de serre, en centimes**
Automobile en milieu urbain	2,4
Automobile en rase campagne	1,1
Train rapide ou express électrique	0
TGV	0
Avion	2

Source : Rapport Boiteux, Commissariat général du plan, 1994.

Deux études *(Climate Change and Human Health et Climate Change in Southern Africa)* s'accordent pour estimer un réchauffement de la planète de l'ordre de 1,7 °C d'ici les années 2050 en l'absence de mesures strictes pour limiter les émissions de gaz, surtout de CO_2. Au cours du siècle dernier, la fonte de la calotte glacière et le recul des glaciers a entraîné une hausse du niveau des mers de 18 cm. Durant les 25 dernières années, le taux moyen de réchauffement se situe entre 0,1 et 0,2 °C par décennie. Les 7 années les plus chaudes recensées sont toutes comprises dans la période 1980-1985, 1985 étant la plus chaude. En cas de stabilisation des émissions de CO_2 au niveau d'aujourd'hui, la concentration de ce gaz dans l'atmosphère augmenterait encore pour au moins un siècle.

En France, on estime à 25 % la part de l'effet de serre redevable aux transports. Le coût de réduction des émissions peut-être estimé par diverses méthodes comme l'évitement industriel des NO_2. L'évitement de toute pollution urbaine par une généralisation de la voiture électrique représente un coût social inférieur à 40 milliards de francs. Globalement, la commission des comptes des transports de la nation estime le coût social externe des nuisances de l'automobile à 20 F au 100 km et borne l'effet de serre à 1 % du PIB.

Le projet européen d'éco-taxe sur la tonne de carbone émise a chiffré à 490 francs – environ 70 ECU – la tonne de carbone émise. Cette évaluation représente le coût marginal d'évitement par tonne de carbone non émise. Cette estimation est soumise à controverse. La mission interministérielle de l'effet de serre préfère retenir une fourchette de 1 000 à 2 000 francs. Certaines études vont encore au-delà, avec des valeurs de 5 600 francs par tonne d'équivalent CO_2. Le coût des émissions de carbone, plus de 300 millions de tonnes par an, se situerait d'après ces chiffres entre 500 et 1 500 MF ; l'éco-taxe, si elle était adoptée aurait un rendement de 150 MF environ.

Le projet européen d'éco-taxe sur la tonne de carbone émise a permis de chiffrer certaines améliorations envisageables ou envisagées de la circulation automobile. Les exemples suivants illustrent les économies possibles en matière d'économie d'émissions de carbone.

– le développement du TGV permet l'économie de 130 000 tonnes de carbone par an ;

– un contrôle plus approprié du trafic urbain permet une économie de carburant en supposant que la consommation dans les embouteillages augmente de 50 % : l'économie serait de 2 600 tonnes/an par l'intermédiaire du système SIRIUS en Ile de France et de 500 tonnes/an grâce au système CORALY à Lyon ;

– une bonne coordination des 28 000 carrefours non coordonnés avec des feux permettrait une économie de 20 à 30 tonnes de carbone par an et par carrefour ;

– le soutien d'autres modes de transports de courte distance, notamment dans les villes avec l'installation de pistes cyclables.

La croissance des transports vient en partie de leur sous-tarification actuelle au regard des coûts collectifs, environnement compris, qu'ils engendrent, comme l'ont souligné divers rapports [1]. En particulier, les usages de l'automobile en ville et des camions ne paient pas l'ensemble de leurs coûts identifiés.

Il est clairement établi que la pollution a un effet important sur la santé. A court terme, elle entraînerait une hausse significative du nombre des hospitalisations et des décès de l'ordre de 10 %. A long terme, on estime à plusieurs milliers les probables cancers du poumon et autres pathologies de longue période. L'importance des particules fines se révèle cruciale puisque certaines estimations leurs accordent un pouvoir mortifère aussi important que les accidents de la route. Une étude récente (« ERPURS ») fait ressortir l'importance des pics de pollution sur la santé publique : augmentation jusqu'à 15 % des décès, de

1. Rapport sur le transport durable en 1995, Examen des performances environnementales de la France, OCDE, Paris, 1996.

20 % des hospitalisations, de 60 % des visites de médecins à domicile et de 20 % des arrêts de travail.

D'un point de vue plus large, le changement climatique induit par l'effet de serre peut s'avérer lourd de conséquences. L'altération du fonctionnement des écosystèmes et des composants de la biodiversité pourrait modifier l'équilibre écologique entre les parasites, leurs hôtes intermédiaires, les vecteurs et les humains, créant par là de nouveaux et inhabituels cycles de transmission. Là encore, toutes les conséquences ne sont pas maîtrisées.

Les déchets

Les principales données dont on dispose pour les déchets sont relatives à la dépense de leur gestion, estimée à 27 milliards en 1990. Il est par contre très délicat d'évaluer le surcoût pour atteindre l'optimum de nuisances car il existe une variété de déchets et de traitements. Trois éléments devraient être ajoutés afin de s'en rapprocher.

Un « bilan matière » récent, réalisé par l'ADEME, d'évaluation de la production, collecte et traitement des ordures ménagères en France, montre que 94 % de la production nationale d'ordures ménagères est collectée et traitée. On peut donc estimer à près de 1 milliard de francs le surcoût pour atteindre cet optimum (800 F la tonne que multiplie 1,1 million non collectées).

Mais il faut aussi tenir compte du fait que près de 45 % des déchets ménagers sont juste collectés et envoyés en décharge. Du point de vue de l'environnement, cette situation n'est pas optimale par rapport à des déchets traités. Pour ces déchets en décharge, on peut estimer un surcoût de l'ordre de 5 milliards de francs (500 F de coût moyen de traitement × 10 millions de tonnes). On aurait donc une estimation du coût global des dommages nets de 6 milliards pour les déchets ménagers.

On estime enfin à près de 7 milliards, le surcoût global des autres déchets, dont 2 milliards correspondent aux déchets ménagers hors ordures et 5 milliards aux déchets industriels, ce dernier montant étant évalué à partir du pourcentage issu des déchets ménagers.

Le bruit

L'évaluation des coûts liés au bruit ne peut être aussi que limitative. S'il est possible d'évaluer à 20 milliards de francs le coût global du bruit lié aux transports des ménages (10 milliards de francs) et des entreprises (10 milliards de francs), les études réalisées ne concernent généralement qu'une catégorie de bruit bien spécifique tel que celui occasionné par les transports. On y ajoute plus de 1 milliard de protection des immeubles par les ménages. Le seuil de gêne retenu est de 65 dBA ; le coût moyen du dommage ressenti par une personne gênée par le bruit est de 963 francs. Cette évaluation ne reflète en fait qu'une partie du coût total des dommages. A titre de comparaison, les pays scandinaves utilisent des estimations beaucoup plus élevées, se situant entre 3 000 et 4 000 F par personne affectée.

S'y ajoutent près de 2 milliards de dépenses des administrations publiques et des industries, et 1 milliard de coût non dépensé pour atteindre l'optimum dans d'autres secteurs que les transports. Le montant global des dommages causés par le bruit est ainsi de l'ordre de 24 milliards de francs.

Si les dépenses actuelles des ménages pour s'isoler représentent environ 1 milliard de francs, cette protection peut être considérée comme optimale pour ceux qui l'ont financée, mais reste insuffisante au vu du nombre de personnes se déclarant importunées par le bruit. Selon l'INRETS, 15 % des logements seraient exposés à plus de 65 dB, seuil à partir duquel les ménages se déclarent gênés.

Par ailleurs, d'autres estimations du coût social portent sur la réduction des émissions sonores des moteurs, le revêtement des voies, les écrans antibruit, ou sur la dévalorisation du parc de logements exposé au bruit. Ces coûts semblent être voisins de 7 milliards de francs pour une réduction de 5 dB.

Le coût social externe des nuisances engendrées par le bruit peut être estimé à 10 milliards de francs soit 0,14 % du PIB et l'écart à l'optimum de protection à 3,5 milliards soit 0,05 % du PIB selon l'évaluation des externalités des transports de la Commission des Comptes des Transports de la Nation.

Autres dommages

Les risques naturels

Les catastrophes naturelles les plus fréquentes sont de loin les inondations, qui représentent plus des deux tiers des cas. Les mouvements du sol viennent en seconde position avec près de 30 %. Les autres causes, beaucoup plus rares, se produisent

Tableau 8.4

Répartition des catastrophes naturelles par types (1982-1995)

	Nombre	Pourcentage
Inondations	3 264	67,5 %
Avalanches	39	0,8 %
Séismes	26	0,5 %
Mouvements du sol	1 430	29,5 %
Tempêtes	59	1,2 %
Divers	22	0,5 %

Source : Caisse Centrale de Réassurance.

quelques fois chaque année, moins de 3 % des cas en moyenne entre 1982 et 1995.

Ce domaine recouvre trois types d'activités : les activités des administrations publiques pour la prévention des catastrophes naturelles, les réparations des dommages causés par les catastrophes naturelles, la gestion des dossiers par les assurances correspondant aux risques naturels.

Le coût global des catastrophes naturelles est égal ou supérieur à la somme de ces trois types de dépenses. Mais des problèmes de mesure se posent. Le principal d'entre eux concerne l'estimation de la réparation des biens endommagés qu'on peut estimer, faute de mieux, à partir des indemnités versées par les assurances au titre des catastrophes naturelles (dans un cas tel que les inondations de Nîmes du 3 octobre 1988, 10 % des sinistrés n'était pas assurés).

Depuis la loi du 25 juin 1990, toute personne s'assurant contre les dommages d'un incendie, contre les pertes d'exploitation après incendie, bénéficie automatiquement d'une couverture contre les effets du vent : tempêtes, ouragans, cyclones. De plus, cette loi s'étend aux quatre départements d'Outre mer ainsi qu'aux deux collectivités territoriales de Saint Pierre et Miquelon et de Mayotte. Les territoires d'Outre mer se trouvent toutefois exclus de son champ d'application.

Avec la loi du 2 février 1995, un Fonds de Prévention des Risques Naturels majeurs offre désormais la possibilité d'indemniser les personnes expropriées par l'État lors d'une menace grave de mouvement de terrain, d'une avalanche ou de crues importantes.

Tableau 8.5

Évolution du nombre des sinistres et du montant des indemnisations

	1982-1983	**1984**	**1985**	**1986**	**1987**	**1988**	**1989**	**1990**	**1991**	**1992**	**1993**	**1994**	**1995**
Divers	9	0	1	0	0	0	2	2	1	6	0	0	1
Séismes	1	6	1	0	0	1	1	0	2	5	1	5	3
Avalanches	0	10	1	6	3	3	0	4	3	0	2	5	2
Tempêtes	45	0	0	2	6	0	6	0	0	0	0	0	0
Mouvements du sol	19	10	16	10	13	50	407	101	186	158	179	135	146
Inondations	317	117	94	129	178	340	102	238	118	335	570	372	354
Total	*391*	*143*	*113*	*147*	*200*	*394*	*518*	*345*	*310*	*504*	*752*	*517*	*506*
Primes nettes versées (en MF)	1 967	2 646	3 056	3 225	3 388	3 566	3 740	3 911	3 955	4 170	4 342	4 643	nd
Indemnisations (en MF)	2 101	863	238	168	551	1 838	1 233	1 533	651	2 222	3 598	4 759	

Source : Caisse centrale de réassurance.

Il est à noter que la loi du 2 février 1995 relative au renforcement de la protection de l'environnement, axée essentiellement sur la prévention des risques naturels, doit contribuer à répondre en grande partie à l'impératif de prévention pour les prochaines années. La priorité se veut aujourd'hui, plus qu'hier, être la détection et la prévention. Cette loi devrait être accompagnée d'incitations au développement d'actions au niveau local.

Tableau 8.6

Dépenses publiques de prévention des risques naturels en 1994

En millions de francs

	Administrations publiques centrales	**Administrations publiques locales**	**Administrations publiques non ventilées**	**Autres secteurs institutionnels**	**Total**
Risques	689	822	3		1 514
Inondations	342	579			920
Feux de forêts	289	150			438
Avalanches	12	9			22
Sismique volcanique	17	3	3		22
Mouvements de terrains	30	82			112
Mesures transversales	529			13	541
Information, carto., alerte	114				114
Recherche	55			13	68
Administration Générale	359				359
Total	**1 218**	**822**	**3**	**13**	**2 055**

Source : Rapport final de l'instance d'évaluation de la politique de prévention des risques naturels, janvier 1997. D'après l'évaluation de la dépense publique de prévention des risques naturels, Planistat Europe, février 1996.

La majorité des dépenses de prévention de l'État sont affectées à des ouvrages de protection et des travaux d'aménagement. La surveillance intervient tout de même pour une part non négligeable. Elle représente un tiers des dépenses de lutte contre les feux de forêt et la presque totalité des moyens de la prévention sismique et volcanique. Globalement, il ressort d'évaluations récentes que la dépense publique de prévention des risques naturels s'élevait à 2 055 millions de francs pour l'année 1994.

L'évaluation des dommages liés aux catastrophes naturelles

Les dépenses de prévention des catastrophes naturelles

Les dépenses de prévention proviennent des administrations publiques (APU). Les dépenses d'investissement des APU liées aux catastrophes naturelles peuvent être identifiées au niveau le plus fin de la nomenclature des fonctions des administrations (NFA) *(tableau 8.7)*. Les dépenses d'investissement des administrations publiques locales (APUL) sont estimées par le ministère de l'Environnement à partir du fichier de la CSIL (comptabilité spéciale des investissements locaux). On sait toutefois que ces dépenses sont surestimées par rapport à la FCBF des APUL notamment pour des raisons de doubles comptes.

Tableau 8.7

Dépenses de prévention des catastrophes naturelles par les administrations publiques

En millions de francs

	1986	**1987**	**1988**	**1989**	**1990**	**1991**	**1992**
Dépenses d'investissement (1)							
Aménagement contre les crues	89	62	74	45	72	55	
Protection contre les crues	135	165	215	238	56	82	
Installations contre l'érosion	27	27	26	28	20	29	
Améliorations pastorales	16	12	16	10	13	15	
Fixation des dunes	3	2	7	8	9	15	
Défense contre les incendies	30	44	70	69	60	58	
Protection contre l'érosion	40	28	45	30	64	123	
Total investissement	*339*	*339*	*452*	*428*	*293*	*376*	*389*
Dépenses de fonctionnement (2)	435	434	506	613	341	433	442
Ensemble prévention (1) + (2)	*774*	*773*	*958*	*1 041*	*634*	*809*	*831*
Pour mémoire investissement en aménagement des rivières et bassins	526	601	631	634	779	767	794

Source : Direction de la comptabilité publique, comptabilité spéciale des investissements locaux.

Par ailleurs, les fonctions liées aux risques naturels ne sont pas très faciles à définir. La frontière n'est pas précise entre le poste « aménagement des rivières et bassins » (NFA : 7411) et le poste « aménagement contre les crues » (NFA : 9261). Les dépenses de fonctionnement sont plus difficiles à évaluer.

Quoi qu'il en soit, ces dépenses n'augmenteraient pas beaucoup entre 1986 et 1993. Les dépenses d'investissement progressent beaucoup moins vite que la FBCF globale des APUL.

Les indemnités versées par les assurances et leur production

Les indemnités versées liées aux catastrophes naturelles sont connues à partir du compte des assurances de la comptabilité nationale. Plusieurs risques sont concernés par le poste « catastrophes naturelles » : inondation, tremblement de terre, avalanche, glissement de terrain et coulée de boue, raz de marée, éruption volcanique.

Graphique 8.1

Évolution des indemnités et de la production des assurances liées aux catastrophes naturelles

En millions de francs

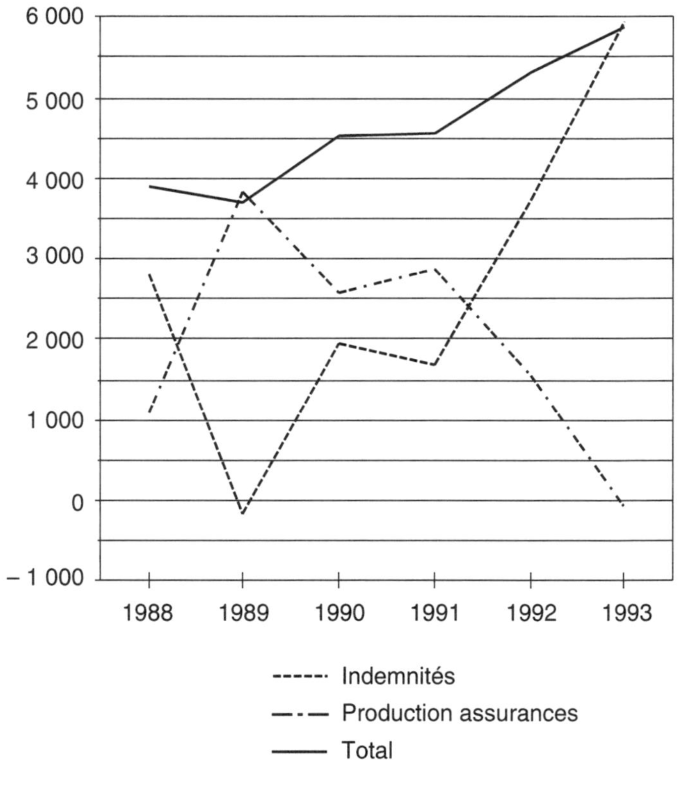

On note que les dommages liés aux incendies ou aux intempéries (grêle) ne sont pas couverts par ces risques. Ils sont inclus dans un autre poste « dommages aux biens liés aux incendies et autres dommages aux biens (tempête,...) ».

L'évolution des indemnités versées par les assurances est d'autant plus significative si on la compare à l'évolution des primes brutes versées pour ce type de risque. Entre 1988 et 1993, les indemnités passent de 2 794 millions de francs à 5 925 millions alors que dans le même temps la production des assurances passe de 1 098 millions à – 56 millions (les primes brutes et les produits de placement ne sont plus suffisants pour couvrir les indemnités) [1].

Analyse des événements de Vaison la Romaine [2]

L'état de catastrophe naturelle a été constaté du 5 novembre au 19 mars 1993. Les assureurs ont traité plus de 15 000 demandes d'indemnisations et versé plus d'un milliard de francs d'indemnités.

Plus de 630 entreprises ont été sinistrées, ce qui a entraîné le chômage partiel de 698 salariés. L'équipement public a été endommagé ou détruit pour un montant de 400 millions de francs. L'État a été obligé de mettre en place des procédures financières exceptionnelles à hauteur de 308 millions de francs dont 41,41 MF pour le plan ORSEC, 74,30 MF d'aides en faveur des particuliers sinistrés, 113,50 MF d'aides en faveur du secteur économique et 79,30 MF d'aides aux collectivités locales.

Deux semaines après les inondations du Nord Vaucluse, trente quatre morts et huit disparus sont dénombrés, 180 maisons et habitations détruites, 2 654 commerces sinistrés et 114 détériorés. En ce qui concerne la voirie, treize ponts sont détruits par les crues tandis que les réseaux d'eau et d'électricité présentent de nombreux dommages. A cela, il faut ajouter les entreprises contraintes de déposer leur bilan : trois à Vaison la Romaine, quatre commerces à Bédarrides (dont deux n'étaient pas assurés), deux artisans à Violés ainsi que les pertes d'exploitation et de clientèle difficilement chiffrables.

1. Dans le cadre central de la comptabilité nationale, la consommation de services d'assurances est égale à la production du service d'assurance calculée comme différence entre les primes brutes acquises et les produits de placement des réserves moins le total des remboursements (indemnités). Cette production correspond à la gestion des dossiers par les assurances, aux rémunérations des salariés des assurances,...

2. *Source* : Recherche sur la gestion des catastrophes naturelles et leurs indemnisations, ministère de l'Environnement.

La limite de signification des indemnisations versées par les assurances réside dans le fait que l'ensemble de la population n'est pas assuré de façon homogène et que la quantification monétaire s'avère très difficile, voir impossible pour les dommages intangibles. Parmi ces impacts intangibles figurent les effets sur la santé de ces crues. Les études dans ce domaine laissent apparaître une augmentation des hospitalisations et des décès après les inondations, le stress et l'inquiétude persistant longtemps après les événements.

Le coût de restauration d'un paysage [1]

La transformation des paysages, qu'on observe fréquemment, résulte en grande partie de l'activité agricole. Mais, des causes naturelles viennent de temps à autre combiner leurs effets aux précédents. Les problèmes suscités par la modification des paysages et leur dégradation ont été jusqu'à présent surtout abordés sous l'angle de l'écologie ou de la biologie. Les solutions envisageables consistent en conséquence à reconstituer des éléments de paysage (haies, zones humides notamment) jugés indispensables selon ces deux points de vue. Cependant, dans une perspective de long terme, la gestion d'un paysage peut conduire à croiser différentes approches, économique, écologique et scientifique.

Les études sur le terrain montrent que la valeur d'un paysage et les effets de sa dégradation ne sont véritablement ressenties que par la population qui en est proche. L'INRA a procédé à une analyse fouillée sur le terrain afin de parvenir à estimer le coût que la population (27 000 habitants en 1990) de deux régions normandes consentirait à payer pour la restauration du bocage touché à la fois par les pratiques agricoles et la maladie qui a conduit à la quasi disparition des ormes très importants dans les haies de ce bocage. La longueur des haies de ces deux régions a diminué de près des deux tiers depuis 1975 et le volume de taillis normal dans une proportion plus forte encore.

La valeur économique d'un paysage, englobant les aspects marchands et non marchands, dépend des fonctions reconnues à ses composants. Celles-ci peuvent être utilisées directement

1. Ces résultats sont issus de la recherche « Valeur sociale des paysages : le cas du bocage » effectuée par l'Unité d'économie et de sociologie rurales de Rennes, F. Bonnieux et Ph. Le Goffe, INRA, Rennes 1996.

(fourniture de bois de chauffage, protection contre l'érosion par exemple) ou être admises comme devant exister pour la satisfaction générale partagée (beauté du paysage). Les fonctions ont été identifiées grâce aux entretiens réalisés auprès de 400 ménages. Sans surprise dans des zones rurales, les fonctions considérées comme les plus importantes concernent la régulation (climat, brise-vent, eau) et la protection (contre l'érosion, maintien de la fertilité). La beauté des paysages, la fourniture de bois de chauffage viennent ensuite. Ces résultats traduisent une tendance moyenne. L'ordre de préférence dépend de critères liés au sexe, à l'âge, au niveau d'études, au revenu, à l'attitude environnementale et à la pratique d'activités de loisir des interviewés.

Ces critères se retrouvent dans le consentement à payer pour la restauration du paysage. Celui-ci a été estimé selon la méthode d'évaluation contingente qui consiste à demander aux personnes enquêtées combien elles consentiraient à contribuer aux financements des opérations de restauration du paysage. Le moyen de cette contribution était en l'occurrence une augmentation de la taxe d'habitation. Afin de visualiser les conséquences de l'opération, on présentait des photos ou des dessins illustrant les modifications qui seraient apportées et leur résultat. L'augmentation moyenne acceptée, estimée en appliquant le modèle de choix discret de Hanemann, est de 200 francs par ménage et par an. Les hommes sont plus favorables à une contribution que les femmes. L'acceptation d'une dépense supplémentaire pour les paysages croît avec l'âge, le revenu, le niveau de formation. Les écarts peuvent être importants, les personnes disposant des plus hauts revenus consentant à payer 100 francs de plus par an que la moyenne. Les personnes ayant une activité de loisir sur place sont plus enclines que celles qui pratiquent un loisir (pêche) à l'extérieur de la zone.

La rentabilité sociale du projet a pu faire l'objet d'une estimation à partir de ce résultat. La méthode coûts-bénéfices utilisée a consisté à chiffrer les coûts de plantation et d'entretien des haies et les bénéfices attendus. Pour calculer ces derniers, on valorise la production de bois de chauffage, de bois d'œuvre, le surplus de production agricole et les aménités loisirs apportés par l'amélioration des haies.

Si on considère une durée de 100 ans, le projet est équilibré financièrement pour un taux d'actualisation de 4,8 % *(tableau 8.8)*. Dans ces conditions, la valeur ajoutée nette est pratiquement nulle ce qui traduit le fait que les avantages apportés par le projet compensent les coûts de plantation et d'entretien financés par la population.

Tableau 8.8

Valeur actualisée nette en 1996 du projet au taux d'actualisation de 4,8 %

Durée du projet : 100 ans [1]

Coûts (en millions de francs)	105,1
Plantation	64,7
Entretien	40,4
Bénéfices	104,6
Bois de chauffage	53,0
Bois d'œuvre	1,4
Production agricole	12,1
Aménités loisirs	38,1
Valeur actualisée nette (en millions de francs)	– 0,4

Cette application du calcul économique à l'estimation du coût de restauration d'un paysage constitue un exemple intéressant même s'il comporte des limites. Le fait de raisonner sur une très longue période fait ressortir les limites des hypothèses adoptées. Mais cette méthode a le mérite de montrer l'importance du temps, les bénéfices ne devenant importants qu'après une assez longue période (20 à 30 ans dans cette étude). Cet exemple suggère également un mode d'exploitation des haies plus efficace que dans le passé ainsi que l'émergence des activités de loisirs.

Les « autres dommages »

Il s'agit essentiellement du sous-sol dont les coûts de pollution sont largement déterminés par l'activité agricole. Mais il faut reconnaître que ce poste comprend d'autres domaines (paysages, forêts) dont l'évaluation des dommages est quasiment impossible. Ainsi, en France la surface forestière augmente sans

1. Source : F. Bonnieux et Ph. Le Goffe – Valeur sociale des paysages : le cas du bocage, Unité d'économie et sociologie rurales, INRA, Rennes, 1996.

qu'on puisse affirmer que la gestion de la forêt soit optimale. De même, les effets sur les paysages ne sont guère quantifiables.

Une estimation des dommages aux espaces par la circulation automobile nous est donnée par l'étude Planco. Elle évalue l'altération des espaces à 0,30 F par véhicule-kilomètre. Mais les effets sur les paysages ne sont guère quantifiables.

Amiante

Concernant l'amiante, aucune étude exhaustive n'existe à l'heure actuelle. Aussi les incertitudes concernant l'étendue des risques et le volume de population touchée restent grandes. Globalement, l'exposition à l'amiante de la population n'est pas homogène. Trois schémas sont envisageables [1] :

– Exposition professionnelle : cette catégorie concerne toute personne qui produisait, utilisait, ou intervenait directement sur des matériaux contenant de l'amiante.

– Exposition para-professionnelle et domestique : les personnes en contact avec des travailleurs du premier groupe entrent dans cette catégorie ainsi que celles en contact avec des objets ménagers contenant de l'amiante (grille pain, planche à repasser, appareil de chauffage mobile...).

– Exposition environnementale : trois cas de figure d'exposition apparaissent ici : la proximité d'une source naturelle, la proximité d'une source industrielle et la fréquentation d'une installation contenant de l'amiante.

Ces conditions d'exposition sont très variées et n'entraînent pas les mêmes conséquences. Il n'y a pas une mais des expositions possibles à l'amiante. De plus, les techniques de mesure de l'exposition ont varié dans le temps. L'évaluation des dommages de l'amiante sur la santé publique et tout chiffrage précis restent difficiles. Les concentrations les plus élevées sont rencontrées à proximité des sites géologiques naturels mais restent hétérogènes. En site urbain (Paris) une valeur moyenne calculée entre juillet 1993 et mars 1995 s'élève à 0,13 F/l [2] avec une valeur maxi-

1. *Source* : Effets sur la santé des principaux types d'exposition à l'amiante, Expertise collective INSERM.

2. Les conventions actuelles expriment les niveaux d'exposition dans l'environnement général et les locaux en fibres par litre (f/l) et les niveaux d'exposition professionnelle en fibres par millilitre (f/ml).

male de 0,47 F/l. Cette valeur moyenne s'établit à 7,80 F/l à proximité des sites industriels et chute à 0,60 F/l à 1 000 mètres. Les mesures en sites ruraux, définissant le fond de pollution, laissent apparaître des valeurs généralement inférieures à 0,10 F/l.

Les pathologies associées à l'exposition à l'amiante sont l'asbestose et les atteintes pleurales bénignes, le cancer du poumon, le mésothéliome. D'autres catégories de cancers tels que ceux du larynx, des appareils digestifs et urogénitaux sont évoquées mais aucune preuve véritablement avérée n'est aujourd'hui disponible. S'il est clairement établi que les risques sont d'autant plus importants que l'exposition est importante précoce et durable, les incertitudes restent nombreuses. Dans la mesure où l'asbestose a pratiquement disparu dans les pays industrialisés et que les atteintes pleurales bénignes n'ont souvent qu'un retentissement clinique modéré, seuls le cancer du poumon et le mésothéliome seront retenus comme pathologies associées à une exposition à l'amiante.

On a estimé, pour l'année 1996 et pour la France, le nombre de décès attribuables à une exposition à l'amiante à environ 1 950 (750 par mésothéliome et 1 200 par cancer du poumon), dont l'immense majorité, sinon la totalité, s'explique indiscutablement par des circonstances d'exposition d'origine professionnelle ou para-professionnelle. Cette estimation représente une borne inférieure, une fraction non évaluable des mésothéliomes échappant à tout diagnostic médical.

L'incidence du mésothéliome est actuellement en France relativement faible par rapport à celle de la plupart des autres pays industrialisés : elle est estimée en moyenne, pour la période 1991-1993, à environ 16 par million chez les hommes. Cependant, cette incidence connaît une progression constante du fait de la tardive protection des travailleurs en France. Le nombre des décès attribuables pourrait ainsi atteindre le seuil des 10 000 en 2010. De plus, les opérations de déflocage pourraient porter sur 15 à 25 millions de mètres carrés dans l'ensemble du pays, correspondant à un marché considérable se situant, selon les spécialistes, dans une fourchette très large de 30 à 150 milliards de francs.

Ces estimations correspondent à des valeurs moyennes établies à partir de cohortes présentant des conditions d'exposition assez variées. Ces valeurs moyennes sont donc susceptibles d'assez larges variations et ne peuvent être considérées comme des valeurs absolues. Il convient évidemment en outre de ne pas perdre de vue qu'elles correspondent à des expositions ininterrompues aux doses limites indiquées, et qu'il convient donc de réduire les chiffres fournis proportionnellement à la réalité des durées et des doses d'exposition effectives.

Les dommages liés aux risques technologiques [1]

Les risques technologiques concernent :
– les installations industrielles ;
– les installations nucléaires ;
– les établissements pyrotechniques ;
– les grands ouvrages (barrages, tunnels...) ;
– les transports de matières dangereuses (route, rail, mer et voies navigables, pipeline).

Il y a environ 50 000 installations industrielles susceptibles de générer des risques vis-à-vis des personnes et de l'environnement. Elles sont visées par la Loi du 19 juillet 1976 relative aux Installations Classées pour la Protection de l'Environnement et sont soumises à autorisation préalable d'exploiter pour certaines d'entre elles. Parmi ces dernières, 600 installations réparties dans 370 établissements sont soumises aux dispositions de la directive européenne dite Seveso (industries chimiques et pétrolières essentiellement).

Compte tenu de la nature et des quantités de produits dangereux concernées, un accident majeur dans ces installations occasionnerait des dommages importants à l'homme, à ses biens, à ses activités ou à son environnement.

Selon les premières données provisoires, le nombre d'accidents (événements) répertoriés en 1996 s'élevait à 1 667, dont 1 486 sur le territoire français et parmi ces derniers 734 concernaient des incendies, 672 des rejets de substances dangereuses et 55 des explosions.

Trois types d'accidents sont distingués : les incendies avec effets thermiques, les explosions avec effets de souffle et de pression, les émissions de substances ou produits toxiques, corrosifs ou radioactifs dans l'air, l'eau ou les sols.

---

1. *Source* : Ministère de l'Environnement – Direction de la Prévention des Pollutions et des Risques/Service de l'Environnement Industriel, documents internes, 1996.

Tableau 8.9

Répartition des accidents par type et par grand secteur d'activités sur le territoire français

Nature des accidents	Incendie	Rejet dangereux de produits	Explosion	Autres	Nombre total d'événements
Agriculture et services annexes	144 (26 %)	65 (9 %)	3 (5 %)		210
Travail du bois	87 (13 %)	9 (1 %)	3 (5 %)		96
Chimie, pétrole	30 (4 %)	55 (8 %)	12 (22 %)	5	82
Travail des métaux, métallurgie	21 (3 %)	23 (3 %)	6 (11 %)	1	43
Transports	85 (13 %)	123 (17 %)	7 (15 %)	2	228
Autres	266 (41 %)	446 (62 %)	24 (40 %)	8	728
Total	**633**	**721**	**55**	**16**	**1 387**

Source : base de données ARIA – Bureau d'Analyse des Risques et des Pollutions Industrielles, 1995.
Note : Certains événements peuvent donner lieu à des accidents de différentes natures et être comptés ainsi plusieurs fois.

Les données statistiques pour le territoire français, rassemblées dans le tableau 8.9 montrent le poids important des incendies et des rejets de produits et le nombre limité d'explosions alors qu'au niveau des grands secteurs d'activités l'agriculture et les transports sont les plus concernés. Il est à noter que la forte hausse du nombre d'accidents répertoriés en 1995 est essentiellement due à la montée en puissance du Bureau d'Analyse des Risques et des Pollutions Industrielles (BARPI) [1] qui les recense dans sa base de données ARIA.

1. Créé en 1992, ce bureau dépend directement du ministère de l'Environnement (Direction de la Prévention des Pollutions et des Risques/Service de l'Environnement Industriel).

ANNEXE

Sur l'évaluation monétaire des dommages

Il n'existe pas de formalisation globalisante permettant de chiffrer précisément la pression exercée par l'homme sur son milieu. D'un point de vue économique, les méthodes d'évaluation diffèrent selon la nature des phénomènes à étudier.

Le caractère collectif des choix en matière d'environnement et d'habitat pose le problème de la soutenabilité des décisions. Plus la population à prendre en compte est vaste et variée dans ses attentes, plus l'ensemble des possibles se réduit. La décision finale devra donc donner lieu à un arbitrage de la part des pouvoirs publics.

Les irréversibilités physiques et les limites de la substituabilité tant sociale que biophysique dressent des frontières infranchissables mais imparfaitement définies aux décisions en matière d'environnement.

Le recensement des dommages et de l'évolution des changements écologiques sont des sujets de controverses sans fin. Les incertitudes scientifiques et les antagonismes d'ordre social rendent toute étude « suspecte ». Un consensus est bien souvent impossible à obtenir.

L'hypothèse de l'égalité de la distribution géographique et intertemporelle des coûts, risques et bénéfices permet une différenciation importante dans la lecture des études.

A ces limites dans l'évaluation des dommages s'ajoute la préexistence d'attentes et de revendications spécifiques, souvent culturelles, de la population.

Si la description physique des dommages représente un préalable nécessaire, la signification économique et sociale des ces données s'avère tout aussi indispensable à prendre en compte. La gestion d'un écosystème est liée au respect de certaines contraintes. Dans l'optique d'un développement durable, la notion d'exploitation se transforme en conservation. La soutenabilité environnementale impose alors de prendre en compte non plus uniquement des données mesurables en terme de PIB mais aussi l'évolution à long terme de la reproduction de la biosphère comme habitat collectif et support de toute vie. L'environnement présente des irréversibilités contraignantes dont la maîtrise technologique n'est ni de notre connaissance, ni du champ des possibles de l'action humaine. Les dynamiques environnementales ne sont bien souvent pas contrôlables. La notion d'incertain due à la limite de nos connaissances scientifiques et à l'émergence d'effets pervers rend la résolution des conflits écologiques plus difficile et aléatoire. La prévision de l'évolution de l'environnement renvoie à des modèles dont les bases ne sont pas encore avérées.

Pour toutes ces raisons, l'évaluation des dommages est un sujet que nous ne pouvons aujourd'hui qu'effleurer, certes du mieux possible, et qui présente beaucoup d'imprécisions. Cette évaluation ne vaut pas pour elle-même. Son intérêt s'inscrit dans une démarche active d'influence des décisions. Aussi trois grandes considérations se dégagent-elles : sa pertinence scientifique et sociale ainsi que sa rationalité économique.

CHAPITRE 9

Les comptes des émissions de polluants

Plusieurs approches économiques et comptables sont envisageables pour étudier les émissions de polluants : évolution des émissions de polluants sur longue période pour observer les tendances, inventaire des émissions de polluants par secteurs d'activité pour connaître les contributions des secteurs à la pollution, comptes des émissions directes et indirectes de polluants. C'est la combinaison de ces approches qui paraît la plus justifiée. On propose ici une première étape de ce travail, sur les polluants atmosphériques uniquement, à partir de travaux entrepris à l'Ifen, sachant que celle-ci est largement insuffisante. Il s'agit plutôt de donner quelques éléments dans une perspective d'élaboration de tels comptes à un horizon de quelques années.

LES ÉVOLUTIONS DES ÉMISSIONS DES PRINCIPAUX POLLUANTS ATMOSPHÉRIQUES

On a observé sur l'ensemble du territoire, entre 1980 et 1994, une diminution des émissions des principaux polluants atmosphériques. Ces baisses sont sensibles pour le résidentiel, le tertiaire et l'industrie. Toutefois, les transports ont continué d'accroître leurs émissions de dioxyde de soufre (SO_2), d'oxydes d'azote (NO_x), de poussières et de gaz carbonique (CO_2), en raison notamment de l'augmentation des trafics, ce qui entraîne une dégradation de la qualité de l'air dans les villes. Les émissions de monoxyde de carbone (CO) par les transports ne se sont pas accrues.

Le dioxyde de soufre (SO_2)

Les émissions globales de dioxyde de soufre (SO_2) ont été réduites de 70 % depuis 1980 *(tableau 9.1)*. Néanmoins durant cette période les émissions dues au secteur des transports (sources mobiles), qui représentent en 1994 17 % des émissions totales, ont crû de 32 %. Ceci est dû en particulier à la diésélisation du parc automobile beaucoup plus forte que dans le reste de l'Europe (25 % du parc total). Toutefois les émissions dues aux transports devraient se stabiliser, suite à la mise en application de la directive européenne 93/12 imposant une réduction du taux de soufre dans le gazole. Les résultats provisoires montrent cette stabilisation (– 1 % entre 1993 et 1994).

Les oxydes d'azote (NO_x)

Les émissions d'oxydes d'azote n'ont baissé que de 16 % entre 1980 et 1994. Cette faible baisse globale masque l'effet de l'augmentation des trafics routiers, le transport étant responsable de 73 % des émissions en 1994, contre un peu plus de 50 % en 1980. Les émissions ont commencé une lente diminution depuis 1992.

Les poussières

Les émissions de poussières ont baissé de 51 % entre 1980 et 1994. Au cours de cette même période, les émissions dues au transport ont crû de 134 %, notamment avec la diésélisation du parc automobile (54,2 % de l'ensemble des carburants consommés en 1994). La part due aux transports est maintenant de 44 %, supérieure à celle provenant des procédés industriels qui n'est plus que de 42 %.

Le monoxyde de carbone (CO)

Les émissions de CO ont diminué de 37 % entre 1980 et 1994. Ceci est lié à la baisse des émissions dues aux transports (baisse de 40 %), dont la part dans les émissions totales est de 84 % en 1994. Cette diminution est attribuée à la fois à la diésélisation du parc automobile (émissions moindres à l'échappement) et à l'introduction du catalyseur trois voies.

Le gaz carbonique (CO_2)

Les émissions de CO_2 sont dues à la combustion de combustibles fossiles (charbon, pétrole, gaz) (52 % des émissions en 1994) et aux transports (37 % des émissions en 1994). Elles ont diminué globalement de 26 % entre 1980 et 1994. Mais au cours de la même période les émissions dues aux transports ont progressé de 47 %. Néanmoins, du fait des options énergétiques de la France, ces émissions (en tonne de carbone par habitant) sont inférieures à celles de la plupart des pays industrialisés.

Les émissions de polluants atmosphériques et les pollutions

Les émissions de SO_2, NO_x et CO contribuent à une pollution localisée, relativement stabilisée au dessus des sources. Les émissions de NO_x et de SO_2 sont responsables de la pollution acide, c'est-à-dire des retombées au sol de dépôts acides, sous forme sèche ou humide (pluies acides). Les émissions de NO_x et CO sont à l'origine de la pollution photochimique sous l'effet du rayonnement solaire et ainsi de la formation d'ozone troposphérique. Les émissions de CO_2 viennent accroître l'effet de serre, un phénomène naturel, mais en captant les radiations infrarouges réfléchies par la surface du globe, elles provoquent un processus d'échauffement de la planète. Les émissions de SO_2 et de poussières sont associées à la qualité de l'air.

LES ÉMISSIONS DE POLLUANTS PAR SECTEUR D'ACTIVITÉ

La pollution peut être étudiée par secteur d'activités. Le tableau de base *(tableau 9.2)* est issu du rapport du CITEPA de novembre 1994 (p. 29). Il est élaboré à partir de l'inventaire CORINAIR selon un champ plus large que les données précédentes et selon une nomenclature définie par le CITEPA. Les pourcentages ont été calculés à partir de l'ensemble des secteurs économiques (hors nature). Le méthane (CH_4) provient essentiellement du secteur agriculture-sylviculture (57 %), surtout de l'élevage bovin, et de la mise en décharge (23 %). Le monoxyde de carbone (CO) provient des transports routiers (63 %) et du secteur résidentiel-tertiaire (hors chauffage urbain) (20 %). Le gaz carbonique (CO_2) provient du secteur résidentiel-tertiaire (hors chauffage urbain) (30 %), des transports routiers (26 %), de l'industrie (20 %) et du secteur de la production d'électricité (10 %). Le protoxyde d'azote (N_2O) provient de la chimie-

Tableau 9.1

Évolution des émissions de polluants en France entre 1980 et 1994

En milliers de tonnes par an

		Résidentiel et tertiaire	Industrie et agriculture	Centrales électriques	Transformation d'énergie	Total combustion	Procédés	Transport	Total
Émissions de SO_2	1994 (P)	139	211	166	121	637	159	165	**962**
	% 1994	14	22	17	13	66	17	17	**100**
	Évolution 1994/1993	– 15 %	– 6 %	– 4 %	– 1 %	– 7 %	– 2 %	– 1 %	**– 5 %**
	Évolution 1994/1980	– 61 %	– 79 %	– 86 %	– 42 %	– 77 %	– 46 %	+ 32 %	**– 70 %**
Émissions de NO_x	1994 (P)	77	67	70	22	236	138	1 018	**1393**
	% 1994	6	5	5	2	17	10	73	**100**
	Évolution 1994/1993	– 5 %	– 2 %	– 1 %	+ 3 %	– 2 %	+ 1 %	– 3 %	**– 2 %**
	Évolution 1994/1980	– 18 %	– 69 %	– 76 %	– 18 %	– 62 %	– 19 %	+ 18 %	**– 16 %**
Émissions de poussières	1994 (P)	8	9	9	3	29	89	93	**211**
	% 1994	4	4	4	1	14	42	44	**100**
	Évolution 1994/1993	– 12 %	– 3 %	– 1 %	+ 0 %	– 5 %	– 4 %	+ 5 %	**0 %**
	Évolution 1994/1980	– 66 %	– 77 %	– 92 %	– 77 %	– 84 %	– 59 %	+ 134 %	– 51 %

		Résidentiel et tertiaire	Industrie et agriculture	Centrales électriques	Transformation d'énergie	Total combustion	Procédés	Transport	Total
Émissions de CO	1994 (P)	91	8	5	3	107	855	5 236	**6 198**
	% 1994	1	0	0	0	2	14	84	**100**
	Évolution 1994/1993	– 6 %	– 2 %	– 1 %	+ 3 %	– 5 %	+ 2 %	– 10 %	**– 8 %**
	Évolution 1994/1980	– 41 %	– 64 %	– 76 %	– 20 %	– 47 %	– 16 %	– 40 %	**– 37 %**
Émissions de CO_2	1994 (P)	90 158	55 028	30 653	15 206	191 045	41 862	136 883	**369 791**
	% 1994	24	15	8	4	52	11	37	**100**
	Évolution 1994/1993	– 4 %	– 2 %	– 1 %	+ 2 %	– 3 %	+ 5 %	+ 1 %	**0 %**
	Évolution 1994/1980	– 25 %	– 41 %	– 73 %	– 20 %	– 44 %	– 36 %	+ 47 %	**– 26 %**

Source : CITEPA – mars 1996.
Remarque : L'attention du lecteur est attirée sur le fait que ces données sont des estimations élaborées en fonction des connaissances acquises à ce jour. Elles peuvent être corrigées ultérieurement.

L'évolution des émissions des principaux polluants atmosphériques

En milliers de tonnes par an

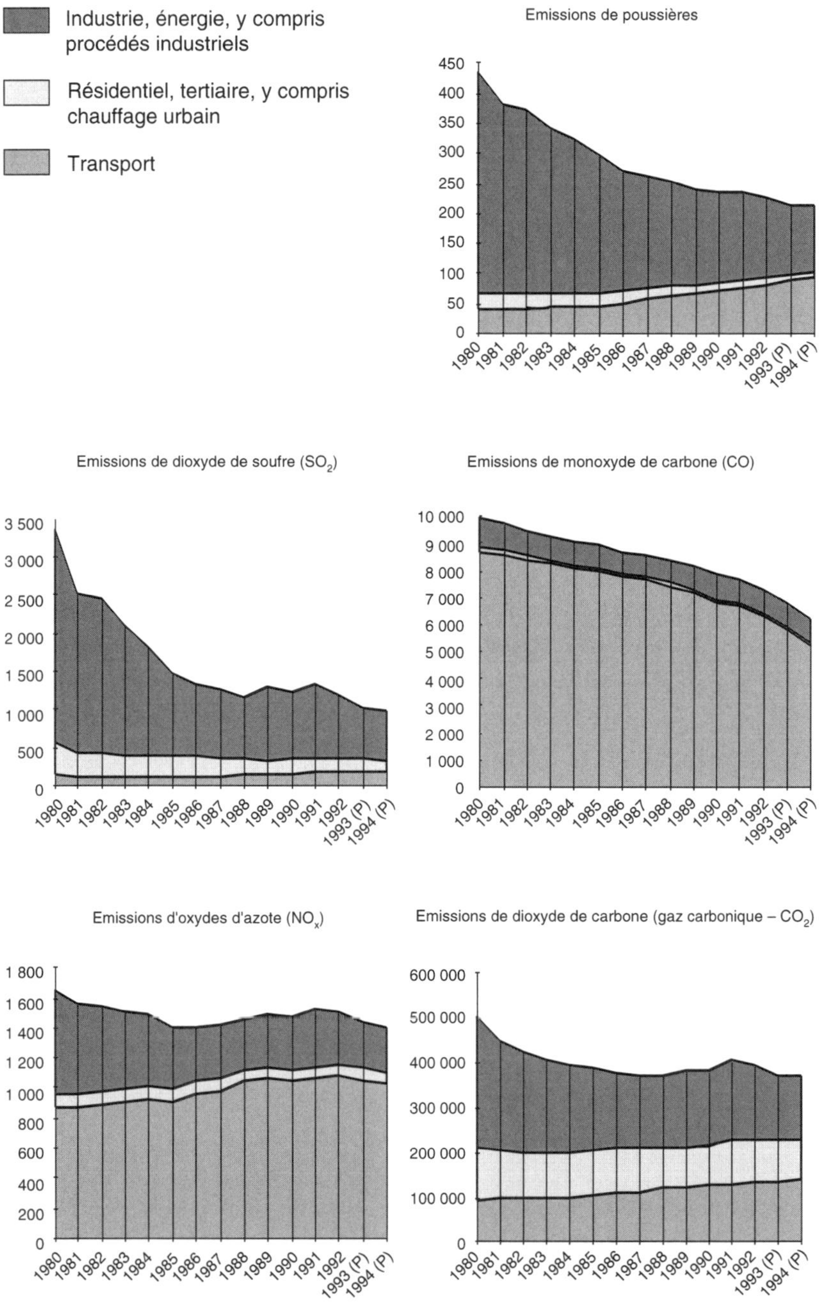

Source : CITEPA – mars 1996.

Tableau 9.2

Émissions des principaux polluants par grands secteurs en 1990

CITEPA Nomenclature française	Méthane CH_4		Monoxyde d'azote CO		Gaz carbonique CO_2		Protoxyde d'azote N_2O		Ammoniac NH_3		Composés organiques volatils non méthaniques NMVOC		Oxydes d'azote NO_x	
	En tonnes	En %	En tonnes	En %	En milliers de t	En %	En tonnes	En %	En tonnes	En %	En tonnes	En %	En tonnes	En %
Transf. énergie fossile	316 738	11	558 280	5	20 271	5	802	0	–	–	141 171	6	57 128	4
Charbon et dérivés	209 973	7	555 326	5	9 040	2	381	0	–	–	4 449	0	34 377	2
Produits pétroliers	440	0	2 913	0	11 050	3	413	0	–	–	112 647	5	19 229	1
Gaz naturel et dérivés	106 325	4	41	0	181	0	8	0	–	–	24 075	1	3 522	0
Production d'électricité	601	0	5 116	0	38 413	10	919	1	–	–	800	0	94 884	6
Industrie	5 882	0	712 806	7	74 265	20	94 891	57	16 572	2	611 890	25	149 529	9
Sidérurgie – Métaux ferreux	359	0	636 869	6	10 271	3	183	0	–	–	4 804	0	9 340	1
Métaux non ferreux	10	0	42 691	0	805	0	8	0	–	–	178	0	672	0
Minéraux (ciment, verre, chaux…)	1 233	0	25 842	0	27 767	7	76	0	–	–	5 497	0	69 113	4
Chimie. Pétrochimie	3 139	0	3 714	0	14 007	4	93 918	56	16 152	2	67 997	3	39 912	3
Const. auto., aéro-naut., navale, ferrov.	124	0	486	0	2 440	1	92	0	–	–	47 646	2	3 362	0

Tableau 9.2 *(suite)*

CITEPA Nomenclature française	Méthane CH_4		Monoxyde d'azote CO		Gaz carbonique CO_2		Protoxyde d'azote N_2O		Ammoniac NH_3		Composés organiques volatils non méthaniques NMVOC		Oxydes d'azote NO_x	
	En tonnes	En %	En tonnes	En %	En milliers de t	En %	En tonnes	En %	En tonnes	En %	En tonnes	En %	En tonnes	En %
Agro-alimentaire	288	0	1 220	0	6 914	2	223	0	–	–	37 585	2	11 074	1
Papier – Carton – Imprimerie	520	0	1 234	0	8 198	2	251	0	–	–	67 498	3	10 155	1
Autres (textile, caoutchouc, bois…)	209	0	750	0	3 863	1	140	0	420	0	380 685	16	5 901	0
Résidentiel/Tertiaire	150 333	5	2 200 760	20	118 126	32	4 025	2	–	–	396 346	16	99 974	6
Chauffage urbain	481	0	15 924	0	6 314	2	196	0	–	–	484	0	10 969	1
Autres usages énerg. hors chauf. urbain	149 852	5	1 892 046	18	111 561	30	3 829	2	–	—	214 213	9	88 582	6
Sources autres que chauf. eau chaude	–	–	292 790	3	251	0	–	–	–	–	181 649	8	423	0
Traitement des déchets	739 499	26	232 215	2	13 178	4	1 336	1	1 751	0	20 521	1	23 934	2
Incinération des déchets mén. et indus.	14 165	0	232 215	2	10 200	3	128	0	–	–	8 160	0	23 934	2
Mise en décharge	699 082	25	–	–	2 976	1	–	–	–	–	4 751	0	–	–

Autres traitements des déchets (compost, épandage)	26 252	1	–	–	2	0	1 208	1	1 751	0	7 610	0	–	–
Agriculture/Sylviculture	1 611 189	57	173 985	2	7 438	2	60 763	36	681 055	97	45 836	2	70 079	4
Culture des sols	26 654	1	–	–	–	–	60 763	36	116 841	17	10 487	0	–	–
Élevage	1 584 535	56	–	–	–	–	–	–	564 214	81	–	–	–	–
Autres activités agricoles	–	–	173 985	2	7 438	2	–	–	–	–	35 349	1	70 079	4
Transports	22 878	1	6 853 030	64	101 257	27	4 207	3	805	0	1 187 129	49	1 089 063	69
Transports routiers	22 302	1	6 812 202	63	97 444	26	3 846	2	805	0	1 169 848	49	1 037 830	65
Transports ferroviaires	–	–	5 684	0	1 022	0	34	0	–	–	2 263	0	11 354	1
Transports fluviaux	–	–	1 990	0	293	0	–	–	–	–	487	0	3 488	0
Transports maritimes	–	–	3 772	0	1 484	0	44	0	–	–	1 280	0	27 697	2
Transports aériens	576	0	29 382	0	1 014	0	283	0	–	-	13 251	1	8 694	1
Total « économie » (hors nature)	*2 847 120*	*100*	*10 736 192*	*100*	*372 948*	*100*	*166 943*	*100*	*700 183*	*100*	*2 403 693*	*100*	*1 584 591*	*100*
Nature	191 059		193 922		108 756		55 729		–		461 798		5 520	
Nature – Biomasse, sols	186 701		–		–		55 729		–		432 746		–	
Nature –Etres vivants	–		–		105 996		–		–		–		–	
Nautre – Autres sources (feux de forêt)	4 358		193 922		2 760		–		–		29 052		5 520	
Total	**3 038 179**		**10 930 114**		**481 704**		**222 672**		**700 183**		**2 865 491**		**1 590 111**	

Source : CITEPA (Inventaire CORINAIR 90).

pétrochimie (56 %) et de la culture des sols (36 %). L'ammoniac (NH_3) provient de l'agriculture-sylviculture (97 %). Les composés organiques volatils non méthaniques (COVNM) proviennent des transports routiers (49 %), de l'industrie (25 %) et du secteur résidentiel-tertiaire (hors chauffage urbain) (16 %). Enfin les oxydes d'azote (NO_x) proviennent à 69 % des transports routiers.

LES COMPTES DES ÉMISSIONS DIRECTES ET INDIRECTES DE POLLUANTS

Au delà de la simple analyse des émissions par secteurs, il est intéressant de se rapprocher des nomenclatures de la comptabilité nationale afin d'établir une relation entre les émissions et le niveau de l'activité de chaque secteur. A cette fin, une méthode a été développée par les comptables nationaux hollandais, le NAMEA (National accounting matrix integrating environmental accounting). Cette méthode consiste à agréger les émissions de polluants par activité pour obtenir les contributions sectorielles (ménages, transports, industries, agriculture,...) aux problèmes environnementaux.

Par exemple, l'effet de serre est dû, pour l'essentiel, aux émissions de gaz carbonique (CO_2), de dioxyde d'azote (NO_2) et de méthane (CH_4). La contribution globale à l'effet de serre est estimée en émissions équivalentes de CO_2 en utilisant une pondération spécifique à chaque gaz, appelée Potentiel de Réchauffement Global (1, 270 et 11 respectivement dans l'exemple hollandais). A partir des émissions de ces trois polluants par secteurs, en quantités physiques, on obtient une émission globale de chaque secteur en équivalent-CO_2, correspondant à sa contribution à l'effet de serre.

L'intérêt est donc de faire un lien entre activité économique et environnement. Les résultats étant obtenus par secteurs d'activité, des analyses peuvent être faites, en les comparant par exemple aux valeurs ajoutées nettes, aux effectifs employés, à la consommation finale des ménages par fonction (transport par exemple), ou même en les confrontant aux dépenses de protection de l'environnement.

Des travaux utilisant cette méthode viennent de commencer en France. Afin de déterminer les contributions sectorielles aux pollutions, il faut élaborer une table de passage entre les activités « CITEPA » et les activités économiques selon la NAP (Nomenclature d'activités et de produits). Pour certaines activités, comme le transport, un travail particulier doit être fait (annexe méthodologique) afin de répartir les pollutions dues aux transports, à la branche transport mais aussi aux ménages (voitures particulières) ou aux différentes branches économiques (transport pour compte propre). Un premier résultat est présenté dans le tableau 9.3.

Graphique 9.2

Émissions indirectes et directes liées au CO_2

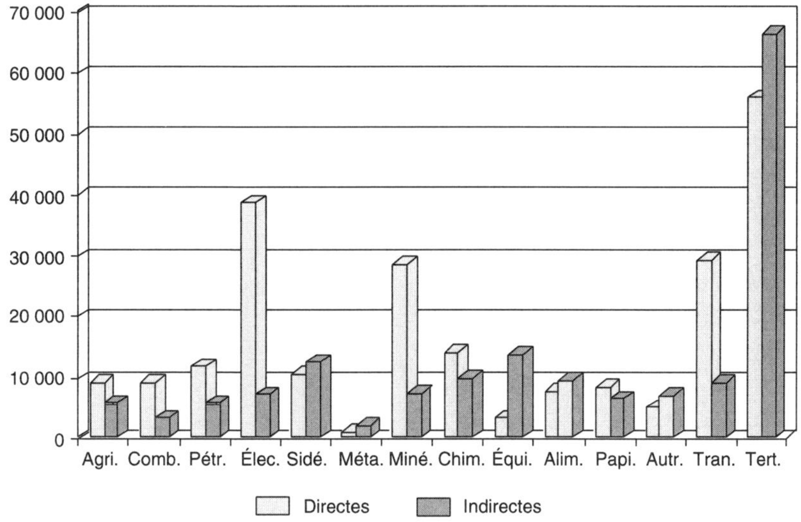

Source : Ministère de l'Environnement – Ifen.

Il est possible, à l'aide d'un modèle d'entrées-sorties issu de la comptabilité nationale, d'estimer l'ensemble des émissions de gaz à effet de serre associées à la livraison d'un bien ou service donné. La nature des modèles entrées-sorties est telle que les émissions à la fois directement et indirectement reliées à la production de biens et services peuvent être incluses dans ces estimations. Par définition, les émissions directes sont celles provenant de la branche productrice du bien ou du service *(tableau 9.3)*. Les émissions provenant des branches qui fournissent à la branche productrice les entrées utilisées dans la production de ce bien ou service sont définies comme des émissions indirectes. Les émissions indirectes sont donc calculées en inté-

Tableau 9.3

Émissions des principaux polluants atmosphériques par secteurs économiques en 1990 après prise en compte des émissions indirectes

En milliers de tonnes

	CH_4	CO	CO_2	N_2O	NH_3	COVNM	NO_x	SO_2
Consommation des ménages	164	7 404	138 812	5	1	1 313	630	208
Transports	17	5 227	55 427	2	1	918	553	71
Autres fonctions (1° est. rapport p. 43)	147	2 177	83 385	3	–	395	77	136
Autres fonctions (2° est. cons. d'élect.)	107	1 560	83 723	3	–	281	71	118
Production								
Agriculture	1 611	174	7 501	61	681	46	70	15
Combustibles minéraux solides	210	555	9 040	0	–	4	34	89
Raffinage pétrolier	107	3	11 231	0	–	137	23	160
Produits manufacturés	6	714	74 770	95	17	612	150	404
Sidérurgie. Métaux ferreux	0	637	10 271	0	–	5	9	11
Métaux non ferreux	0	43	805	0	–	0	1	48
Minéraux (ciment, verre, chaux)	1	26	27 767	0	–	5	69	60
Chimie. Pétrochimie	3	4	14 007	94	16	68	40	135
Construction auto., aéron., navale, ferro.	0	0	2 440	0	–	48	3	11
Agro-alimentaire	0	1	6 914	0	–	38	11	60

	CH_4	CO	CO_2	N_2O	NH_3	COVNM	NO_x	SO_2
Papier. Carton. Imprimerie	1	1	8 198	0	–	67	10	45
Autres (textile, caoutchouc, bois…)	0	2	4 368	0	0	381	7	34
Production d'électricité	1	5	38 413	1	–	1	95	294
Construction	1	218	4 060	–	–	31	38	7
Transports	6	1 626	45 830	2	0	269	536	84
Transports routiers	5	1 585	42 017	2	0	252	485	74
Marchandises	4	1 402	34 500	1	0	217	383	60
Voyageurs	1	183	7 517	0	0	35	102	14
VPC	0	110	1 150	0	0	18	12	1
Bus	1	74	6 367	0	0	17	90	13
Transports ferroviaires	–	6	1 022	0	–	2	11	2
Transports fluviaux	–	2	293	–	–	0	3	1
Transports maritimes	–	4	1 484	0	–	1	28	5
Transports aériens	1	29	1 014	0	–	13	9	1
Commerces, services…	3	22	34 173	1	–	1	22	26
Traitement, récupération	739	232	13 178	1	2	21	24	19
Émissions nationales	**2 847**	**10 736**	**372 948**	**167**	**700**	**2 404**	**1 585**	**1 298**

Source : Ministère de l'Environnement – Ifen d'après le CITEPA (CORINAIR 90).

grant à la branche productrice les émissions provenant des secteurs ayant livré les biens et services utilisés en consommation intermédiaire (cf. annexe méthodologique).

Selon ce calcul, les émissions indirectes de CO_2 sont relativement importantes pour les branches tertiaires puisqu'elles sont mêmes plus importantes que les émissions directes. Elles sont aussi importantes pour certaines branches telles que l'agriculture et la sidérurgie. Elles sont en revanche négligeables pour la production d'électricité. La pollution émise par la production d'électricité est répartie parmi les consommateurs d'électricité.

ANNEXE

Méthode d'évaluation des émissions directes et indirectes de polluants

Les travaux comptables sur les émissions de polluants peuvent être plus ou moins développés compte tenu notamment du système d'information statistique.

Pour résumer, on peut dégager trois directions :

– Dans un premier temps, on évalue les *émissions directes* par secteur institutionnel et sous-secteur d'activité. On peut faire une telle évaluation pour une ou plusieurs années. On peut aussi introduire des coefficients d'équivalence d'émissions en pondérant les quantités de chacun des polluants en fonction de ses effets sur telles pollutions.

– Dans un second temps, on évalue les *émissions indirectes* pour savoir quelle quantité d'émissions de polluants entraîne la production d'un bien ou d'un service. Les émissions indirectes d'un secteur sont définies comme les émissions entraînées par la production des biens et services consommés par ce secteur sur le territoire national.

– Enfin, on peut présenter les émissions de polluants (directes ou indirectes) dans un cadre comptable en les reliant à des données de la comptabilité nationale ou à des données de normes ou d'objectifs environnementaux, définis par les pouvoirs publics. C'est le système NAMEA (national accounting matrix of environmental accounts).

LES DONNÉES DE BASE SUR L'AIR

En France, le Centre Interprofessionnel Technique d'Etudes de la Pollution Atmosphérique (CITEPA) évalue les émissions (rejets) de polluants par secteurs d'activité en distinguant notamment l'énergie, les transports, la production d'électricité, le résidentiel-tertiaire,... Les données sont exprimées en tonnes. L'observation est obtenue à partir de 500 types de sources comportant des *sources fixes* et des *sources mobiles.*

Les émetteurs les plus importants sont étudiés individuellement et forment la catégorie des « Grandes Sources Ponctuelles ». Le reste des sources fixes (chauffage domestique, entreprises de l'économie,...) et les sources mobiles (automobiles, avions,...) sont regroupées dans la catégorie des « sources surfaciques ».

Les émissions sont déterminées soit par une connaissance directe, soit le plus souvent par le produit d'une quantité caractéristique de l'activité de la source (quantité d'énergie, distance parcourue,...) avec un facteur d'émission caractéristique d'un polluant et de l'activité (gramme polluant/tep, gramme polluant/véhicule kilomètre,...).

Cette complexité est mise en évidence à travers la nomenclature de travail, la SNAP (« selected nomenclature for air pollution »), qui distingue dans chaque sous-secteur des processus de production associés à des produits, par exemple la production d'électricité à partir du charbon. En général, pour les sources ponctuelles les plus importantes, on connaît (estime) assez bien les émissions de polluants.

Toutefois, que ce soit pour les sources ponctuelles ou mobiles, les facteurs d'émission peuvent être complexes à établir, dépendant du processus de production, du comportement des individus,... Outre les données spécifiques, il est fait recours à des données représentatives (par exemple, la vitesse moyenne de certains types de véhicules sur certains types de voies).

On peut ici établir un tableau sommaire des sources et des types de données de base disponibles.

Tableau A9.1

Sources et types de données utilisées pour estimer des émissions de polluants dans l'inventaire CORINAIR (1990)

	Données spécifiques	**Données représentatives**
Sources surfaciques	Production d'enrobés pour la route Production de pain	Vitesse moyenne des véhicules particuliers en ville Répartition du trafic sur route, autoroute et en ville.
Grandes sources ponctuelles	Consommation de combustibles Émissions mesurées en cheminée	Consommation moyenne d'énergie pour fabriquer une unité de produit pour un processus donné en général

En France, on établit de telles statistiques depuis 1980 pour certains polluants (émissions de CO, CO_2, NO_x, SO_2, poussières) par grands secteurs (industrie, transports,...). Mais c'est en 1990, dans le cadre du programme européen CORINAIR, qu'ont été évaluées des émissions détaillées portant sur huit polluants (SO_2, NO_x, NMVOC, CO, CO_2, CH_4, N_2O, NH_3).

On distingue plusieurs approches pour évaluer les émissions de polluants. D'une part, l'inventaire CORINAIR sert de base aux calculs des émissions de polluants. Sa structure, souvent plus détaillée, permet de répondre à de multiples besoins y compris celui du GIEC qui est l'inventaire retenu au niveau des Nations Unis suite à la conférence de Rio pour faire des comparaisons internationales.

S'agissant de l'inventaire CORINAIR, deux tableaux sont publiés :

– D'une part, un tableau produit par le CITEPA selon une approche économique par secteur d'activité. Ce tableau est purement français. C'est ce tableau qu'on reprend dans le chapitre 1 du rapport.

– D'autre part, un tableau selon la nomenclature commune au niveau européen est actualisé chaque année depuis 1990. L'inventaire CORINAIR France relatif à l'année 1990 a été réalisé avec une résolution sectorielle et géographique fine. Il est utilisé comme base de travail pour les années 1991 à 1993.

Ces résultats sont différents de ceux des inventaires traditionnels du CITEPA. L'inventaire CORINAIR est le plus complet et le plus détaillé réalisé à ce jour. Les causes de l'écart ont été expliqués par le CITEPA dans un document « Études Documentaires n° 113 – septembre 1994 ».

Tableau A9.2a

Émissions selon les catégories d'émetteur CORINAIR (France 1990)

En milliers de tonnes

CITEPA nomenclature française	SO_2	NO_x	NMVOC	CH_4	NH_3	CO	CO_2	N_2O
Production d'électricité	343,7	105,9	1,3	1,1	0	21	44,7	1,1
Combustion « résidentiel-tertiaire »	116,2	88,6	214,2	149,9	0	1 892	111,6	3,8
Combustion industrie	514,1	165	7,3	6,6	0	598,2	87,4	2,1
Procédés industriels et artisanaux	110,9	30,8	100,1	5,9	16,6	668,3	6,8	93,6
Extraction et distribution des combustibles fossiles	23,8	3,5	122,5	310,1	0	0	0,2	0
Utilisation des solvants	0	0	635,6	0	0	0	0	0
Transports routiers	145,3	1 037,8	1 169,8	22,3	0,8	6 812,2	97,4	3,8
Autres sources mobiles et machinerie	24,6	129,1	121,8	0,6	0	512,2	11,7	0,4
Traitement et élimination des déchets	19,2	23,9	20,5	739,5	1,8	232,2	13,2	1,3
Agriculture	0	0	10,5	1 611,2	681,1	nd	nd	60,8
Nature	2,5	5,5	461,8	191,1	0	193,9	108,8	55,7
Total	**1 300,3**	**1 590,1**	**2 865,4**	**3 038,3**	**700,3**	**10 930**	**481,8**	**222,6**

Source : CITEPA.

Tableau A9.2b

Émissions selon les catégories d'émetteur CORINAIR (France 1991)

En milliers de tonnes

CITEPA nomenclature française	**SO_2**	**NO_x**	**NMVOC**	**CH_4**	**NH_3**	**CO**	**CO_2**	**N_2O**
Production d'électricité	446,7	148,4	1,9	1,6	0	35,6	57,6	1,5
Combustion « résidentiel-tertiaire »	131,4	98	214,9	151,2	0	1 901,5	129,8	4,3
Combustion industrie	467,4	146,5	6,6	6,6	0	557,3	79,8	3,4
Procédés industriels et artisanaux	113,6	29,5	98,9	5,1	14,9	640,5	6,6	92,8
Extraction et distribution des combustibles fossiles	23,8	2,7	126,9	310	0	0	0,2	0
Utilisation des solvants	0	0	608,9	0	0	0	0	0
Transports routiers	151,8	1 044,6	1 150,1	21,9	0,9	6 722,7	100,2	4
Autres sources mobiles et machinerie	24,6	129	119,4	0,5	0	509	11,6	0,3
Traitement et élimination des déchets	19,1	24,6	20,5	726,5	1,8	232,4	13,3	1,3
Agriculture	0	0	10,5	1 584,7	672,3	nd	nd	61
Nature	0,3	0,8	431,9	186,9	0	27	105,7	55,1
Total	**1 378,7**	**1 624,1**	**2 790,5**	**2 995**	**689,9**	**10 626**	**504,8**	**223,7**

Source : CITEPA.

Estimation des émissions liées à l'air dans le cadre d'une matrice NAMEA

L'estimation des émissions dans le cadre d'une matrice NAMEA suppose de faire quelques retraitements de données. Deux retraitements concernent d'une part le résidentiel-tertiaire et d'autre part les transports.

Il convient d'abord de faire quelques retraitements de données afin d'assurer les passages de nomenclature. Quelques explications sont nécessaires pour comprendre le tableau présenté dans ce chapitre :

– La plupart des estimations qui permettent de passer du tableau de base du CITEPA au tableau proche du cadre NAMEA concerne soit des problèmes de nomenclature (il convient de faire une table de passage entre la nomenclature du CITEPA et celle d'activités et de produit de la comptabilité nationale), soit des estimations concernant l'affectation du transport, et dans une moindre mesure du résidentiel-tertiaire entre ménages et sous-secteurs d'activité.

– Les émissions du secteur construction ne comprennent que les émissions du transport routier pour compte propre. Les autres émissions de ce secteur sont comptabilisées avec le secteur « autres » de l'industrie, faute d'avoir pu être isolées.

La ventilation du résidentiel tertiaire

– Pour les émissions des ménages autres que les transports, on prend la répartition issue du rapport P.N. (p. 43 annexe 1, cf. *supra*) pour répartir les émissions de polluants liés au poste « dont autres usages énergie » du secteur résidentiel tertiaire.

Tableau A9.3

Répartition des émissions nationales totales nettes pour le tertiaire et le résidentiel (en Gg de polluants)

	CH_4	CO	CO_2	N_2O	NH_3	NMVOC	NO_x	SO_2
Commercial, institutionnel	2,6	17,7	23 681	0,9	1	1,4	18	1
Résidentiel	126,4	1 894,9	58 164	2,9	10	249,6	67,8	10

Source : CITEPA.

– Pour répartir les émissions de polluants liées au poste « chauffage urbain » du secteur résidentiel tertiaire, on a pris la répartition des consommations d'énergie par grands secteurs estimées par l'Observatoire de l'énergie : 61 % pour le secteur résidentiel, 30 % pour le tertiaire, 8 % pour l'industrie et 1 % pour l'agriculture.

La ventilation des transports

La ventilation du trafic routier se fait en disposant de deux grandes sources d'information :

On dispose d'abord d'une statistique du CITEPA ventilant les émissions de polluants entre quatre catégories : véhicules particuliers, véhicules utilitaires légers, véhicules utilitaires lourds et motocycles.

On dispose d'autre part de plusieurs informations du SES (ex OEST) : le compte satellite des transports, l'enquête sur les véhicules utilitaires légers (VUL) de 1992, une estimation du trafic des véhicules lourds en transport pour compte propre par secteurs d'activité en 1992.

Prenons par exemple l'estimation des émissions de CH4 en 1990 par les ménages. Elle est la somme de trois composantes :

– Les émissions des VPC (14 787, source : CITEPA) que multiplie la part de la consommation des ménages en VPC (313,5 milliards de francs en 1992, source compte satellite des transports) dans le total des dépenses liées aux VPC (313,5 + 7,4 (taxis) + 14,0 milliards de francs (VIPC sociétés), source compte satellite des transports),

– Les émissions des motos (2 249, source : CITEPA) attribuées aux ménages,

– Les émissions des VUL détenus par des ménages (3 276, source : CITEPA) que multiplie la part des VUL détenus par les ménages (1 501000 véhicules, source enquête VUL de 1992) divisé par le total des VUL.

Tableau A9.4

Émissions du transport routier par grandes catégories de véhicules

En tonnes

	CH_4	CO	CO_2	N_2O	NH_3	NMVOC	NO_x	SO_2
Total route	22 302	6 812 202	97 444	3 846	805	1 169 848	1 037 830	145 334
PLF	1 990	276 200	23 863	913	92	63 200	335 700	47 065
Motos	2 249	247 700	917	24	24	120 500	2 000	1 016
VUL	3 276	1 531 900	22 810	1 006	120	211 900	176 000	35 014
VPC	14 787	4 756 402	49 854	1 903	569	774 248	524 130	62 239

Source : CITEPA.

Pour estimer les émissions de polluants par branche, on réintroduit le transport pour compte propre des poids lourds et le transport pour compte propre des VUL.

Tableau A9.5

Parc de véhicules utilitaires légers en 1992

Agriculture	286 000
Industries agro-alimentaires	72 000
Énergie	65 000
Biens intermédiaires	81 000
Biens d'équipement	125 000
Biens de comsommation	86 000
Bâtiment, génie civil	692 000
Commerces	459 000
Transports et télécommunication	190 000
Services marchands	452 000
Services non marchands	130 000
Artisans	47 000
Non indiqué	180 000
Total	*2 865 000*
Particuliers	1 501 000
Total	**4 366 000**

Source : OEST, enquête VUL de 1992.

Tableau A9.6

Répartition du trafic routier de marchandises des véhicules de plus de 3 tonnes de charge utile en 1990 (en milliards de tonnes-kilomètres)

Agriculture	5
Combustibles minéraux solides	0,1
Raffinage pétrolier	1,7
Sidérurgie – Métaux ferreux	0,6
Métaux non ferreux	0,5
Minéraux (ciment, verre, chaux)	7,5
Chimie – Pétrochimie	0,9
Construction automobile, aéronautique, navale, ferroviaire	1,6
Industrie agro-alimentaire	7,4
Papier – Carton – Imprimerie	0,1
Autres (textile, caoutchouc, bois,...)	3,4
Total	**28,8**

Source : OEST.

Par exemple, pour estimer ces deux données pour la sidérurgie, on estime dans un premier temps, la part du transport pour compte propre de la sidérurgie dans le transport pour compte propre total. Pour cela, on dispose d'une statistique de trafic en tonnes-kilomètres par produit. On multiplie la part des tonnes-kilomètres de l'industrie (2 000 + 2 209/2, soit 3 104 par la part des trafics de la sidérurgie dans les trafics totaux).

On fait ce travail également pour estimer la part de la sidérurgie dans le trafic des VUL en transport pour compte propre.

Tableau A9.7

Estimation des tonnes-kilomètres en transport routier pour compte propre des véhicules de plus de 3 tonnes de charge utile en 1992 (en millions de tonnes-kilomètres)

Industrie	2 000
Bâtiment	4 024
Commerces	9 527
Services	5 617
Transports	1 124
Artisans	2 209
Non-indiqué	5 183
Total	**29 684**

Source : OEST.

Une fois qu'on a estimé ces deux répartitions, on évalue les émissions de polluants correspondantes en tenant compte de la répartition du trafic routier des poids lourds entre compte d'autrui et compte propre pour répartir les émissions de polluants du trafic routier en compte propre des véhicules lourds et pour les véhicules utilitaires légers en tenant compte qu'une partie du trafic concerne aussi le transport routier en compte d'autrui.

Calcul des émissions indirectes

On illustrera le calcul des émissions indirectes à partir d'un exemple fictif. Les émissions directes de la branche Agriculture (U01) sont celles émises par cette branche lors de la production du produit U01. Les émissions indirectes liées à la production du produit U01 sont estimées à partir des consommations intermédiaires en différents produits par la branche U01, rapportées à la production des différentes branches, multipliées par les émissions correspondantes de ces branches. On a la formule :

$$\sum \frac{CI_{\text{Un par U01}}}{P_{\text{Un}}} \times \text{Emiss}_{\text{pol. Un}}$$

L'exemple fictif ci-dessous donne les résultats suivants :

CI	U01	U02
U01	0	300
U02	200	0
Total production	500	1 000

Émissions directes U01 60 t
Émissions directes U02 40 t

$$\text{Émissions indirectes de U01} = \left(\frac{200}{1\,000}\right) \times 40 = 8$$

$$\text{Émissions indirectes de U02} = \left(\frac{300}{500}\right) \times 60 = 36$$

On calcule ainsi les émissions indirectes en inversant la matrice du TES[1]. Dans l'exemple appliqué à l'année 1990, les émissions indirectes se lisent ici en colonne. Par exemple les émissions indirectes de la branche t01 sont de 5 933 à comparer aux émissions directes de 9 043. On calcule les émissions indirectes d'une branche en multipliant pour chaque produit consommé par cette branche, les émissions directes des différents produits rapportées à la production des différentes branches.

Par exemple, les émissions indirectes de la branche t01-agriculture liées à la consommation de pétrole (t05) sont égales à 634 où 634 = 11 574 (émissions directes liées au produit t05) × 12 957 (valeur des consommations intermédiaires) en produit t05-produits pétroliers par la branche t01/236 451 (production de la branche T05). 11 574 × 12 957/ 236 451

1. Il convient de noter que le traitement des transports de marchandises pose quelques problèmes. Dans la base 80, le transport de marchandises est traité comme une consommation intermédiaire de la branche qui achète le service de transport. Les branches tertiaires et le bâtiment peuvent donc avoir des consommations intermédiaires en transport. Dans la base 90, le transport est traité comme une marge sur les produits pour passer du prix de base au prix d'acquisition. On peut donc être amené à évaluer des émissions indirectes soit en traitant les transports de marchandises comme des CI, en cohérence avec la base 90. C'est ce qu'on a fait ici. On peut aussi calculer ces émissions en cohérence avec un traitement en marges.

Tableau A9.8

Estimation de la répartition du trafic du transport routier en compte propre par grands secteurs d'activité et du parc des VUL par grands secteurs d'activité (en %)

	Transport routier pour compte propre (en tonnes-kilomètres)	Véhicules utilitaires légers (en parc)
Agriculture	4,5	11,3
Combustibles minéraux solides	0,1	0,0
Raffinage pétrolier	0,9	2,6
Sidérurgie – Métaux ferreux	0,3	0,2
Métaux non ferreux	0,3	0,2
Minéraux (ciment, verre, chaux)	4,0	2,5
Chimie – Pétrochimie	0,5	0,3
Const. auto., aéron., navale, ferro.	0,9	5,0
Agro-alimentaire	3,9	2,9
Papier – Carton – Imprimerie	0,1	0,0
Autres (textile, caoutchouc, bois,…)	1,8	3,4
Construction	16,4	27,4
Transports	4,6	2,9
Commerces, services,…	61,8	41,3
Total	**100,0**	**100,0**

Source : Ministère de l'Environnement.

Tableau A9.9

Calcul des émissions indirectes et directes liées au CO_2 *(En milliers de tonnes)*

			Indirecte													
		Directe	**t01**	**t04**	**t05**	**t06**	**t13, t07**	**t08**	**t09, t10**	**t11, t12**	**t14.t17**	**t02, t03**	**t21, t22**	**t20, t23, t18, t19**	**t31**	**t24, t38**
Agriculture	t01	9 043	1 661	2	0	0	0	1	0	11	2	4 497	42	317	0	484
Combustibles minéraux solides	t04	9 077	0	2 947	0	2 987	4 823	197	466	290	51	225	90	39	15	410
Raffinage pétrolier	t05	11 574	634	7	4 203	118	175	56	238	1 011	298	273	109	214	1 901	2 885
Électricité, gaz et eau	t06	38 413	640	119	301	3 379	1 271	1 014	705	1 191	1 676	1 330	642	1 302	923	7 383
Métaux ferreux	t13, t07	10 312	29	15	67	29	3 038	5	43	211	4 073	182	2	294	38	1 307
Métaux non ferreux	t08	839	0	0	0	144	154	414	8	36	214	5	6	29	0	54
Matériaux de construction, verre	t09, t10	28 284	448	0	37	35	941	36	4 342	1 274	1 890	755	93	432	0	21 729
Chimie, pharmacie	t11, t12	14 069	1 548	12	244	6	409	41	131	3 322	523	103	287	1 945	14	1 890
Biens d'équipement	t14 à t17	3 047	23	1	7	12	34	4	10	11	628	6	13	25	40	511
Industrie agro-alim.	t02, t03	7 470	556	1	0	0	0	0	0	153	0	1 045	17	52	4	770
Papier, carton-impri.	t21, t22	8 205	5	1	6	28	40	5	96	343	139	413	2 837	184	49	3 901
Autres industries	t18 à t20, t23	4 859	44	3	9	1	52	3	24	102	616	162	32	1 182	39	885
Transports	t31	29 211	202	17	404	132	735	87	813	971	1 559	450	1 269	502	3 721	10 043
Autres services	t24 à t38	59 732	142	19	264	294	282	53	144	420	1 683	531	269	546	462	12 055
	Total	*234 136*	*5 933*	*3 144*	*5 541*	*7 166*	*11 954*	*1 915*	*7 022*	*9 348*	*13 351*	*9 978*	*5 709*	*7 063*	*7 205*	*64 308*
	Total ménages	*138 812*														
	Total général	**372 948**														

Dans ce tableau, les émissions indirectes se lisent ici en colonne. *Source* : Ifen.

PARTIE III

Incidences et enjeux économiques de l'environnement

CHAPITRE 10

Les éco-industries

Ce secteur, qui est celui de la production des biens et services spécifiques de l'environnement par les entreprises spécialisées, fait l'objet d'un suivi régulier par le ministère de l'Environnement (cf. les éditions antérieures des Données Économiques de l'Environnement). La conjoncture des marchés qui le composent donne lieu à une note présentée chaque semestre à un comité comprenant des professionnels du secteur. Les principaux éléments qui en ressortent sont présentés dans ce qui suit.

Il est à noter que le champ des éco-industries a évolué au cours du temps et que des travaux récents, achevés en octobre 1996, ont abouti à définir une nouvelle nomenclature plus adaptée aux comparaisons internationales et compatible avec le SERIEE. Ceux-ci sont commentés dans l'annexe méthodologique de ce chapitre.

LES SÉRIES RÉTROSPECTIVES

Pour quelques activités, les statistiques officielles permettent un suivi annuel, à travers les Enquêtes Annuelles d'Entreprises (EAE).

Les tableaux 10.1 et 10.2 montrent ainsi l'évolution du chiffre d'affaires et de l'effectif total du secteur production et distribution d'eau (NAP 0801 puis NAF 41Z [1]) enlèvement et traitement

1. Y compris activité de gestion des eaux usées, pour les entreprises dont l'activité principale est la production d'eau. A partir de 1993, les entreprises dont l'activité principale est la gestion des eaux usées sont répertoriées au sein de la NAF 90.0A.

des déchets (NAP 8709 puis NAF 90.0B et NAF 90.0C) et récupération (NAP 56 puis NAF 37 [1]).

Ces activités ne recouvrent toutefois qu'une partie des domaines « eau » et « déchets », ce qui explique que les données relatives aux emplois et chiffres d'affaires éco-industriels de ces domaines, qui figurent par ailleurs dans ce document (chapitre 11), sont supérieurs à ceux des tableaux 10.1 et 10.2.

Sur longue période, les activités éco-industrielles ont connu une progression d'activité nettement supérieure à celle de l'activité générale :

– de 1983 à 1994, l'activité générale, saisie ici à travers le PIB marchand, a progressé de 84 % en francs courants (+ 5,6 % par an), tandis que le chiffre d'affaires du secteur de l'eau était multiplié par 3 (+ 10,8 % par an) et celui des déchets par 5 (+ 15,7 %

Tableau 10.1

Chiffre d'affaires de quelques secteurs éco-industriels

En milliards de francs courants

Secteur / Année	Production et distribution d'eau	Enlèvement et traitement des déchets	Récupération
1983	14,6	3,8	16,8
1984	16,6	4,1	23,4
1985	17,5	4,6	25,5
1986	19,1	5,0	19,7
1987	22,5	6,2	16,1
1988	25,7	6,9	23,6
1989	27,8	8,2	31,4
1990	32,4	9,9	27,0
1991	35,7	11,1	22,9
1992	39,5	13,6	20,0
1993 [a]	42,1	17,4	20,4
1994	45,4	19,5	25,5
1995	47,9	nd	nd

a. Changement de nomenclature.
nd : non disponible.
Sources : INSEE et SESSI.

1. A noter que les entreprises repertoriées dans ce secteur sont loin, d'après les organismes professionnels concernés, de représenter la totalité des entreprises de la branche récupération.

Tableau 10.2

Effectif total de quelques secteurs éco-industriels

En milliers

Secteur / Année	Production et distribution d'eau (NAP 0801)	Enlèvement et traitement des déchets (NAP 8709)	Récupération (NAP 56)
1983	22,8	15,0	19,0
1984	22,7	15,5	19,1
1985	23,0	16,0	21,1
1986	23,5	16,3	19,1
1987	25,5	16,7	16,7
1988	27,3	18,2	18,9
1989	27,6	19,6	20,6
1990	29,5	20,8	19,9
1991	31,6	21,5	19,3
1992	32,5	23,7	18,3
1993 [a]	31,9	29,2	17,9
1994	32,1	31,5	19,0
1995	32,9	nd	nd

a. Changement de nomenclature.
nd : non disponible.
Sources : INSEE et SESSI.

par an), soit une croissance moyenne pondérée pour ces deux secteurs de 12 % par an, au moins égale au double de l'évolution générale ;

– une résultante de cette évolution est que le secteur de l'eau (+ 10 000 emplois entre 1983 et 1995) et des déchets (+ 16 500 emplois entre 1983 et 1994) ont créé des emplois à un rythme de l'ordre de + 4 % par an, alors que le nombre d'emplois marchands totaux au sein de l'économie française stagnait ;

– à l'inverse le secteur de la récupération n'a pas connu de croissance globale nette, son activité étant marquée par des effets de cycle importants de 5-6 ans liés à l'évolution du négoce des matériaux, et de ce fait le secteur n'a pas été, sur le long terme, créateur net d'emplois.

Globalement les deux secteurs de l'eau et des déchets additionnés ont vu leur nombre d'emplois progresser de moitié entre 1983 et 1994, ce qui fait de ces éco-industries des secteurs atypiques au sein de l'économie.

Cet écart s'amplifiera-t-il ou se réduira-t-il à l'avenir ? Certains des éléments d'analyse disponibles tendent à faire penser que l'écart ira plutôt se réduisant, du fait notamment du ralentissement de la progression de la privatisation de la gestion des services publics, de la pression sur les prix des prestations aux collectivités locales et peut être également de l'arrivée à maturité d'une partie au moins des activités concernées.

LE PANORAMA GLOBAL ET LA CONJONCTURE ÉCO-INDUSTRIELLE

Au-delà des éléments disponibles dans les statistiques officielles, des estimations ont été réalisées sur l'ensemble des activités

Tableau 10.3

Tableau de bord des activités éco-industrielles

Domaines	Chiffre d'affaires 1995 (en millions de francs HT)	Taux de croissance annuel moyen en francs courants (%)		
		Estimation 1994-1995	Prévision 1995-1996	Prévision 1996-1997
Eau	71 820	+ 5	+ 3	+ 4
Services	47 880	+ 6	+ 6	+ 5
Équipement	23 940	+ 3	– 3	+ 3
Air	2 680	+ 1	+ 15	+ 45
Déchets	25 560	+ 6	+ 6	+ 7
Services	18 500	+ 7	+ 7	+ 7
Équipement	7 060	+ 5	+ 4	+ 7
Sols	300	+ 0	+ 5	+ 20
Bruit	2 900	+ 4	+ 4	+ 5
Nature	600	0	+ 1	+ 2
Services	310	+ 3	+ 3	+ 3
Équipement	290	– 4	0	+ 1
Récupération	28 230	+ 4	+ 3	+ 2
Services	27 530	+ 4	+ 3	+ 2
Équipement	700	+ 2	+ 2	+ 3
Cadre de vie	1 870	+ 4	+ 4	+ 5
Services	1 300	+ 5	+ 5	+ 5
Équipement	570	+ 1	+ 1	+ 4
Activités transversales	(3 200)	+ 6	+ 6	+ 8
Total	**133 960**	**+ 5**	**+ 4**	**+ 5**
Services	**95 520**	**+ 6**	**+ 5**	**+ 5**
Équipement	**38 440**	**+ 3**	**0**	**+ 7**

Source : BIPE Conseil, décembre 1996.

éco-industrielles. Le tableau 10.3 permet de mettre en lumière notamment les éléments suivants :

– les activités éco-industrielles représentaient en 1995 un chiffre d'affaires de près de 134 milliards de francs, dont 71 % pour les services (95 milliards) et 29 % pour l'installation et la fourniture d'équipements, avec une valeur ajoutée totale supérieure à 50 milliards de francs ;

– à ces activités correspondaient plus de 150 000 emplois dont près des 2/3 (98 000) dans les services et 1/3 (53 000) dans l'installation et la fourniture d'équipements ;

– en termes sectoriels, on peut relever que l'eau avec un chiffre d'affaires de 72 milliards de francs et 74 000 emplois représentait 55 % de l'activité totale et près de la moitié des emplois, les déchets 20 % de l'activité (25,6 milliards de francs) et 27 % des emplois (41 000), et la récupération 21 % de l'activité (28,2 milliards) et 20 % des emplois (30 000) ; au total ces trois secteurs avoisinaient donc en 1995 95 % de l'activité et des emplois, avec des répartitions assez sensiblement différentes par type d'activité ;

– quant à la structure des emplois, elle révèle, pour les services qui ont pu être analysés en détail (eau, déchets, récupération), le maintien d'une proportion importante d'ouvriers (65 % des effectifs) et un niveau relativement peu élevé de cadres (1 cadre salarié pour 15 emplois salariés), la moitié de ceux-ci émargeant par ailleurs à des fonctions non spécifiques à l'environnement (gestion administration…).

Ces quelques chiffres clés permettent de mettre en lumière l'importance réelle des emplois éco-industriels en France, qui dépassent 1 % de l'emploi intérieur total marchand (hors agriculture), en termes d'emplois directs et le dynamisme persistant des activités éco-industrielles, dont le taux de croissance annuel avoisine toujours 5 %.

Le contexte conjoncturel général est marqué par un ralentissement significatif de l'économie française, puisque le Produit Intérieur Brut devrait progresser moins rapidement qu'en 1995. Ce cadre global a pesé particulièrement sur les marchés éco-industriels en 1996, puisque deux des indicateurs avancés des marchés de l'environnement ont connu une évolution mal orientée :

– les perspectives d'investissement des industriels ont été revues à la baisse entre le printemps et l'automne et la progression globale sur l'ensemble de l'année pourrait n'être que de 2 % en valeur ;

– la reprise attendue de l'investissement des collectivités locales ne s'est pas produite dans les délais anticipés à partir de l'observation des cycles passés des investissements communaux.

Au total, les marchés éco-industriels devraient progresser en 1996 de l'ordre de 4 % en valeur en France, ce qui reste supérieur à l'activité générale, mais marque un ralentissement par rapport aux années précédentes.

En élargissant la perspective, on peut constater que la croissance rapide des marchés de l'environnement durant la première moitié des années quatre-vingt-dix a été peut-être tirée davantage, ou au moins autant, par les prix que par les volumes.

Parallèlement, le cadre macro-économique a changé par rapport au début de la décennie, quand, notamment sous l'impulsion du Plan National pour l'Environnement, le marché des éco-industries paraissait devoir s'inscrire durablement dans une croissance forte, la progression des investissements générant des progrès de productivité élevés qui limiteraient l'augmentation des charges d'exploitation.

Or l'investissement a, apparemment, moins progressé que prévu, et, parallèlement, les dépenses de fonctionnement ont continué à croître régulièrement, ce qui pèse aujourd'hui sur les perspectives de croissance des marchés.

Le second semestre 1996 d'une part et l'analyse des années 1990-1995 d'autre part tendent donc à confirmer l'hypothèse déjà posée du passage des éco-industries à un nouveau mode de croissance en France, caractéristique des secteurs matures, avec conjonction d'une pression sur les prix et de contraintes de productivité qui mènent à des recompositions de filières.

Ce diagnostic posé, l'année 1997 doit-elle être envisagée comme la suite de la tendance constatée durant l'année 1996 ?

Tel ne semble pas être le cas notamment, pour les raisons suivantes :

– les investissements industriels devraient rebondir, en 1997 avec une hausse modérée, d'après les dernières informations disponibles en valeur, grâce notamment aux exportations, au reflux des taux d'intérêt et au restockage ;

– les investissements des collectivités locales, après les hausses fiscales de 1996 pourraient également s'accroître, dans la mesure où les collectivités qui retrouvent ou conservent des marges de manœuvre affichent toujours l'environnement comme l'une de leurs priorités ;

– les marchés de l'eau, qui sont marqués en 1996 par une progression continue des activités de services, mais une baisse de ventes d'équipements pourraient, en liaison avec le début des VIIe Programmes, retrouver une progression plus équilibrée et dynamique en 1997 ;

– les marchés des déchets, qui sont restés dynamiques malgré les lenteurs d'avancement des dossiers relatifs aux nouveaux équipements, pourraient connaître un nouvel élan en 1997, la majorité des Plans Départementaux rentrant dans leur phase opérationnelle ;

– les marchés de l'air connaîtront une double dynamique, liés d'une part à l'adoption puis l'application de la loi sur l'air et l'équipement des voitures diesel en pots catalytiques ;

– enfin, les autres marchés, liés à des niches spécifiques (sols) ou des indicateurs redevenus favorables (logement pour les marchés du bruit, par exemple) pourraient également connaître une croissance significative.

Au total, les marchés de l'environnement devraient croître de 5 % en francs en 1997, avec, pour la première fois depuis 1994, une reprise des achats d'équipements proche de 7 %, tandis que les ventes de services devraient conserver une croissance de l'ordre de 5 %.

La production intérieure environnement : 200 milliards de francs en 1995

La production intérieure environnement (PIE) se définit comme l'ensemble des activités réalisées dans le domaine de l'environnement par les différents agents économiques intérieurs, quel que soit le caractère (marchand ou non marchand) de leur production.

Elle est obtenue en ajoutant à la dépense de protection de l'environnement au sens strict des activités non comptabilisées dans celle-ci, à savoir l'activité liée à la récupération, l'activité liée à la mobilisation de la ressource en eau, les dépenses pour le cadre de vie, et le solde extérieur (exportations – importations) réalisé par les activités liées à l'environnement (déchets, matériels spécifiques et services).

La production intérieure environnement est calculée pour faciliter les comparaisons avec les grands agrégats de la comptabilité nationale. Elle s'élevait en 1995 à 200 milliards de francs, soit 2,6 % du PIB environ, ce qui marque une progression par rapport au début des années quatre-vingt-dix.

La PIE est assurée par trois catégories d'agents *(graphique 10.1)* :

– les administrations et en premier lieu les collectivités locales (assainissement et traitement des eaux, collecte et élimination des déchets...) ;

– les entreprises éco-industrielles qui, par définition, produisent des biens et services spécifiques marchands de l'environnement ;

– les autres entreprises qui participent de manière non déterminante à la PIE (biens et services non spécifiques : matériels de transport, composants d'équipement, autoproduction).

Le chiffre d'affaires des éco-industries atteint les deux tiers du total de la PIE. Il s'élève à 134 milliards de francs en 1995.

LE COMMERCE EXTÉRIEUR DE LA FRANCE DANS LE DOMAINE DE L'ENVIRONNEMENT

Les échanges extérieurs dans le domaine de l'environnement recouvrent à la fois les flux de déchets (ferrailles, vieux papiers, verre, plastiques, métaux non ferreux), les échanges de matériels spécifiques pour le traitement de l'eau, de l'air et des déchets (tubes et tuyaux, appareils de filtration et de mesure des liquides et des gaz, fours et pompes), et l'activité internationale des entreprises françaises, connue notamment à travers les grands contrats recensés par le ministère des Finances.

En raison de la transversalité des activités liées à l'environnement et du caractère non spécifique des matériels utilisés, il est difficile d'évaluer et d'identifier chacun de ces flux, à partir de la nomenclature et des statistiques douanières. Certains flux ont pu sembler avoir échappé dans le passé aux statistiques du commerce extérieur : c'est par exemple le cas de certains types de déchets, qui posent des problèmes de définition et de nomenclature, et dont il est parfois difficile d'évaluer la composition et la valeur marchande.

Graphique 10.1

De la dépense de protection de l'environnement à la production intérieure environnement en 1995 [1]

En milliards de francs aux prix de 1995

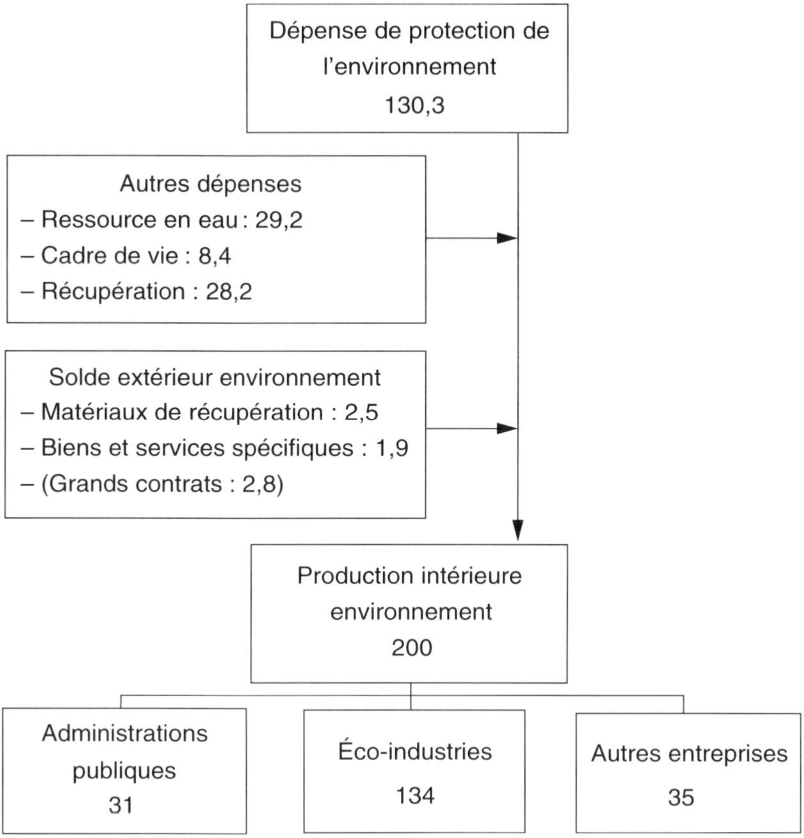

(Voir note de méthode à la fin de l'annexe de ce chapitre).

1. Définition des principaux agrégats de la dépense :

– Activités marchandes des éco-industries : vente de produits, collecte des déchets en gestion déléguée…

– Activités non marchandes des administrations publiques : entretien des espaces verts, gestion des parcs naturels, entretien de la voirie…

– Activités des autres entreprises non éco-industrielles : énergie, matériel de transport, équipements divers, y compris les services internes de lutte contre la pollution dans l'industrie.

Un processus itératif d'ajustement entre ces différentes informations aboutit aux résultats numériques présentés dans le tableau.

Dès lors, il paraît difficile de décrire de manière exhaustive les échanges extérieurs dans le domaine de l'environnement. Néanmoins, il est possible de dresser un tableau des flux de certains déchets de matériaux et de tracer à grandes lignes, à l'aide d'indicateurs, les caractéristiques des échanges de matériels spécifiques et de l'activité internationale.

Les flux de déchets

Depuis 1989, les échanges extérieurs d'ordures ménagères sont comptabilisés par les douanes sous le code 9940. Selon ces données, le commerce extérieur des ordures ménagères est peu significatif.

Concernant les échanges de certains matériaux de récupération, la balance commerciale française est excédentaire, avec un solde positif de plus de 2,4 milliards de francs en 1995 *(tableaux 10.4* et *10.5)*, en retrait de 23 % par rapport à l'année 1994. Les résultats du commerce extérieur de déchets métalliques expliquent en partie cette baisse. Cependant, les données disponibles sur les échanges extérieurs de métaux non ferreux doivent être considérées avec de grandes précautions : selon certains professionnels du secteur, d'importantes perturbations ont été constatées dans l'élaboration des statistiques relatives à l'import-export des métaux non ferreux depuis 1993.

Tableau 10.4

Commerce extérieur de certains matériaux de récupération en poids en 1995

Unité : milliers de tonnes

Déchets	Importations	Exportations	Solde
Ferrailles	1 694	3 725	+ 2 031
Papiers-cartons	1 244	774	– 470
Verre	144	109	– 35
Plastiques	19	104	+ 85
Aluminium	160	103	– 57
Plomb	93	5	– 88
Cuivre	91	139	+ 48
Métaux précieux	0,2	0,4	+ 0,2
Total	**3 445,2**	**4 959,4**	**+ 1 514,2**

Source : Direction des Douanes, 1996.

Tableau 10.5

Commerce extérieur de certains matériaux de récupération en valeur en 1995

Unité : millions de francs

Déchets	Importations	Exportations	Solde
Ferrailles	1 382	3 291	+ 1 909
Papiers-cartons	1 177	977	– 200
Verre	26	44	+ 18
Plastiques	49	298	+ 249
Aluminium	880	617	– 263
Plomb	100	12	– 88
Cuivre	813	1 442	+ 629
Métaux précieux	103	310	+ 207
Total	**4 530**	**6 991**	**+ 2 461**

Source : Direction des Douanes, 1996.

L'année 1995 a été marquée par un recours accru aux importations de ferrailles, et une diminution des exportations. Malgré cela, la France est restée nettement exportatrice de déchets ferreux et de cuivre, mais elle a été importatrice d'aluminium et de plomb.

Concernant les papiers et cartons récupérés, l'année 1995 a enregistré une forte progression des exportations, en particulier des sortes basses. Par ailleurs, même si les usines nationales ont « recyclé français », le développement limité des quantités récupérées en France a contraint les usines françaises à recourir aux importations.

Les échanges de matériels spécifiques

De même que pour les déchets de matériaux, il est possible de dresser un tableau des échanges extérieurs pour plusieurs types de matériels spécifiques utilisés pour le traitement de l'eau, de l'air et des déchets, et d'en tirer quelques indications sur l'évolution des marchés de l'environnement à l'exportation. Ainsi l'indicateur « tubes et tuyaux » est-il lié aux marchés de l'environnement, puisque l'adduction et l'assainissement représentent 80 % du marché total des tuyaux en fonte.

En 1995, le solde des échanges extérieurs de matériels spécifiques a progressé de plus de 40 % par rapport à 1994, et a atteint presque + 1,9 milliard de francs *(tableau 10.6)*. Ce résultat s'explique en grande partie par un net accroissement des exportations d'appareils de filtration ou d'épuration de l'air, des gaz et de l'eau, et des instruments de mesure du niveau ou débit des liquides. Concernant les tubes et tuyaux en fonte, la progression de l'excédent commercial est en partie liée aux difficultés rencontrées sur le marché national, l'exportation étant considérée comme un palliatif à une conjoncture économique intérieure défavorable.

Tableau 10.6

Commerce extérieur de certains matériels spécifiques en valeur en 1995

Unité : millions de francs

Intitulé	Importations	Exportations	Solde
Appareils de filtration ou d'épuration de l'air et des gaz	641	1 297	+ 656
Appareils de filtration ou d'épuration des eaux	412	918	+ 506
Fours pour l'incinération des ordures	12	35	+ 23
Pompes submersibles	583	537	– 46
Compteurs de liquides	117	145	+ 28
Instruments de mesure du niveau ou débit des liquides	242	523	+ 281
Tubes et tuyaux en fonte, fibre-ciment et béton	79	516	+ 437
Total	**2 086**	**3 971**	**+ 1 885**

Source : Direction des Douanes, 1996.

Les grands contrats « Environnement » en 1994 et 1995

D'après les données rassemblées par la Direction des Relations Économiques Extérieures (DREE) du ministère de l'Économie et des Finances, les grands contrats dans le domaine de l'environnement gagnés par les entreprises françaises se sont élevés à 3 milliards de francs en 1994, et à 2,8 milliards de francs en 1995.

La répartition par zones géographiques montre une évolution entre 1994 et 1995 *(graphique 10.2)*. En effet, l'année 1995 a été marquée par une croissance des contrats en Afrique, et notamment au Mali, au Yémen et en Éthiopie. La part des contrats signés sur ce continent représente 21 % de la totalité des contrats signés en 1995 pour un montant de 597 millions de francs, contre 15 % en 1994. La part des contrats signés en Asie Pacifique a également augmenté, avec 32 % des contrats signés en 1995 pour un montant de 910 millions de francs, contre 30 % en 1994. Les principaux clients des entreprises françaises sont le Japon, la Chine et le Vietnam. Les contrats signés avec l'Union Européenne, dont le montant s'élève à 410 millions de francs, représentent 15 % des contrats signés en 1995 contre 12 % en 1994. L'Amérique est le continent qui a enregistré la plus forte baisse par rapport à 1994, avec 2 % des contrats signés en 1995, contre 12 % en 1994. De même la part des contrats signés avec le Proche-Orient a diminué de 4 %, le montant des signatures représentant 668 millions de francs.

La répartition sectorielle des contrats diffère peu entre 1994 et 1995. En 1995, 87 % des contrats (2,45 milliards de francs) ont été signés dans le domaine de l'eau potable et des eaux usées et 13 % (350 millions de francs) ont été signés dans le domaine des déchets, tandis qu'en 1994 les proportions étaient de 86 % et 14 %.

Graphique 10.2

Grands contrats réalisés par la France en 1995 par région

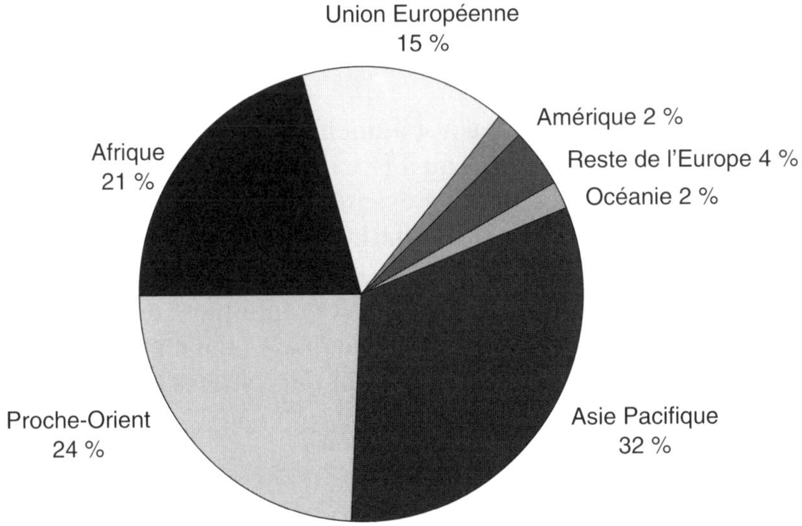

Source : Ministère de l'Économie et des Finances (DREE), 1996.

Les données rassemblées par la DREE font état d'une quarantaine de contrats conclus chaque année, pour un montant moyen compris entre 50 et 70 millions de francs. Elles consolident les informations fournies par les entreprises françaises, notamment en termes de répartition géographique et sectorielle :

– le groupe Lyonnaise des Eaux a renforcé sa position en Europe, notamment en Grande-Bretagne. Un des succès commerciaux européens du groupe concerne la station de traitement des eaux résiduaires urbaines de Varsovie. En Hongrie, la Lyonnaise a obtenu un contrat auprès de la ville de Pécs pour exploiter les services d'eau et d'assainissement de son agglomération. Aux États-Unis, le groupe a obtenu des contrats de gestion déléguée pour les villes d'Hoboken et de Jersey-City, dans l'état du New Hampshire. En Amérique du Sud, la Lyonnaise des Eaux a obtenu, par l'intermédiaire de sa filiale Degrémont, la construction de deux stations de traitement des eaux résiduaires urbaines d'une capacité totale de 810 000 équivalents habitants à Buenos Aires. Le groupe renforce également sa présence en Asie, et notamment en Chine, où il a été chargé de la réhabilitation, de l'extension et de la gestion d'une usine d'eau potable à Chongqing, principale ville de la province du Sichuan ;

– le groupe Compagnie Générale des Eaux s'est vu confier à travers ses filiales des contrats très importants : traitement-incinération des déchets dans le Comté du Hampshire en Grande-Bretagne, affermage d'eau potable et d'assainissement à Porto Rico, gestion de 26 usines d'eau potable en Malaisie dans l'État de Sélangor, services d'eau et d'assainissement de la ville d'Adélaïde en Australie ;

– le groupe Bouygues a notamment obtenu un contrat d'assistance pour la gestion de l'eau à Hanoï en novembre 1995.

Ces trois groupes ont représenté, à travers leurs différentes filiales, la majorité des contrats internationaux gagnés par les entreprises françaises en 1994 et 1995. Leur activité souligne le potentiel de croissance en termes géographiques (notamment en Asie Pacifique et en Afrique) et sectoriels (souvent autant l'eau potable que l'assainissement) pour les entreprises françaises dans le domaine de l'environnement.

Le chiffre d'affaires international 1995 réalisé par les grands groupes dans le domaine de l'environnement

La vision de l'activité internationale dans le domaine de l'environnement des entreprises françaises au travers des grands contrats peut être complétée par l'estimation de la part du chiffre d'affaires total réalisé à l'international dans le domaine de l'environnement par les grands groupes [1].

Le chiffre d'affaires du groupe *Lyonnaise des Eaux* à l'international se répartit comme suit :

– 5,7 milliards de francs (31 % du CA du groupe dans ce secteur) pour la gestion déléguée des services de distribution d'eau et d'assainissement ;

– 2,9 milliards (61 % du CA de Degrémont dans ce secteur) dont 900 millions en Europe, 800 millions en Asie, 350 millions en Amérique, pour l'ingénierie du traitement de l'eau (Degrémont) ;

– 1,8 milliard de chiffre d'affaires (21 % du CA de SITA dans ce secteur), avec entre autres, 867 millions réalisés en Grande-Bretagne et 325 millions de francs en Espagne, pour la propreté (SITA) ;

– 200 millions de francs en Amérique du Nord [2] pour la cogénération (ELYO).

En termes sectoriels, la répartition du chiffre d'affaires peut être évaluée à 86 % dans le domaine de l'eau, et 14 % dans le domaine des déchets et de l'énergie.

Au total, le chiffre d'affaires du groupe réalisé à l'international en 1995 dans le domaine de l'environnement dépasse 10 milliards de francs, soit un quart du chiffre d'affaires total à l'international (44 244 millions), et environ un dixième de son chiffre d'affaires total (98 615 millions en 1995).

Le chiffre d'affaires du groupe *Compagnie Générale des Eaux* réalisé à l'international dans le domaine de l'environnement se répartit comme suit :

---

1. Les chiffres présentés ci-après ont été estimés par Bipe Conseil à partir des rapports annuels des groupes et d'entretiens auprès des responsables concernés, mais n'engagent que la responsabilité des consultants.

2. Ce chiffre n'est pas exhaustif.

– 3 412 millions de francs pour les services d'eau à l'international, dont 71 % en Europe, 25 % en Amérique du Nord, 2 % en Amérique latine et 1 % dans le reste du monde ;

– 1 288 millions de francs pour le traitement des eaux ;

– 512 millions de francs pour le traitement et la valorisation des déchets ;

– 3 019 millions de francs pour la propreté, dont 2 260 millions de francs pour la propreté urbaine.

En termes sectoriels, le chiffre d'affaires « eau » réalisé à l'international représente 60 % du chiffre d'affaires environnement réalisé à l'international, la part du chiffre d'affaires « déchets » étant de 40 %.

Le chiffre d'affaires réalisé par le groupe à l'international dans le domaine de l'environnement en 1995 représente près de 9 milliards de francs, soit 19 % de la totalité du chiffre d'affaires réalisé par le groupe à l'étranger (47,309 milliards), et 5,5 % du chiffre d'affaires total de la CGE (162,961 milliards).

L'essentiel du chiffre d'affaires environnement du groupe *Bouygues* est réalisé par la SAUR qui fournit des prestations dans les domaines suivants : eau potable, assainissement, construction d'ouvrages de traitement de l'eau, propreté (collecte, traitement des déchets), production, transport et distribution d'électricité. Le chiffre d'affaires réalisé par la SAUR à l'international représentait en 1995 environ 12,7 % du chiffre d'affaires international par le groupe Bouygues, pour un montant de 3 089 millions de francs. La répartition géographique est la suivante : 54 % en Afrique et principalement dans le secteur de l'énergie, 42 % en Europe de l'Ouest, 3 % en Europe de l'Est et 1 % aux USA-Canada.

Au total, le chiffre d'affaires réalisé à l'international dans le domaine de l'environnement par les grands groupes peut être évalué à près de 21 milliards de francs pour 1995. La répartition sectorielle de ce chiffre d'affaires est estimée globalement à 16 milliards pour le secteur de l'eau (76 %) et 5 milliards pour le secteur des déchets (24 %).

ANNEXE

Sources et méthodes d'élaboration des données éco-industrielles

Le panorama quantitatif des écoindustries a été réalisé à partir de la combinaison des principales sources existantes en privilégiant les sources suivantes (par ordre décroissant) :
- statistiques officielles (INSEE, SESSI),
- syndicats professionnels,
- enquêtes d'activités,
- enquêtes directes auprès d'un échantillon d'offreurs,
- estimation d'après la demande, en cas d'absence d'informations directes sur l'offre,
- enfin, dans quelques cas, aucune quantification raisonnée n'a paru possible dans le cadre de la recherche engagée.

Il a ainsi été indiqué à chaque poste de la nomenclature, présentée dans ce qui suit, les différents cas de figure rencontrés :
- quantification fiable [1],
- ordre de grandeur,
- indicateur quantifié comme partie d'un autre indicateur,
- aucune quantification.

Il importe de remarquer que le nombre de cas de quantification fiable est encore assez limité, mais qu'il représente la majeure partie de l'activité éco-industrielle, en France, en particulier dans le domaine des services (eau, déchets, récupération). A l'opposé, le nombre de cas où aucune quantification n'a été possible est non négligeable mais leur impact sur le montant total des activités éco-industrielles doit, d'après les éléments internationaux de référence disponibles, être relativement limité (10 % du total actuel environ).

---

1. Chaque cas est explicité dans les pages suivantes. Voir l'encadré de la p. 160.

Un effort particulier a été consacré à vérifier l'absence de doubles comptes dans la quantification qui, de ce fait, comprend essentiellement :

– les activités de services, liées à la gestion des équipements ;

– les activités d'installation des équipements ou de fourniture d'équipements ou de produits quand l'installation n'a guère d'importance.

Les ordres de grandeur qui figurent dans le graphique 10.1 ont été établis par BIPE Conseil à partir du chiffre d'affaires des éco-industries (lui-même obtenu par addition des principaux secteurs marchands concourant à la production de biens et services spécifiques de l'environnement), d'une évaluation de l'activité marchande ou non marchande des administrations publiques et, enfin, d'une estimation de l'activité des autres entreprises, comprenant la fourniture de biens et services marchands, mais non spécifiques à l'environnement d'une part et à l'autoproduction des entreprises industrielles d'autre part.

DÉFINITION ET NOMENCLATURE DES ÉCO-INDUSTRIES

Vers une définition internationale des éco-industries

Le contexte

Le terme « éco-industries » désigne, dans son acception courante, les activités marchandes liées à la protection de l'environnement : globalement, il s'agit d'un *secteur transversal* qui regroupe à la fois des activités « classiques », telles que l'épuration des eaux usées, et des *activités émergentes*, telles que la dépollution des sols contaminés.

L'identification d'un champ d'activités éco-industrielles et d'un « marché porteur de l'environnement » a donné suite à plusieurs tentatives de définition permettant de rassembler sous un même vocable des activités assez hétérogènes.

A l'heure actuelle, il n'existe pas de définition unique, stable et universellement acceptée des éco-industries. Les activités liées à la protection de l'environnement ne sont pas directement identifiables au sein des nomenclatures de produits et d'activités existantes, basées sur le critère du processus technique mis en œuvre et non pas sur le critère de la destination finale. Il n'existe donc pas de postes spécifiques, au sein des nomenclatures en vigueur, décrivant les biens et services liés à la protection de l'environnement.

La *multiplication des travaux menés dans ce domaine*, tant au niveau national qu'international, entraîne un relatif foisonnement de définitions. Ces travaux méthodologiques se doublent de travaux économiques d'estimation des marchés éco-industriels. Au niveau international, d'importants travaux méthodologiques sont actuellement menés par *Eurostat* (office statistique de l'Union Européenne) en relation avec la mise en place d'un Système Européen de Rassemblement de l'Information Économique sur l'Environnement (SERIEE), afin de fournir aux États membres un cadre commun pour la collecte et la présentation des informations économiques sur l'environnement. Un groupe de travail informel Eurostat/OCDE devrait finaliser prochainement une définition formelle des éco-industries.

Au niveau national, des travaux sont menés notamment par le ministère de l'Industrie (SESSI), le ministère de l'Environnement, l'Ifen et l'ADEME.

Les principales définitions actuelles des éco-industries

La définition d'Eurostat dans le SERIEE (1994)

« On désigne généralement par le terme « éco-activités », l'ensemble des activités qui produisent des services caractéristiques, des produits connexes et des produits adaptés, ainsi que certains produits nécessaires aux activités caractéristiques. » [1]

La « définition intérimaire » OCDE/Eurostat (1996)

Les activités caractéristiques comprennent les services répondant à un objectif de protection de l'environnement. Les produits connexes (pots catalytiques, doubles vitrages, fosses septiques...) sont des produits dont l'utilisation répond directement à un objectif de protection de l'environnement, tandis que les produits adaptés (lessives sans phosphates, essence sans plomb, piles sans mercure...) sont moins polluants et plus chers que les produits normaux. Enfin, par « produits nécessaires aux activités caractéristiques », on entend les équipements et installations spécialisés (filtres, pompes, réservoirs...) liés à l'exercice des activités spécialisées.

Selon les résultats du groupe de travail OCDE/Eurostat sur les éco-industries, « l'industrie de l'environnement comprend les activités qui produisent des biens et services servant à mesurer, prévenir, limiter ou corriger les dégâts occasionnés à l'environnement tels que la pollution de l'eau, de l'air, du sol, ainsi que les problèmes liés aux déchets, au bruit et aux éco-systèmes. Les technologies, procédés, services et produits « moins polluants », qui réduisent les risques pour l'environnement, minimisent la pollution et économisent les matériaux sont également du ressort de l'industrie de l'environnement, bien qu'il n'y ait pas d'accord sur une méthodologie qui permettrait de mesurer leur contribution [2] ».

---

1. SERIEE, version 1994, chapitre X, paragraphe 10031 (traduction non officielle du texte anglais).
2. Groupe de travail OCDE/Eurostat sur les éco-industries, 1996.

L'OCDE vise une définition des éco-industries relativement large, sur laquelle puisse être appuyée une classification complète, opérationnelle et flexible.

Dans son état d'avancement actuel, la classification OCDE/Eurostat des éco-industries distingue les activités centrales des activités satellites.

La première catégorie englobe les biens et services qui sont manifestement produits dans un objectif environnemental et sont aisément identifiables sur le plan statistique.

La liste (non exhaustive) des périphériques comprend, entre autres, la production d'équipements pour le traitement de l'eau potable et la maîtrise de l'énergie, ainsi que les technologies propres (procédés et produits). Les services et les activités de construction liés au recyclage, aux énergies renouvelables et au tourisme vert appartiennent à cette catégorie.

La définition du SESSI (1994)

La définition posée par le SESSI dans le cadre de l'enquête « Industrie et Marchés de l'Environnement » [1] couvre un champ plus restreint, limité aux activités de dépollution : « les éco-industries produisent des biens et services visant à mesurer, prévenir, limiter ou corriger les atteintes à l'environnement. Elles fournissent à d'autres industries ou à des collectivités des matières, matériels ou services, leur permettant de produire plus propre ou de dépolluer ».

Les activités de recyclage interne sont exclues du champ de l'enquête, tandis que les technologies propres, sans pour autant être exclues du champ, ne sont pas prises en compte de manière spécifique.

Les axes d'évolution de la définition des éco-industries

Quatre principaux axes d'évolution de la définition des éco-industries peuvent être identifiés : les équipements et matériels à usages multiples, les technologies propres, les activités de recyclage et les éco-produits :

– *les équipements et matériels à usages multiples* : il s'agit de produits pouvant être utilisés à d'autres fins que la protection de l'environnement (par exemple, les filtres, pompes, tuyaux). Le cas de ces produits (qui représentent une part importante des marchés de l'environnement) pose la question des limites du critère de la destination finale et de la spécificité du produit. En règle générale, on ne retient dans le champ des éco-industries que les produits ayant une spécificité liée à un usage de protection de l'environnement, même s'ils peuvent servir à d'autres usages et, pour la part des usages totaux consacrée à l'environnement, même si ceux-ci ne constituent pas le débouché principal.

1. « Les marchés de l'environnement », ministère de l'Industrie, SESSI, 1994.

– *les technologies moins polluantes (technologies propres)* : l'identification et l'évaluation de la part des technologies propres dans les procédés industriels est particulièrement difficile. La prise en compte des technologies propres au sein des éco-industries devrait avoir un impact significatif qu'il s'agit d'évaluer, dans la mesure où ces technologies sont apparemment destinées à voir leur importance croître, et qu'elles pourraient se substituer progressivement aux solutions de dépollution classique (en bout de chaîne). Toute évaluation nécessite une liste de technologies « traditionnelles » et de technologies propres, qui n'existe pas à l'heure actuelle.

– *les produits moins polluants (éco-produits)* : on désigne ainsi les produits « adaptés » pour la protection de l'environnement, c'est-à-dire moins polluants et plus chers que les produits normaux. Ils couvrent un champ plus large que celui des éco-industries, mais leurs contours sont encore définis avec assez peu de précision : toute évaluation nécessiterait une liste comparative de produits traditionnels et d'éco-produits, qui n'existe pas à l'heure actuelle.

– *les activités de recyclage* : la prise en compte du recyclage dans le champ des éco-industries pose deux problèmes distincts, l'un lié aux limites du critère de rentabilité, l'autre se rapportant à la logique de filière. Selon l'OCDE, il faut distinguer les activités de recyclage rentables et inscrites dans un cadre marchand, des activités de recyclage non marchandes, réalisées à des seules fins de protection de l'environnement et faisant l'objet d'un système de subventions directes ou indirectes (ces activités de recyclage correspondent donc directement à une dépense de protection de l'environnement). Par conséquent, l'application du critère de rentabilité peut inciter à n'inclure dans le champ des éco-industries que les seules activités de recyclage « non rentables ». En revanche, si l'on considère que le recyclage fait partie, au plan économique, de la filière de collecte et de traitement des déchets, la prise en compte des activités de récupération-recyclage dans le champ éco-industriel, peut se trouver justifiée.

Proposition de définition concrète des éco-industries

De façon similaire à la définition retenue dans d'autres travaux menés pour le ministère de l'Environnement [1], *il est proposé une définition large et relativement flexible, couvrant l'ensemble des « activités de production de biens et services destinés à mesurer, prévenir, limiter ou corriger les dommages* à l'environnement ». Le champ concerne

1. Cf. Note de conjoncture – Comité de conjoncture des éco-industries, décembre 1996 (dernière livraison).

l'ensemble des domaines communément rattachés à la protection de l'environnement :

- eau (y compris alimentation en eau),
- air,
- déchets (y compris récupération et recyclage),
- sols,
- bruit,
- paysages, nature et cadre de vie,
- maîtrise de l'énergie.[1]

Le critère retenu pour délimiter le champ des éco-industries est celui de la destination finale du produit (critère d'usage) et non pas celui du processus technique mis en œuvre, sur lequel sont basées les nomenclatures actuelles, ce qui exclut toute compatibilité globale avec la nomenclature générale et oblige à des choix en cas d'usages multiples. Sont donc pris en compte l'ensemble des biens et services produits dans la perspective d'être utilisés à des fins de protection de l'environnement, même si l'activité éco-industrielle n'est pas l'activité principale.

De manière schématique, la définition retenue permet de *différencier, d'une part, les activités qui se situent au centre du champ, et, d'autre part, les activités situées en amont de la filière avec des liens économiques très forts entre les différents cercles.*

Le centre regroupe les activités liées au fonctionnement des systèmes de protection de l'environnement (y compris la mesure, le contrôle et l'analyse) : il est constitué des activités de collecte, traitement et épuration des eaux usées (poste : 1, cf. détail ci-après), de l'air (poste : 2), de collecte, traitement et recyclage des déchets (poste : 3), de protection des sols (poste : 4), de lutte contre le bruit (poste : 5) et de protection des éco-systèmes, (nature, paysages, espaces verts ; poste : 6).

Le second cercle regroupe les activités liées à l'utilisation (rationnelle) des ressources naturelles : Alimentation en Eau (poste : 7), maîtrise de l'énergie (poste : 8). Enfin, l'instrumentation (poste : 9) et les activités transversales non comprises ailleurs (études, conseil) (poste : 10) complètent la nomenclature.

En amont de la filière se situent les activités spécifiques liées aux investissements environnement : ingénierie et construction des installations d'une part, production d'équipements, de technologies et matériels d'autre part[2].

---

1. Tous les marchés ne font pas l'objet d'un suivi spécifique pour le Comité de Conjoncture.

2. La nomenclature établie est similaire à la nomenclature proposée par l'OCDE et Eurostat, à quelques exceptions près :

Le cercle externe comprend les biens et services complémentaires, c'est-à-dire non spécifiques à l'environnement, qui eux ne font pas partie du champ des éco-industries.

Cette représentation est *évolutive, à la fois sur le plan de son contenu et de ses frontières internes et externes. Elle devra être adaptée pour prendre en compte l'émergence de nouvelles activités* et applications technologiques dans le domaine de la protection de l'environnement. De même, les frontières internes (entre le centre et l'amont de la filière) et externes (entre les activités spécifiques et les activités complémentaires) sont mobiles et adaptables en fonction de l'évolution et de l'apparition de nouveaux marchés. Elle permet néanmoins, d'effectuer une première quantification complète et détaillée, hors doubles comptes, qui différencie les activités de gestion des systèmes (« X.1 » de l'activité X de la nomenclature) de l'installation des équipements (« X.2 » de l'activité X de la nomenclature) et de la fabrication des équipements et du produit (« X.3 » de l'activité X de la nomenclature).

NOMENCLATURE DES ACTIVITÉS ÉCO-INDUSTRIELLES [1]

1. Collecte et traitement des eaux usées

1.1. Gestion des systèmes de traitement des eaux usées

– Services d'assainissement collectif (gestion et nettoyage des réseaux...), services de traitement des eaux usées (gestion de stations d'épuration y compris traitement mécanique, chimique, biologique, ozone, ultrafiltration [1]...).

– Services d'assainissement autonome (vidange des fosses septiques...) [1].

– Traitement des boues [3].

(suite de la note 2 p. 214)

– la protection des éco-systèmes est considérée comme faisant partie du « cœur », alors que l'OCDE et Eurostat, notamment en raison du manque d'information, ont fait glisser cette activité du cœur à la périphérie entre leur proposition de 1995 et celle de 1996 ;

– l'OCDE et Eurostat proposent d'ajouter à la périphérie agriculture, pêche, gestion de la forêt ou encore « éco-tourisme », catégories qui n'ont pas été retenues ici dans la mesure où le caractère « durable » des activités citées ci-dessus ne peut pas faire encore l'objet d'une quantification raisonnée.

1. Nomenclature proposée par BIPE Conseil dans le cadre de la recherche « Impact sur l'emploi des politiques de l'environnement » pour le ministère de l'Environnement, 1996 et adaptée en fonction des évolutions récentes des nomenclatures. Les notes de bas de page sont spécifiques au système d'information économique français. On les trouvera à la fin de la nomenclature, p. 221.

– Mesure, contrôle, analyse des eaux [2].
– Études, conseil, formation et information [2].

1.2. Installation des systèmes de traitement des eaux usées

– Ingénierie, études [3].
– Construction de stations d'épuration [1].
– Installation de canalisations [1].
– Installation de systèmes d'assainissement autonome (fosses septiques) [2].

1.3. Fabrication d'équipements et de produits pour le traitement des eaux usées

– Équipements de traitement des eaux [2] (filtres, traitement biologique, traitement tertiaire...).
– Équipements de traitement des boues [3].
– Pompes [2].
– Canalisations [1].
– Réservoirs [3].
– Dispositifs de transfert des effluents (vannes, compresseurs...) [2].
– Appareils de mesure et d'analyse des eaux [2].
– Produits chimiques pour le traitement des eaux usées [4].

2. Protection de l'air

2.1. Gestion des systèmes de protection de l'air [4]

– Épuration des gaz [4].
– Dépoussiérage [4].
– Traitement des odeurs [4].
– Analyse, mesure, contrôle des rejets à l'émission (y compris services de réglages antipollution des voitures) [2].
– Mesure, contrôle et analyse de la qualité de l'air ambiant [4].
– Études, conseil, formation et information [3].

2.2. Installation des systèmes de protection de l'air

– Ingénierie, études [3].
– Installation, études des systèmes [2].

2.3. Fabrication d'équipements et de produits de protection de l'air

– Équipements de dépoussiérage/filtres des gaz (y compris précipitateurs mécaniques, laveurs, dispositifs d'oxydation, dispositifs d'absorption sur charbons actifs, ventilateurs, hottes, conduits de cheminées...) [2].
– Équipements de traitement des odeurs [4].
– Appareils de mesure, de contrôle et d'analyse (gaz, poussières...) [2].
– Pots catalytiques [2].

3. Collecte, traitement et recyclage des déchets

3.1. Gestion des systèmes de collecte et de traitement des déchets ménagers, industriels et spéciaux

– Collecte non sélective des déchets (y compris compactage et transport) [1].

– Collecte sélective des déchets [1].

– Traitement des déchets (tri, incinération, traitement physico-chimique, traitement biologique...) [1].

– Gestion des systèmes de récupération/recyclage : récupération des métaux (ferreux ou non ferreux) [1], récupération du verre [1], récupération du papier-carton [1], récupération des matières plastiques [1], récupération des voitures en fin de vie [1], récupération recyclage d'autres produits (huiles usées, solvants,...) [4].

– Enfouissement des déchets [1].

– Épandage des boues [2].

– Mesure, contrôle et analyse [3].

– Études, conseil, formation et information [3].

3.2. Installation des systèmes de traitement des déchets

– Ingénierie, études [3].

– Installation des systèmes de collecte et de traitement (déchetteries, usines d'incinération, centres de tri...) [2].

– Installation des systèmes de recyclage.

– Installation des centres d'enfouissement [2].

3.3. Fabrication d'équipements pour le traitement des déchets

– Équipements de collecte (camions, bennes, conteneurs, poubelles, sacs poubelles) [2].

– Équipements de tri et de traitement (dispositifs de tri, incinérateurs, compacteurs, broyeurs...) [2], y compris pour la transformation des déchets dans un état qui permette de les utiliser comme des matières premières (secondaires)

– Équipements pour le stockage et l'enfouissement des déchets (membranes d'étanchéité, niveleuse, torchère, dispositifs de captage des lixiviats et des gaz) [2].

– Équipements pour l'épandage des boues [3].

– Instruments de mesure et d'analyse [2].

4. Protection des sols et des eaux (y compris eaux souterraines et pollutions marines)

4.1. Gestion des systèmes

– Décontamination des sols pollués [2].

– Décontamination des nappes aquifères [4].

– Dépollution des mers [4].

– Nettoiement et assainissement des plages [4].
– Mesure, contrôle et analyse [3].
– Études, conseil, formation et information [3].

4.2. Installation des systèmes

– Ingénierie, études [3].
– Installation des systèmes de traitement *in situ* (traitement biologique...) [2].
– Installation des systèmes de traitement *ex situ* (usines de dépollution...) [2].
– Installation des systèmes de drainage et de captage des écoulements [2].

4.3. Fabrication des équipements et produits

– Équipements pour l'excavation des sols [4].
– Membranes d'étanchéïfication [4].
– Équipements de traitement (biologique, chimique, thermique...) [4].
– Équipements de drainage et de captage (canalisations...) [4].
– Instruments de mesure et d'analyse [3].
– Produits absorbants/de nettoyage [4].
– Équipements de lutte contre les pollutions marines [4].

5. Lutte contre le bruit

5.1. Gestion des systèmes de lutte contre le bruit

– Entretien de l'isolation acoustique (bâtiments, machines, véhicules...) [4].
– Mesure, contrôle et analyse [4].
– Études, conseil, formation et information [3].

5.2. Installation des systèmes de lutte contre le bruit

– Ingénierie, études [3].
– Installation des dispositifs antibruit (écrans antibruit, pose de fenêtres à double vitrage, recouvrement de routes...) [2].

5.3. Fabrication d'équipements et de produits

– Matériaux absorbants (fibres de verre, revêtements routiers...) [2].
– Isolants acoustiques (cabines, capot d'insonorisation, double vitrage...) [2].
– Instruments de mesure (sonomètre...) [2].
– Systèmes de contrôle des vibrations [4].

6. Protection de la nature, des paysages et du cadre de vie

6.1. Gestion de la protection de la nature et des paysages

– Restauration et entretien des paysages, des forêts, des aquifères, des rivières et des espaces naturels [2] (patrimoine écologique et biodiversité) [2].

– Entretien des espaces verts, parcs, jardins [2]...

– Études, conseil, formation et information [3].

– Mesure, contrôle et analyse [3].

6.2. Installation des systèmes de protection de la nature et des paysages

– Ingénierie, études [3].

– Iinstallation des systèmes [2].

6.3. Fabrication des équipements et des produits

– Engins de débroussaillage [4].

– Tracteurs spéciaux, tondeuses... [4].

7. Alimentation en eau

7.1. Gestion des systèmes d'alimentation en eau

– Captage et stockage [1].

– Traitement des eaux brutes [1].

– Distribution de l'eau [1].

– Mesure, contrôle et analyse [3].

– Études, conseil, formation et information [3].

7.2. Installation des systèmes d'alimentation en eau potable

– Ingénierie, études [3].

– Installation des systèmes de captage et de stockage [2].

– Installation des systèmes de traitement (usines de fabrication d'eau potable...) [2].

– Installation des systèmes de distribution (canalisations...) [1].

7.3. Fabrication d'équipements et de produits pour l'alimentation en eau

– Équipements pour le captage et le stockage [3].

– Équipements pour le traitement de l'eau [3].

– Équipements pour la distribution de l'eau (canalisations, pompes...) [2].

– Instruments de mesure et d'analyse de l'eau (compteurs, capteurs...) [2].

– Produits chimiques de traitement des eaux brutes [4].

8. Maîtrise de l'énergie

8.1. Gestion des systèmes de maîtrise de l'énergie

– Énergies renouvelables (solaire, éolienne, géothermique, marémotrice)[4].
– Utilisation rationnelle de l'énergie[4].
– Mesure, contrôle et analyse[4].
– Études, conseil, formation et information[4].

8.2. Installation des systèmes de maîtrise l'énergie

– Ingénierie, études[4].
– Installation des systèmes[4].

8.3. Fabrication des équipements et de produits pour la maîtrise de l'énergie

– Équipements d'énergie renouvelable.
– Instruments de mesure et de contrôle[4].

9. Instrumentation : mesure, contrôle, analyse

9.1. Services de mesure, contrôle et analyse[3]

9.2. Installation des systèmes[3]

– Ingénierie, études.
– Mise en place des systèmes.

9.3. Équipements/produits[3]

– Matériels de mesure et contrôle.
– Systèmes d'analyse (échantillonnage...).
– Systèmes d'acquisition et de traitement de données.

10. Activités transversales (non comprises ailleurs)

10.1. Ingénierie, études, conseil (y compris systèmes d'information, conseil juridique, communication, évaluation des risques...), formation et information[2]

10.2. Recherche et développement[4]

– Milieux physiques.
– Éco-systèmes, espèces et consommation de ressources vivantes.
– Déchets, et conservation des ressources non vivantes.
– Sécurité et risques.
– Qualité de l'environnement anthropique.
– Environnement et société.

10.3. Administration de l'environnement (y compris associations professionnelles...)[4]

1. Cet indicateur est estimé directement et est considéré comme fiable (statistiques officielles, syndicat professionnel, enquêtes d'activités).

2. Cet indicateur a pu être estimé directement par enquêtes auprès d'un échantillon d'offreurs et/ou indirectement par une approche centrée sur la demande. La quantification obtenue doit donc être considérée comme un ordre de grandeur.

3. Cet indicateur est inclus dans un autre indicateur, estimé dans cette recherche.

4. Cet indicateur n'a pas encore pu faire l'objet d'une quantification spécifique, faute de sources d'informations adéquates.

CHAPITRE 11

Environnement et emploi

La question des conséquences économiques de la protection de l'environnement a été au centre des débats sur l'orientation des politiques publiques depuis le début des années 1970 [1]. Dans ce cadre général, le thème de l'emploi est devenu un enjeu de plus en plus important avec la succession de crises économiques qui affecte le pays depuis plus de vingt ans. Plusieurs phases peuvent être distinguées dans le débat sur les répercussions en termes d'emploi de la protection de l'environnement.

Durant les années précédant la création du ministère de l'Environnement, dans un contexte de relatif plein emploi, la question des créations ou pertes d'emplois dues à la mise en place de mesures de protection a peu préoccupé les responsables politiques et décideurs économiques, lesquels étaient de toute façon peu sensibilisés aux problèmes d'environnement.

Au milieu des années 1970, la question [2] a été posée de savoir dans quelle mesure les politiques de l'environnement pouvaient avoir un effet dépressif, accentuant la crise à travers les indicateurs macro-économiques classiques, tels le taux de croissance, le niveau des prix et l'emploi. Avec la moindre croissance révélée et accélérée par les deux chocs pétroliers de 1974 et 1979, la question de l'effet sur l'emploi de la protection de l'environnement fut mise au premier plan. Les milieux économiques et les partenaires sociaux exprimèrent leur crainte que la protection

1. En France le ministère de l'Environnement a été créé en 1971.

2. Pour une revue plus détaillée des débats voir J.P. Barde : Économie et politique de l'Environnement PUF 1992 p. 145.

de l'environnement ne soit une charge risquant d'amplifier la crise. A l'inverse, les administrations de l'environnement et les écologistes affirmaient que ce type de dépenses publiques avait des effets stabilisateurs et engendrait des emplois.

Au début des années quatre-vingt ont été publiés les résultats de plusieurs études [1] macro-économiques, plus particulièrement réalisées par l'OCDE. Les travaux montraient de manière générale que les programmes en faveur de l'environnement étaient au pire neutres pour l'emploi et souvent légèrement favorables. En particulier, un secteur dynamique de produits et services environnement, le secteur des « éco-industries » (fabrication de systèmes de dépollution, systèmes de traitement des déchets, mesures et contrôles de la qualité de l'eau, de l'air, études d'impact, audits, etc.), faisait son apparition.

Au début des années quatre-vingt-dix le débat est relancé dans un contexte économique de récession. D'une part les réglementations environnementales qui se sont étendues et renforcées sont soupçonnées d'entraver la compétitivité et de nécessiter des investissements qui auraient pu créer de nouvelles capacités de production génératrices d'emploi. D'autre part la hausse du chômage pousse les pouvoirs publics dans les différents pays à mettre en place des programmes de création d'emploi et d'insertion notamment dans l'environnement, et donc à comparer le potentiel en emplois de ce secteur avec celui d'autres comme le bâtiment, les services de proximité, etc. Les études se multiplient [2]. Les travaux macro-économiques se perfectionnent et confirment les résultats de la phase précédente. A ceux-ci s'ajoutent des approches sectorielles et micro-économiques. Tous ces travaux démentent l'image de la protection de l'environnement comme « tueuse » d'emplois.

Mais la démonstration n'était pas facile à apporter en raison de la difficulté de définir les emplois environnementaux et de calculer les effets « nets » des politiques. Néanmoins, malgré les

1. Travaux de l'OCDE : Évaluation macro-économique des programmes de l'environnement (1978), Les incidences macro-économiques des dépenses d'environnement (1985).

Travaux de Meissner : Mesures de protection de l'environnement et création d'emplois (1983), Incidences des politiques de l'environnement sur l'emploi (1983).

2. Pour une revue détaillée : voir Rolf Sprenger : Environmental policies and employment OCDE 1995 (10/11/1995), Paris (146 p.).

difficultés méthodologiques, on peut décrire et analyser les emplois environnementaux et à partir de cette description analyser les effets des politiques environnementales sur l'emploi, effets positifs et négatifs, mais dont le bilan net est légèrement positif d'après la grande majorité des études.

Il est à noter par ailleurs que les politiques d'emploi et d'environnement ont été conduites à s'articuler, au moins partiellement, dans les différents pays industrialisés, voire à s'intégrer.

EMPLOI DE PROTECTION DE L'ENVIRONNEMENT : DONNÉES GÉNÉRALES

En 1995, la protection de l'environnement occupait l'équivalent de 434 000 emplois à plein temps, soit 1,9 % de la population occupée, avec la décomposition suivante :

- 280 000 emplois *directs,*
- 154 000 emplois *indirects.*

Les emplois *directs* sont relatifs au *fonctionnement* des systèmes de protection de l'environnement (exemples : services de gestion déléguée de stations d'épuration, ramassage d'ordures ménagères, entretien d'espaces verts) et aux *investissements* relatifs à ces systèmes (exemples : équipements et matériels, y compris leur installation). Ces emplois directs peuvent être répertoriés au sein de trois types d'organismes : les éco-industries (offre marchande), les administrations publiques (régies) et les entreprises « polluantes » (services internes).

Les emplois *indirects* correspondent aux consommations intermédiaires liées au fonctionnement des systèmes et aux fournisseurs des équipementiers.

Lorsqu'un investissement important est effectué il engendre outre les emplois directs et indirects des emplois *induits* dans l'ensemble de l'économie du fait de la redistribution des revenus et de la transformation des structures des prix et de la consommation (effet multiplicateur d'activité). On note que certains emplois indirects peuvent être clairement identifiés comme environnementaux (fabrication de stations) et d'autres non (entreprises de travaux publics, industries chimiques etc.). Pratiquement aucun emploi *induit* ne peut être identifié de manière intuitive et directe comme environnemental.

Les postes de travail concernés par les emplois environnement ne sont pas nécessairement occupés par des personnes en prise directe avec les problèmes d'environnement et, lorsque c'est le cas, ils correspondent à des professions de l'environnement, plus couramment dénommées « métiers de l'environnement ». Les métiers de l'environnement renvoient à une pratique de l'environnement au niveau du poste de travail, lequel requiert une formation, ou pour le moins une sensibilisation à l'environnement [1].

Les emplois directs

Les *emplois directs* s'élevaient à 280 000 en 1995 contre 275 000 en 1994 et 270 000 emplois en 1992 (cf. Données Économiques de l'environnement 1992-1993 et 1995).

Tableau 11.1

Emplois directs dans le domaine de l'environnement au sens large en 1995

En milliers de personnes

Domaines	Emplois directs
Eau (alimentation en eau et gestion des eaux usées)	95
Air	11
Bruit	22
Déchets (collecte, traitement, récupération et nettoyage des rues)	112
Patrimoine écologique et cadre de vie	37
Non répartis (personnel administratif)	3
Total	**280**

Source : Bipe Conseil d'après la recherche « Impacts sur l'emploi des politiques de l'environnement », pour le ministère de l'Environnement, 1996.

1. Pour plus de précisions sur ces distinctions entre professions et emplois de l'environnement, on peut se reporter dans la collection des notes de méthode de l'Institut Français de l'Environnement (Ifen) à la note de méthode n° 5 « Environnement et emploi – Vers une observation statistique des emplois environnement » réalisée en janvier 1996 par Jérôme Roch. Cette note a débouché sur la mise en place par le ministère de l'Environnement en 1996 d'un Observatoire de l'emploi, des métiers et des qualifications en environnement (ORME) animé par l'Ifen et auquel participent notamment les ministères de l'Environnement, du Travail, de la Recherche et de l'Éducation nationale et certains de leurs établissements publics.

Deux secteurs dominent nettement les autres : le secteur de l'eau (mobilisation de la ressource et assainissement-épuration), et le secteur des déchets (y compris la récupération).

A un niveau plus fin, ce sont des sous-secteurs de chacun de ces deux grands secteurs qui présentent à l'heure actuelle le dynamisme le plus important : les emplois liés à l'épuration des eaux usées, qui progressent tant en masse qu'en technicité en raison du développement des stations d'épuration modernes, et les emplois liés aux nouvelles filières de récupération/valorisation qui vont se mettre en place.

L'impact de ces changements est déjà sensible dans les professions concernées en termes de formation.

La directive européenne sur les eaux usées urbaines devrait, par les exigences de fiabilité qu'elle contient, entraîner des besoins en électromécaniciens, automaticiens, analystes de laboratoire...

La profession ne s'attend pas à de forts gains de productivité à court terme, car l'automatisation, en accroissant les contrôles, devrait multiplier les fonctions et par conséquent les emplois. Ce n'est que dans un deuxième temps, à moyen terme, que l'on pourrait s'attendre à des gains de productivité importants.

La structure des emplois dans le domaine des déchets tend à montrer que la grande majorité des emplois dans ces secteurs demeurent des emplois d'ouvriers : ceux-ci représentent près de 85 % des emplois liés à la collecte et au traitement des déchets et plus de 75 % des emplois de la récupération. Ces emplois représentent l'un des grands enjeux des emplois en environnement de demain.

Enfin, il faut noter que l'environnement est aussi un gisement d'emplois de services de solidarité, comme par exemple, les travaux d'entretien de la nature (débroussaillage, entretien et curage des rivières...) dont une partie est certes assurée aujourd'hui par les agriculteurs, mais dont le potentiel global est encore mal évalué, en raison de l'aspect non marchand de ces emplois.

Globalement, le total des emplois environnement continue de progresser, ce qui est à remarquer dans un contexte de poussée continue du chômage, mais cette augmentation, ou du moins la partie qui est quantifiée ici, est assez modérée : un peu moins de 1 % par an entre 1992 et 1994 et près de 2 % en 1995, d'après les informations officielles partielles disponibles et les recoupements effectués auprès des offreurs et des collectivités locales.

Cette évolution tend à s'expliquer essentiellement par la hausse forte de la dépense dans le domaine des déchets et dans une moindre mesure dans le domaine de l'eau. Par ailleurs, des progrès de productivité sont réalisés notamment par des modifications de technologies de traitement des pollutions et les transferts d'emplois, nombreux dans la réalité, ne peuvent pas être appréciés finement.

Les emplois directs environnementaux peuvent également se répartir entre les différentes catégories d'agents qui les composent : éco-industries, administrations publiques (essentiellement les collectivités locales) et personnel des entreprises industrielles (autoproduction).

Les emplois des éco-industries

Une évaluation quantitative des emplois éco-industriels par domaine a été achevée en octobre 1996 par BIPE Conseil en cohérence avec le Système Européen de Rassemblement de l'Information Économique sur l'Environnement (SERIEE) initié par Eurostat (Office Statistique des Communautés Européennes) et qui devrait être adopté au niveau international ; les principaux éléments méthodologiques sur lesquels elle s'appuie sont largement commentés dans le chapitre relatif aux éco-industries.

Il en ressort *(tableau 11.2)* que plus de la moitié des emplois directs de protection de l'environnement relèvent de ce secteur et que, par ailleurs, son poids au niveau de notre économie est très significatif puisqu'il dépasse 1 % de l'emploi intérieur total marchand (hors agriculture), en termes d'emplois directs.

Collectivités locales et emplois environnementaux

Après les éco-industries, les collectivités locales regroupent la quasi-totalité des emplois directs environnementaux, les autres emplois (État, établissements publics, autoproduction des industries et producteurs de biens et services non spécifiques) étant relativement limités. Contrairement aux éco-industries, leur quantification n'a pas fait l'objet récemment d'une actualisation.

Toutefois, dans la mesure où la majeure partie des investissements environnementaux sont réalisés par les collectivités locales, il a paru intéressant d'inclure dans l'enquête Ecoloc 1995, réalisée par BIPE Conseil sur les interventions des collectivités

Tableau 11.2

Les emplois des activités éco-industrielles en France en 1995

En milliers

Domaines	**Emplois directs éco-industriels**	**Autres emplois directs (administrations publiques, personnel des industries,...)**	**Emplois directs totaux**
Eau	74	21	95
Air	3	8	11
Déchets et récupération	71	41	112
Bruit	4	18	22
Nature et cadre de vie	3	34	37
Non répartis (personnel administratif)	–	3	3
Total	**155**	**125**	**280**

Source : Bipe Conseil d'après la recherche « Impacts sur l'emploi des politiques de l'environnement », pour le ministère de l'Environnement, parue en 1996.

locales dans le domaine de l'environnement, plusieurs questions sur le thème de l'emploi.

Si les emplois issus de ces interventions peuvent en partie appartenir au secteur privé, les éléments qualitatifs qui en sont ressortis sont éclairants. On s'interroge notamment sur la pertinence d'une généralisation des études d'impact sur l'emploi préalables aux investissements importants dans le domaine de l'environnement.

Il est en particulier apparu que 71 % des collectivités répondantes se déclarent favorables à une telle généralisation des études d'impact sur l'emploi dans le domaine de l'environnement, ce qui paraît particulièrement élevé, eu égard à l'utilisation limitée de tels outils aujourd'hui et tend donc à montrer une attitude très favorable des responsables municipaux. Le pourcentage est par ailleurs plus élevé pour les grandes collectivités et pour celles qui souhaitent investir dans ce domaine.

On notera que, globalement, les collectivités locales semblent estimer que les possibilités de création d'emplois dans le domaine de l'environnement, sont plus importantes dans le secteur non marchand (structures municipales, associations, régies de quartier, etc.) que dans le secteur marchand, bien que celui-ci ait connu une croissance plus forte ces dernières années.

Face aux freins politiques, économiques et techniques qui demeurent, il semble ressortir des interviews que des marges de manœuvre existent pour une meilleure prise en compte de l'impact sur l'emploi dans les décisions locales d'investissement.

Les recommandations suivantes peuvent être esquissées :

– clarifier l'information des collectivités locales concernant, d'une part, les dispositifs d'aide à l'emploi mobilisables dans le cadre de leur politique environnementale et, d'autre part, l'évaluation de l'impact sur l'emploi des investissements environnement.

Un guide méthodologique présentant, pour un certain nombre d'équipements donnés, le contenu en emplois de chaque franc dépensé, les coûts moyens induits (frais salariaux, formation, etc.) par les investissements, les partenaires..., pourrait être très utile.

– favoriser l'introduction du critère du « mieux-disant » social dans les procédures d'attribution des marchés au niveau des collectivités locales. Cela rejoint le projet de réforme générale de la commande publique, qui a fait l'objet d'un rapport officiel au gouvernement [1], et comprend la publication d'un « Guide du mieux-disant », qui pourrait inclure des principes d'application du « mieux-disant social ».

Les emplois environnementaux dans les pays de l'OCDE

L'emploi *direct* environnemental représente 1,2 % de la population active de notre pays. Les données les plus récentes permettant de situer la place de la France par rapport à celle des autres pays industrialisés sont issues d'une étude réalisée en 1994 par l'OCDE. Ce taux national doit être ramené à 1,12 % pour harmoniser les définitions et rendre ainsi les comparaisons plus homogènes. Il apparaît alors comme l'un des plus élevés des pays de l'OCDE, à un niveau comparable à celui des USA (1,18 %) et supérieur à celui de l'Allemagne (0,94 %). Il convient néanmoins d'être prudent tant les données de base sont fragiles et les comparaisons difficiles du fait des emplois nécessaires à la fabrication des produits « propres ».

---

1. Rapport du député en mission Alfred Trassy-Paillogues, remis le 12 mars 1996 à Yves Galland, ministre délégué auprès du ministre de l'Économie et des Finances. (Le Moniteur, 15 mars 1996).

Les emplois indirects *de l'environnement*

Si le secteur de l'environnement était clairement identifié dans les nomenclatures d'activités et de produit officielles il regrouperait l'ensemble des *entreprises* dont l'activité principale (mesurée par son CA) contribue à la protection de l'environnement (biens et services environnementaux). Mais ces entreprises (par exemple de fabrication de canalisations) peuvent avoir des activités secondaires non environnementales, et ainsi contribuer à d'autres branches. Inversement il existe des entreprises dont l'activité principale n'est pas l'environnement mais qui ont des activités secondaires importantes en matière d'environnement. Par exemple certaines entreprises de la chimie effectuent des traitements en bout de chaîne (end of pipe) relevant clairement de la protection de l'environnement. Par contre avec les technologies propres *intégrées* il est très difficile d'estimer quantitativement l'investissement, la valeur ajoutée et l'emploi « environnementaux » correspondants. Il existe ainsi un sous-domaine environnemental hors secteur de l'environnement.

Le calcul des emplois *indirects* se fait à partir des emplois directs en théorie grâce au tableau des entrées-sorties (TES), en pratique grâce à l'analyse des consommations intermédiaires et des investissements de la production de biens et services environnementaux. Par exemple si les branches [1] d'environnement utilisent 1 de consommation intermédiaire (CI) de la branche agriculture et si la production de celle-ci est de 100 pour 2 000 emplois, alors les emplois indirects sont de 20. Plus concrètement, les emplois indirects concernent des activités telles la production de matériels électromécaniques, moteurs, fours, béton,...

En 1995 le total des emplois indirects en France était de 154 000, ce qui portait les emplois totaux à 434 000 (contre 426 000 en 1994 et 418 000 en 1992), en augmentation de 2 % par rapport à 1994.

1. Si elle existait dans les nomenclatures officielles, la branche d'environnement regrouperait les entreprises ou les fractions d'entreprises dont la production concerne uniquement les biens et services environnementaux.

EFFETS SUR L'EMPLOI DES POLITIQUES D'ENVIRONNEMENT

Pour analyser les effets sur l'emploi des politiques d'environnement (et en particulier évaluer ces dernières de ce point de vue) il convient d'adopter un cadre d'analyse et une méthode.

Cadre conceptuel et méthodes

Les politiques d'environnement ont des effets positifs sur l'emploi direct : la preuve en est l'existence même du secteur de protection de l'environnement qui vient d'être décrit. Mais il y a également des effets négatifs éventuellement sur d'autres secteurs, des destructions d'emplois, des délocalisations etc. Il faut d'autre part distinguer les impacts sur l'emploi en termes d'emploi direct, d'emploi indirect, les effets à court terme et à long terme (par exemple lutte contre l'effet de serre), à petite échelle (impact sur l'emploi de la création d'une réserve naturelle), de la lutte contre le bruit ou à grande échelle (lutte contre les pollutions transfrontières), les responsabilités identifiables et celles qui sont diffuses (effets induits), les effets bruts (positifs et négatifs) et nets.

Les méthodes d'évaluation peuvent partir d'analyses micro-économiques de l'offre de prestations environnementales (dénombrement des emplois dans les différents secteurs producteurs) ou des besoins (solvables ou non). Compte tenu de la taille d'un marché et connaissant les coefficients techniques (contenus en emploi des différents marchés) on peut simuler l'impact sur l'emploi du développement d'une réglementation (loi sur l'eau, loi sur les déchets par exemple).

L'analyse micro-économique de l'*offre* de prestations est utilisée dans les éditions successives de Données économiques de l'environnement pour évaluer les emplois directs totaux (travaux de BIPE-Conseil).

Parallèlement, une analyse de la *demande* de prestations s'est développée depuis 1993 où elle a été utilisée pour simuler les effets sur l'emploi (direct) du traitement des déchets et du VIe programme (1992-1996) des agences de bassin. Les simulations qui ont suivi ont notamment concerné le VIIe programme des agences de bassin (1997-2001), la loi sur les déchets (1992-2002), l'impact sur l'emploi de la restauration et de l'entretien des rivières, de la lutte contre le bruit (rapport Serrou de mai 1995).

Au plan macro-économique, il existe des modèles : modèles keynésiens [1] et modèles d'équilibre général calculables appliqués (MEGA), notamment utilisés à Bruxelles. Ils permettent de calculer les effets *induits* et *nets* des mesures envisagées, ce qui n'est pas le cas avec les approches micro-économiques.

Effets positifs, négatifs et nets sur l'emploi

Les effets sur l'emploi des politiques d'environnement peuvent être positifs : émergence d'un secteur spécifique et plus particulièrement des éco-industries avec un dynamisme exceptionnel, des performances à l'exportation appréciables, des efforts de R&D importants et une croissance de l'emploi soutenue, même en période de récession. Mais la taille du secteur environnemental ne permet pas d'en attendre une contribution décisive à la lutte contre le chômage.

Ils peuvent aussi être négatifs, en raison de l'effet des investissements de lutte contre les pollutions sur les coûts et la compétitivité [2] et des risques de suppression d'emplois que cela entraîne. Les projets d'investissements pourraient être allongés, retardés, voire bloqués (études supplémentaires, instruction des permis administratifs, rajout d'équipements supplémentaires, etc.) et les entreprises pourraient choisir de délocaliser certains de leurs établissements vers des pays en développement tentés par l'éco-dumping.

Toutefois les études empiriques montrent que ces craintes ne sont pas fondées car les effets sur la compétitivité sont faibles (1 à 2 %) comparés à ceux des coûts salariaux ou des autres composantes des prix des facteurs de protection [3]. Les fermetures d'usines causées par le renforcement de la réglementation environnementale ont, par ailleurs, été très rares aux États-Unis [4] (98 fermetures de 1971 à 1976, soit 20 000 emplois).

Afin de tenir compte de tous les paramètres tels les choix d'investissements alternatifs (santé, école) et les effets d'évic-

---

1. Par exemple le modèle Hermès pour l'évaluation des VIe et VIIe programmes des agences de bassin.

2. Pour une revue détaillée voir Jaffé, A.B., Peterson, S.R., Portney, P.R. and Stavins R.N. (1995), « Environmental Regulation and the competitiveness of US Manufacturing », Journal of Economie Litterature, V. XXXIII (March 1995), p. 132-163.

3. Cf. Jaffé *et al. op. cit.*

4. Cf. étude de l'OCDE de 1978 à partir des travaux de l'EPA.

tion, il faut étudier les effets *nets* sur l'emploi des politiques environnementales et utiliser des modèles macro-économiques.

Les effets des politiques environnementales sur l'emploi à l'horizon 2002

En juin 1995, un chiffrage global des contenus en emplois directs des politiques d'environnement a été réalisé sur une période de référence (1993-2002) qui tient compte de l'horizon fixé par la loi du 13 juillet 1992 sur les déchets (2002) et englobe les 6e et 7e programmes des Agences de l'eau (achèvement en 2001). Les autres politiques ont également été passées en revue sur la même durée ou sur une durée plus courte lorsque leur lancement est postérieur à 1993 ou encore en attente. Ces premières estimations ont été sensiblement affinées fin 1996.

Sur un plan méthodologique, ces gisements potentiels d'emplois ont été estimés sur la base du coût budgétaire de chacune de ces politiques. Celui-ci étant déterminé ainsi que son calendrier de mise en œuvre, le coût budgétaire annuel moyen a été chiffré ainsi qu'un contenu en emploi, exprimé en hommes-an [1], lui-même calculé à partir d'un coefficient de contenu moyen en emploi utilisé implicitement à partir des investissements, ou du chiffre d'affaires, ou de la valeur ajoutée ou encore du coût salarial.

Le flux global dépasse 144 000 emplois directs et se décompose en près de 53 000 emplois permanents et plus de 91 000 emplois non permanents. Sur ces bases, la part de la population occupée en permanence dans le secteur environnemental passerait ainsi de 1,2 à plus de 1,4 %.

Il est à noter, par ailleurs, que ce développement d'importance relative entraîne des effets dynamiques qui se matérialisent par la création d'emplois induits dans l'économie. Cet aspect, déjà étudié pour le domaine de l'eau, devrait être étendu à celui des déchets en 1997.

Ce tableau récapitulatif recense les principaux gisements d'emplois directs nouveaux ayant fait l'objet d'une quantification, approximative dans certains cas. Compte tenu de son horizon lointain et de sa présentation synthétique, il est possible

---

1. Cette unité correspond à un emploi sur une année. A titre d'exemple, trois emplois sur une année sont équivalents à un emploi sur trois années.

Tableau 11.3

Contenu en emplois directs des politiques environnementales

Politiques	**Emplois directs nouveaux Augmentation en 2002 par rapport à 1992**	
	Emplois permanents	**Emplois non permanents**
	(Moyenne annuelle sur la période)	
CES (pour mémoire)	–	25 000
Emplois verts (si perpétuation)	–	7 000
Eau (6e et 7e programmes)	12 600	19 500
Entretien des rivières	–	8 400
Plan Loire	–	1 500
Bruit	–	6 300
Risques naturels	–	550
Déchets	38 100	20 000
Sites pollués	–	3 300
Air	1 040	–
Installations classées	200	–
Chartes environnement	1 000	–
Total	**52 940**	**91 550**

qu'il ne soit pas totalement exhaustif, ou qu'il contienne quelques doubles comptes de faible importance ou encore qu'il soit imprécis sur la répartition entre les emplois permanents (ou pérennes) et ceux qui ne le sont pas.

Par convention, les emplois permanents sont ceux qui sont liés au fonctionnement des systèmes en place ou ceux qui sont liés à un flux régulier d'investissements sur une durée de cinq ans avec des perspectives de perpétuation au-delà. Les emplois non permanents sont ceux qui sont liés à des financements sur une période plus courte et qui ne sont pas assurés sur le moyen ou le long terme, par exemple ceux qui sont liés à des projets de durée parfois longue mais limitée dans le temps.

Du fait de ces restrictions, certains emplois non permanents peuvent le devenir par la suite en particulier dans les domaines de l'eau et des déchets pour lesquels les prévisions d'investissements sont limitées à l'horizon 2001-2002 et seuls les emplois de fonctionnement ont été comptabilisés comme permanents.

Les principaux gisements d'emplois directs nouveaux proviennent de l'eau et des déchets, secteurs qui ont fait l'objet de travaux plus fins et qui sont plus largement commentés. Les études et recherches sur l'eau ont été nombreuses et ont débordé le cadre des seuls emplois directs en s'appuyant sur des méthodes variées qui ont parfois produit des résultats divergents et ont pu amener des controverses [1]. Par ailleurs, la politique des déchets devrait créer trois fois plus d'emplois permanents que celle de l'eau (38 100 au lieu de 12 600) alors qu'elle est moins exigeante en dépenses d'équipement (130 milliards au lieu de 190 milliards de francs pour des durées qui sont de dix ans dans les deux cas). Les emplois liés au fonctionnement apparaissent ainsi prépondérants pour ce secteur moins capitalistique que l'eau.

Impacts sur l'emploi de la politique de l'eau

Le VIe programme des agences de l'eau (1992-1996), a comme conséquence une augmentation sensible et progressive des investissements dans le domaine de l'eau, le *supplément cumulé* par rapport au Ve programme (1987-1991) étant de 37,1 milliards de francs en première estimation. Cette forte hausse des investissements, susceptible *a priori* d'avoir des effets macroéconomiques non négligeables, a été à l'origine de différents chiffrages réalisés avec des méthodes différentes.

Les emplois *directs* permanents créés par ce VIe programme sur les cinq années de sa durée correspondent à des dépenses d'investissement et de fonctionnement. Les emplois liés aux investissements ont été calculés à partir de ratios emplois/franc investi pour chaque type de travaux et chaque secteur offreur en prenant en considération le poids des importations pour ces secteurs et l'évolution prévue de la productivité. Les emplois liés aux dépenses de fonctionnement proviennent d'estimations sur leur évolution ainsi que sur le renouvellement du parc d'installations. Il en a résulté une augmentation globale des effectifs en emplois directs de 18 000.

A partir de ces résultats, l'ensemble des VIe et VIIe programmes (1992-2001) a pu être couvert par une extrapolation qui prend en compte l'accélération décidée en 1994 (6 milliards jusqu'au terme du programme) et le plan de relance de l'inves-

1. Voir annexe à la fin de ce chapitre.

Tableau 11.4

Simulation des effets sur l'emploi des investissements issus de la politique de l'eau (1992-2001)

Mesures	Augmentation de l'emploi direct (nombre d'emplois) [a]	Investissement total (milliards de francs) [b]	Augmentation de l'investissement par rapport au Ve Programme (milliards de francs) [c]
VIe Programme	18 000	81	37,1
Accélération (94)	2 900	6	6
Plan de relance	400	0,75	0,75
VIIe Programme	10 800	103,4	59,5
Total [d]	**32 100**	**191,15**	**103,35**

a. Augmentation de l'emploi direct.
b. Investissement cumulé (1992-2001).
c. Augmentation de l'investissement par rapport au Ve programme. L'augmentation de l'emploi direct lié au 7e programme est calculée à partir du différentiel entre le 7e programme et le 6e programme (22,4 milliards de francs).
d. Les emplois totaux se répartissent entre les emplois liés aux investissements (19 500) et les emplois liés au fonctionnement (12 600) *(tableau 11.3)*.

tissement de 1993 (+ 750 MF), ainsi que les effets du VIIe programme (1997-2001). L'hypothèse de base pour ce dernier a été le maintien constant de l'investissement atteint en 1996, soit un investissement supplémentaire (par rapport à une reconduction du Ve programme) de plus de 103 milliards de francs.

Impacts sur l'emploi de la politique des déchets

Comme dans le cas de l'eau, la politique des déchets (loi du 13/07/1992) comporte un programme ambitieux d'investissements pour les déchets qui relèvent des collectivités locales et des investissements pour les déchets industriels banals et spéciaux sont également à prévoir.

Une première étude (février 1993) destinée à chiffrer les impacts sur l'emploi de la politique des déchets avait été réalisée à partir de trois scénarios prévoyant, afin d'atteindre en 2002 les objectifs fixés par la loi, dans un premier cas un recours massif au tri, dans un deuxième cas un recours important à l'incinération et dans un dernier cas une combinaison équilibrée entre ces deux solutions. Il apparaissait que les emplois *directs* permanents créés entre 1993 et 2002 devraient se situer entre 13 000 et

21 000 emplois *directs* permanents avec un scénario intermédiaire à 15 000 emplois.

Cette étude exploratoire a été réactualisée en 1996 et a permis de préciser les hypothèses de départ concernant l'évolution de la production de déchets par les ménages et les entreprises. Elle a notamment pu s'appuyer sur les premiers plans départementaux d'élimination des déchets élaborés, ce qui a eu pour effet d'affiner la répartition entre le développement du tri ou de l'incinération. Les résultats présentés ci-après ont encore le statut de résultats partiels qui pourront être utilisés comme données d'entrée (inputs) pour les travaux qui devraient être effectués en 1997 avec le modèle HERMES.

Les précautions scientifiques qui suivent doivent être prises en compte pour l'évaluation :

– l'économie de la gestion des déchets est une discipline émergente en France comme dans d'autres pays comparables ; le système d'information en place a un caractère transitoire, chaque année, voire chaque trimestre apportant des éléments nouveaux qui approfondissent les éléments connus et parfois les corrigent significativement ;

– dans ce contexte toute simulation est fondée sur des hypothèses dont le caractère controversable est fort et doit être analysée comme un cadrage à affiner plutôt qu'un tableau de marche précis ;

– ceci est vrai pour les déchets ménagers, la publication des plans départementaux n'étant pas achevée, comme pour les déchets industriels banals, dont le gisement, et surtout l'évolution font l'objet de recherches à l'heure actuelle, tout comme d'autres points essentiels (adaptation du parc immobilier, transferts d'emplois, sociologie des organisations, évolution des technologies et de la productivité,...).

Sous ces réserves, les éléments suivants peuvent être avancés :

– dans une optique de strict respect de calendrier fixé par les lois et réglementations financières, les nouveaux emplois directs de fonctionnement pourraient être d'environ 38 100 à l'horizon 2002, auxquels s'ajouteraient un flux annuel d'environ 20 000 équivalents emplois plein temps pour la réalisation des travaux, dans la mesure où les financements adéquats sont mobilisés ;

– les nouveaux emplois directs de fonctionnement des installations pour la gestion des déchets ménagers concernent dans l'ordre les emplois liés à la collecte sélective (+ 13 600), au tri (+ 5 600), aux déchetteries (+ 4 000) et enfin à l'incinération (+ 1 400). A cela pourraient s'ajouter des emplois liés à la gestion des déchets industriels banals (près de 15 000) ;
– un scénario de maximisation des emplois créés pourrait être imaginé : les facteurs clés sont le recours à des formes de traitement plus riches en emplois que d'autres (taille et organisation des centres de tri, collecte PAP/AV [1]), à des formes d'organisation spécifiques (emplois non marchands,...) et la croissance de production de déchets dans le cas où le ralentissement anticipé devrait être révisé ;
– un scénario « réaliste » pourrait combiner croissance plus forte de la production qu'il n'a été retenu dans le scénario central, et des modes de gestion plus capitalistiques (la part de l'incinération étant ainsi accrue) et/ou moins riches en emplois (stockage ?, mécanisation du tri ?).

Une actualisation et un approfondissement de la recherche sur la création d'emplois liés à la politique des déchets pourraient se révéler d'autant plus nécessaire que, dans une optique de contribution à la politique française du développement durable, la comparaison de différents scénarios exigerait notamment une prise en compte des impacts sur l'environnement (distances de transport/taille des centres...). Le nombre d'emplois induits par la politique des déchets pourra d'autre part être évalué en 1997 avec le modèle économétrique HERMES.

Perspectives de création d'emplois directs liés aux autres domaines environnementaux

Les différents secteurs et programmes présentés ci-après sont ceux pour lesquels un chiffrage a été effectué en juin 1995. Cette liste n'est en conséquence pas exhaustive mais doit être considérée comme un rappel des éléments quantifiables.

Plan loire

Outre les programmes liés aux investissements, la politique de l'eau comporte également les plans décennaux Loire et pré-

1. Porte à porte/apport volontaire.

vention des risques naturels (inondations) qui devraient se traduire par la création de 1 500 emplois pour 0,6 milliard annuel.

Restauration des rivières

Selon le linéaire des rivières qui fera l'objet d'un programme de restauration et d'entretien des rivières la dépense à mettre en œuvre pourrait osciller entre 10 et 31 milliards de francs entre 1997 et 2009 et le nombre d'emplois générés en moyenne annuelle entre 4 300 et 13 500, soit 8 400 selon un scénario intermédiaire.

Bruit

Le marché de la lutte contre le bruit (3,4 % des dépenses d'environnement en 1990) est potentiellement très dynamique. Mais sa solvabilisation massive butte sur l'efficacité des mesures incitatives :

– résorption des « points noirs » : les sites les plus exposés aux bruits des seuls réseaux routier national et ferroviaire correspondent à 250 000 logements à traiter en 8 ou 10 ans, soit 1 milliard par an, soit 2 500 personnes ;

– isolation des habitations : en dehors des « points noirs » 2,6 millions de logements sont bruyants. Une politique incitative (20 à 30 % de remboursement) pourrait créer un marché de 125 000 logements par an, soit 4 à 6 milliards, soit 10 000 emplois permanents environ ;

– isolation des bâtiments publics : de même des aides à hauteur de 30 % des travaux permettraient de pallier en 3 ans les défauts acoustiques des bâtiments publics, soit 500 MF par an, soit 1 200 emplois.

Une étude réalisée sur un champ plus restreint à partir de propositions inscrites dans le rapport Serrou [1] (politique de rattrapage des points noirs) fait état d'une création brute de 6 300 emplois directs par an.

1. Ce rapport a été remis en mai 1995 par Bernard Serrou, député de l'Hérault, suite à une lettre de mission du premier ministre lui demandant de présenter un rapport sur l'état des nuisances sonores et les conditions de leur réduction.

Risques naturels

Le programme du 24/01/1994 prévoit l'achèvement de 2 000 plans de prévention des risques (PPR) avant l'an 2000 grâce à un supplément annuel de 25 MF, ou 50 emplois.

Les plans décennaux ont déjà été évoqués à propos de la politique de l'eau. Un programme d'expropriation des propriétés soumises à un trop fort risque doit coûter 100 MF par an (compagnies d'assurance) et engendrer 500 emplois (démolition).

De fortes potentialités existent également pour l'entretien des forêts (prévention des incendies), la prévention des séismes, des glissements de terrain, des cyclones et des effets du vent.

Sites et sols pollués

La dépollution, financée normalement par les entreprises (principe pollueur-payeur), devrait aboutir en 5 ans à un chiffre d'affaires de 1 milliard annuel environ, soit 3 000 emplois.

La dépollution des sites orphelins, couverte par la taxe sur les déchets industriels spéciaux (100 MF à partir de 98), devrait procurer 300 emplois.

Air

L'augmentation de la taxe sur les émissions (+ 100 MF en année pleine) devrait permettre de créer 40 emplois sur les réseaux et 1 000 emplois pour les équipements anti-pollution.

Installations classées

Par un choix raisonné des entreprises à contrôler (100 000 sur 300 000 environ) et en assurant un contrôle triennal, on crée 200 emplois de contrôleurs dont les interventions (500 MF par an) sont payées par les entreprises. Ces contrôles engendreront un flux régulier de travaux de mise en conformité.

Qualité de la vie

Les chartes environnementales reprennent selon des configurations et des tailles variables les différents segments de la politique environnementale. Néanmoins leur mise en œuvre et leur suivi suscitent quelques créations d'emploi dont le cumul à terme pourrait atteindre le millier (financés sur fonds publics).

Solidarité et environnement

Une part importante des « contrats emploi solidarité » (CES), 60 000 en 1994 (soit l'équivalent de 30 000 temps plein), est utilisée pour des travaux utiles à l'environnement, ainsi 5 000 pour l'entretien des rivières. Afin de ne pas faire de doubles comptes avec les emplois verts, on peut estimer ceux-ci à 50 000 (soit l'équivalent de 25 000 temps plein). Il est à noter toutefois que ces emplois sont financés par les mécanismes de la solidarité et ne sont pas induits par la politique environnementale. Il n'en est pas de même pour les « emplois verts » dont on connaît le nombre de contrats signés en 1995 (7 000) mais pour lesquels il est difficile d'estimer la part qui pourrait déboucher sur des emplois pérennes. Ces deux expériences sont plus largement décrites dans le sous-chapitre « politique de l'emploi et environnement ».

Globalement, si l'ensemble des gisements potentiels d'emplois des politiques d'environnement n'est pas négligeable, il reste modéré si on le rapporte à l'ensemble de notre économie. « Les autres voies pour développer l'emploi », qui figurent en conclusion de ce chapitre, esquissent les moyens à mettre en œuvre pour déborder le simple cadre cité précédemment et faire de l'environnement un moteur du développement économique.

Comparaisons internationalesdes effets sur l'emploi des politiques d'environnement

Au fur et à mesure de la progression du chômage une grande partie de la politique économique a intégré des objectifs d'emploi. L'environnement devient une modalité parmi d'autres de ces politiques de l'emploi, mais avec des caractéristiques économiques originales.

Politiques anti-récession

Si on effectue des relances par augmentation de la dépense publique, on peut comparer le contenu en emploi des dépenses publiques environnementales à celui d'autres dépenses avec des finalités différentes. Pour l'Allemagne, les études montrent que le contenu en emploi était légèrement supérieur dans l'environnement dans les années soixante-dix mais que cet écart s'est annulé en 1990. La Japan Environment Agency a montré en 1994 qu'à l'exception de l'agriculture les projets environnementaux ont, au Japon, un contenu en emploi supérieur à la plupart des autres projets (sauf le BTP comparé à certaines activités environnementales très capital-intensives). Il n'est donc pas étonnant que les dépenses publiques environnementales aient été utilisées par beaucoup de pays de l'OCDE en même temps pour lutter contre les récessions de 1993-1994 [1]. Le plan français de 1993 a déjà été présenté dans l'édition 1992-1993 des Données Économiques de l'Environnement.

Mais les projets les plus importants sont exposés dans le Livre blanc sur « la croissance, la compétitivité et l'emploi » de la Commission européenne (1994) : le but est de créer 15 millions d'emplois en 5 ans (1994-1999) grâce à des réseaux trans-européens de transports (220 milliards d'écus), d'énergie (30 milliards), de télécommunication (150 milliards) et grâce à des « grands projets environnementaux » (314 milliards, soit 44 % du total). Même si on se limite aux projets prioritaires (336 milliards) l'environnement représente la moitié (51,2 %) des financements requis.

Les interventions sur le marché du travail orientées vers l'environnement

Depuis les années quatre-vingt les gouvernements complètent les interventions publiques traditionnelles (dépenses, politiques fiscale budgétaire et monétaire) par des interventions sur le marché du travail, soit en distribuant directement des revenus liés à certaines activités (notamment environnementales) comme en France les Contrats Emplois Solidarité (CES), soit de manière « active » en combinant formation, insertion, encadrement et distribution d'aides comme en France dans le cas des « emplois verts ».

Dans les deux cas, la simultanéité et la similitude des programmes conduits est frappante pour différents pays européens : Allemagne, France, Hollande, Danemark et Royaume-Uni. Mais dans le second cas les interventions sont perfectionnées pour corriger les défauts des créations directes par la conception de politiques plus actives combinant des aides économiques, de la formation, de l'encadrement, des incitations sociales, etc. dans la perspective d'un « traitement social du chômage ».

1. Cf. Rolf Sprenger « Environmental policies and employement », OCDE 1995 (10/11/1995), Paris (146 p.).

Les expériences françaises

En France depuis l'extinction du programme TUC (Travaux d'utilité collective) en 1988, d'autres politiques gouvernementales ayant pour but de développer l'emploi dans le domaine de l'environnement ont été mises en œuvre, essentiellement les « contrats emploi-solidarité » (CES) et les « emplois verts ».

Les CES environnement

Le programme CES (contrat emploi-solidarité) est beaucoup plus ancien que celui des « emplois verts » puisqu'il a débuté dès le début de l'année 1990. L'environnement ne constitue que l'un des domaines de ce dispositif plus vaste qui a été renforcé en 1992. Il concerne les personnes suivantes :

– les chômeurs de longue durée ou âgés de plus de cinquante ans ;
– les bénéficiaires du RMI ;
– les jeune en difficulté (dans certains cas).

Celles-ci travaillent à mi-temps et sont rémunérés au SMIC pour une durée maximale de douze mois qui peut être portée exceptionnellement à vingt quatre mois pour celles qui sont prioritaires. L'employeur est exonéré de l'ensemble des charges sociales (exceptée l'assurance-chômage). L'État prend en charge 65 % de la rémunération sur la base du SMIC, cette part pouvant dans certains cas être de 85 % et même 100 %. Pour la formation complémentaire, la participation de l'État s'effectue sur la base d'un montant horaire forfaitaire, dans la limite de 400 heures par contrat. Elle est versée à l'employeur ou à un fonds local emploi-solidarité.

Un bilan quantitatif national a été réalisé par l'association DELFRA (Développement Local et Formation Rhône-Alpes) pour le compte du ministère de l'Environnement sur la période 1990-1994.

Il en ressort que sur ces cinq années 168 477 « CES environnement » ont été signés, soit 6,2 % de l'ensemble, avec de légères fluctuations d'une année sur l'autre. Le profil-type du CES a beaucoup évolué au cours de ces cinq années et si la part des hommes s'est encore accrue entre 1990 et 1994 (de 80 à 86,5 %), il y a eu un vieillissement de l'effectif (les deux tiers dépassaient 25 ans en 1994) et un recrutement qui s'est tourné davantage vers des associations (44,6 % en 1994) et des organismes de petite taille (54,5 % en 1994 pour les moins de 10 salariés). Ces proportions moyennes masquent en réalité de fortes disparités d'un département à l'autre, les politiques menées étant selon les cas perçues comme « volontaristes », « dirigistes », « volontaristes avec délégation » ou « bienveillantes ».

Il semble enfin que pour certains travaux de gestion de l'espace ou d'entretien des rivières le recrutement de CES sur des chantiers a nécessité l'élimination de 90 % des candidats en raison de la dureté des travaux et des risques pour l'environnement. D'autre part il s'agit de travaux « à moitié-prix » qui ne seraient pas effectués par ailleurs et qu'il est très difficile de pérenniser.

Les « emplois verts »

Le Gouvernement a décidé, lors du comité interministériel du 25 janvier 1994, de dégager une enveloppe financière de 100 millions de francs pour le développement de l'emploi dans le domaine de l'environnement. Cette somme s'est ajoutée à la dotation, transférée par l'État aux conseils régionaux, de 200 millions de francs qui a été votée dans le cadre de la loi du 27 juillet 1993 relative au développement de l'emploi et de l'apprentissage.

Fin 1995, 20 000 contrats verts avaient été signés depuis le lancement du programme, pour un total de 1 930 projets (non compris les emplois créés par les régions sans aide de l'État). En 1994, 200 millions de francs ont été versés aux conseils régionaux et 82 millions de francs aux préfets (DIREN) et, après cette année de lancement de l'opération, les dotations de l'État consacrées au soutien à cette politique ont été de 43 millions de francs en 1995 (7 000 contrats signés) et 30 millions de francs en 1996. Cette diminution du soutien sur dotation de l'État a été compensée par la très forte mobilisation des conseils régionaux qui ont accordé environ 100 millions de francs en 1996 de financements complémentaires sur leurs crédits propres.

Au terme de la phase expérimentale il apparaît que la mobilisation engagée en 1994 demeure car le programme « emplois verts » suscite ou accompagne l'émergence d'une demande d'entretien des espaces qui va croissante. La répartition des projets entre les secteurs est la suivante : gestion et mise en valeur de l'espace (54 %), entretien des cours d'eau (25 %), traitement des déchets et lutte contre la pollution (10 %), développement de « l'éco-citoyenneté » (11 %).

Il n'est pas possible d'évaluer le nombre d'emplois pérennes créés grâce à ce programme. En effet, les contrats verts concernent en majorité des secteurs pour lesquels aucun marché solvable n'existe véritablement et, si l'utilité sociale de ces opérations est aujourd'hui avérée, l'organisation économique de ce secteur reste à définir. Dans certaines régions des réflexions ont été menées à la signature des contrats sur les conditions d'une pérennisation et cela a permis à une forte proportion de bénéficiaires de contrats verts de poursuivre leur parcours d'insertion en obtenant une formation à l'issue du contrat ou en intégrant une autre structure.

Dans les régions qui ont conduit des évaluations précises du programme, il apparaît que celui-ci n'a pas réellement créé de nouveaux métiers mais a facilité le développement d'un volet environnement dans des métiers existants : techniques liées aux espaces verts, bucheronnage, horticulture. Enfin, si les risques d'une concurrence avec certaines entreprises paysagères ou forestières ont été évoqués au niveau national par quelques fédérations professionnelles, il n'y a pas eu de problèmes particuliers à signaler au niveau local.

Les leçons tirées de l'expérience française recoupent celles des autres pays : l'efficacité des politiques actives dépend de l'intégration des différentes mesures (économique, sociale, environnementale, éducative etc.) à un niveau territorial pertinent, région ou département pour la France, et dans une démarche associant l'ensemble des partenaires concernés : associations, élus, administrations.

Autres voies pour développer l'emploi

La politique environnementale ne touche pas seulement à l'énergie, mais aussi à l'agriculture, aux transports, au tourisme et à la santé. Et l'adoption de normes environnementales peut avoir des implications sur l'emploi dans ces secteurs (et inversement). Il serait important de mettre en place un cadre permettant de mesurer les effets sur l'emploi de l'intégration de la politique environnementale dans les différentes politiques sectorielles : amélioration de l'habitat (exploitation des gisements d'économie d'énergie), promotion du tourisme vert, de l'agriculture durable, de modes de transports durables, etc.

Cependant, toutes ces politiques ne peuvent à elles seules jouer un rôle de régulation susceptible d'infléchir la courbe du chômage et ces approches de la relation environnement-emploi, pour indispensables qu'elles soient, trouvent rapidement leurs limites. Pour aller plus loin, il faut modifier notre vision, accélérer notre recherche de nouveaux modèles de développement permettant d'accentuer notre action sur les structures et de faire converger à long terme les objectifs de l'écologie et de l'emploi.

Qu'attendre du double dividende ?

Les politiques de l'environnement peuvent concourir à améliorer le contenu de la croissance en emplois par un redéploiement de la fiscalité à pression fiscale totale inchangée. La perspective d'un accroissement de la fiscalité « verte » compensé par un allégement des coûts salariaux indirects, doublement favorable à l'environnement et à l'emploi (« double dividende ») est une voie dont il pourrait résulter plus de compétitivité pour les économies des pays industrialisés et qu'il faut en conséquence examiner avec soin.

Les travaux les plus précis menés en France sont les simulations effectuées dans le cadre de la préparation du XIe Plan (années 1994-1998). Ils montrent comment des éco-taxes sur le carbone et l'énergie peuvent créer un « double dividende » en améliorant et l'emploi et l'environnement, à recettes fiscales totales inchangées (redéploiement fiscal). La variante la plus favorable à l'emploi (+ 288 000 en l'an 2000) répartit les recettes des éco-taxes entre :

– une baisse de la TVA des produits non énergétiques (53 %) ;
– une baisse des cotisations sociales employeurs (30,8 %) ;
– un financement à hauteur de 50 % des investissements économiseurs d'énergie (16,2 %).

L'effet est également positif sur la croissance (+ 1,2% de PIB).

Ces résultats sont toutefois controversés. La synthèse sur les éco-taxes réalisée par l'OCDE fait apparaître que, dans le cas des taxes sur le carbone, l'existence du double dividende est mise en doute par certains pays. Cette controverse s'est également développée en France depuis 1993 sous l'impulsion de certains secteurs industriels, en particulier la chimie, qui craignent que les prélèvements soient trop concentrés dans certains secteurs au point de les pénaliser dans la compétition internationale. La controverse a également lieu avec la Commission européenne dans la mesure où une partie de la taxe porte sur l'énergie, donc sur le nucléaire, « propre » en termes de CO_2. La position française reste réservée vis-à-vis de la proposition européenne et en particulier subordonnée à une application simultanée dans les pays de l'OCDE. Il est vraisemblable qu'avec l'entrée récente dans l'Union européenne de pays sensibilisés à la pollution atmosphérique (Suède, Finlande, Autriche), la question d'une taxe sur le carbone sera réévoquée.

L'effet sur l'emploi est toutefois partiellement un effet de redistribution (baisse des cotisations) qui n'est pas spécifiquement environnemental.

Perspectives liées à des politiques de développement durable

L'accroissement du chômage autorise des questions audacieuses en matière d'environnement et d'emploi notamment dans la perspective d'un développement durable qui bouleverserait les structures, les normes et les pratiques de la consommation à moyen et long terme.

Notamment le 5e programme d'action de la Commission des Communautés Européennes (DG XI) pose la question du développement soutenable.

Le Canada (étude de l'IISD en 1994, Institut International pour le Développement Soutenable) offre un certain nombre de créneaux pour articuler emploi et développement soutenable : si les impacts sur l'emploi semblent être toujours positifs ils sont faibles quantitativement.

De même une étude réalisée par ECOTEC en 1994 montre les impacts potentiels sur l'emploi des différentes composantes d'une politique de développement durable.

ANNEXE

A propos des méthodes d'estimation des effets sur l'emploi des politiques de l'eau

Le fort accroissement des dépenses du secteur de l'eau entraîné par les 6e programmes des Agences de l'eau a conduit le ministère de l'Environnement, les Agences de l'eau ainsi que la Direction de la Prévision du ministère de l'Économie et des Finances à pousser leurs investigations afin d'en évaluer les impacts globaux.

Les éléments évoqués ci-après ne sont pas relatifs aux emplois directs environnementaux mais concernent les emplois totaux créés dans l'économie, étant entendu comme cela a été indiqué dans la première partie du chapitre (cf. Emplois de protection de l'environnement : Données générales) que la plupart de ces emplois n'appartiennent pas au secteur de l'environnement et que les données résultantes constituent un solde net pouvant, *a priori*, être aussi bien positif que négatif.

SIMULATIONS ÉCONOMÉTRIQUES HERMES

Le ministère de l'Environnement, le Commissariat Général du Plan, la Direction de l'Eau et les Agences de l'eau se sont appuyés sur le laboratoire ERASME pour des recherches utilisant le modèle économétrique HERMES.

La première recherche, limitée aux impacts macro-économiques du 6e programme des agences de l'eau (1992-1996), a été menée avec le modèle HERMES national sous une hypothèse « France isolée », c'est-à-dire sans tenir compte des politiques menées dans les autres pays. Les estimations et hypothèses qui avaient permis d'évaluer les emplois directs créés (18 000) ont été utilisées pour définir les données d'entrée (inputs) à injecter dans le modèle. Parmi ces inputs, il a été supposé que le financement du programme serait assuré pour 70 % par une augmentation progressive du prix de l'eau et par 30 % par le budget général. Le problème de la prise en compte d'un effet qualité inhibant l'effet de la hausse du prix de l'eau sur la consommation d'eau s'est alors posé pour les modélisateurs et a amené à considérer qu'au terme du programme l'eau est un nouveau produit et l'élasticité-prix de la consommation d'eau contrainte à zéro. A l'issue des travaux (septembre 1993), ce scénario a fait apparaître que le 6e programme des Agences de l'eau permettrait de créer 33 000 emplois totaux (directs, indirects et induits) entre 1992 et 1996.

Compte tenu du caractère limitatif de ces premiers travaux, il a été décidé de compléter les hypothèses initiales. Des données de base relatives au 6e programme sous une hypothèse « France isolée », il y a eu d'abord élargissement à d'autres pays (Pays-Bas, RFA et Royaume-Uni), puis allongement de la période de référence (1992-2001, soit pour la France la durée des 6e et 7e programmes des Agences de l'eau) et enfin extension aux travaux réalisés sans l'aide des Agences de l'eau. A partir de là, la recherche a consisté à utiliser les modèles HERMES « interreliés », les programmes d'investissement des Pays-Bas, de la RFA et du Royaume-Uni étant intégrés aux modèles nationaux aux côtés du programme français.

L'effort d'investissement supplémentaire de dépenses consenti par la France pour la gestion des ressources en eau se chiffre à 37,1 milliards de francs 1991 pour le 6e programme entre 1992 et 1996 et 59,5 milliards de francs 1995 pour le 7e programme entre 1997 et 2001, ces différentiels étant exprimés par rapport au 5e programme (1987-1991). Les efforts d'investissement cumulés sur la période 1992-2001 pour les autres pays évalués en référence à un scénario « fil de l'eau » (caractérisé par un simple maintien de ces investissements) sont respectivement de 43,5 milliards de Deutschmarks 1992 pour la RFA, de 10,9 milliards de florins 1992 pour les Pays-Bas et de 11,1 milliards de livres 1992 pour le Royaume-Uni. Excepté pour le Royaume-Uni, les dépenses d'investissement sont assorties de dépenses de fonctionnement supplémentaires.

Le rapport final fait en particulier ressortir le nombre d'emplois créés entre 1992 et 2001. Ceux-ci s'élèvent à 6 000 pour les Pays-Bas, 48 000 pour la RFA et 27 000 pour le Royaume-Uni. En ce qui concerne la France, deux scénarios ont été retenus : le premier qui ne prend en compte que les travaux aidés par les Agences de l'eau conclut à la création de 59 000 emplois totaux tandis que le second qui prend en considération tous les travaux, y compris ceux non aidés par les Agences afin de faciliter les comparaisons avec les autres partenaires, conclut à la création de 87 000 emplois totaux. A méthodologie identique, les politiques de l'eau menées dans l'union européenne font apparaître que, à l'horizon 2001, le nombre d'emplois induits par cette politique est particulièrement favorable pour la France.

Cas du modèle économétrique METRIC

Mi-1992, la Direction de la Prévision, dans une note bleue sur le thème « croissance et environnement », a conclu que les politiques de l'environnement ne sont pas adaptées à la régulation macroéconomique de même que les autres politiques sectorielles (transports, industrie, bâtiment). Bien que l'on attribue à ces politiques le mérite de relancer les dépenses des agents publics et d'être un moteur de croissance à court terme, les effets de relance directs sont en réalité considérablement limités par un ensemble d'effets récessifs liés à la simple nécessité de financer ces dépenses et, donc, de mobiliser les financements *ad hoc* qui sont retirés des autres secteurs. Ainsi dans le cas de l'eau, l'augmentation des dépenses d'investissement et d'exploitation ne se répercute que partiellement sous forme de demande adressée à la production nationale et détériore le solde extérieur. En outre, l'augmentation d'aides financées par des redevances se traduit par une augmentation des coûts dans le secteur productif, et le solde des dépenses est financé par une augmentation du prix de l'eau, ce qui a un effet récessif non négligeable.

Globalement, les résultats obtenus avec le modèle économétrique METRIC débouchent sur des effets macro-économiques de ces VIe programmes des Agences de l'eau nuls sur le Produit Intérieur Brut (PIB) et quasi nuls sur l'emploi, le solde des emplois créés étant de 3 300.

ANALYSE MICRO-ÉCONOMIQUE SUR LE BASSIN LOIRE-BRETAGNE

L'Agence de l'eau Loire-Bretagne a fait procéder en 1996 à une évaluation [1] de l'impact du système Aides-Redevances de son bassin hydrographique sur l'emploi. Cette étude commence par un bilan des travaux réalisés avec les modèles économétriques HERMES (période 1992-1996 des 6e programmes) et Micmac (1986-1991) et met en avant le fait que l'accroissement des aides des Agences a un effet favorable pour résorber le chômage « keynésien » qui provient d'une insuffisance simultanée de demande de biens aux entreprises et de demande de travail par les entreprises et que parallèlement la hausse des redevances des Agences est susceptible d'alimenter le chômage « classique », lequel résulte d'une insuffisance de la demande de travail des entreprises et d'un excès de la demande de biens (ou insuffisance de biens produits). Dans ce dernier cas, les entreprises ont une rentabilité trop faible qui limite leur capacité à augmenter leur production, et par conséquent à embaucher, et seule une politique de rigueur allégeant leurs coûts de production, et donc leurs charges, permettrait de le résorber.

Afin de bien faire la distinction entre ces deux types de chômage et de compléter les enseignements des modèles macro-économiques, l'étude adopte ensuite une approche micro-économique. Celle-ci a permis de définir les « emplois occupés », emplois générés ou liés à une intervention de l'Agence et correspondant à une année d'activité et les « emplois empêchés », emplois non créés, suspendus ou détruits du fait de la redevance pendant une année d'activité, d'où un effet net microéconomique (sans bouclage).

La quantification des « emplois occupés » a été réalisée après sélection de sept domaines identifiés parmi ceux pour lesquels l'activité de l'Agence est la plus soutenue (stations d'épuration, réseaux d'assainissement, épuration privée et assimilée, ouvrages structurants, protection et mise en valeur de la ressource eau, aménagement du milieu aquatique, alimentation en eau potable), recueil d'informations auprès des acteurs les plus concernés (associations, entreprises et collectivités) et prise en

1. Cf. étude de Sodexper pour l'Agence de l'eau Loire-Bretagne « Impact du système aides-redevances de l'Agence de l'Eau Loire-Bretagne sur l'emploi », avril 1996.

compte d'un échantillon de taille importante (près de 2,3 milliards de francs de travaux engagés sur le bassin hydrographique entre 1992 et 1995, soit près de 20 % du total et près de 318 millions de francs d'interventions directes de l'Agence, soit près du tiers de son aide). La transformation des données financières en « emplois occupés » a été obtenue à partir d'indicateurs de rendement de la main d'œuvre (coût/jour/homme) appliqués à tous les domaines et sous-domaines (exemple : 1 960 kF/homme/an pour la création de stations d'épuration de plus de 30 000 équivalents-habitants, soit 214 millions de francs pour 109 personnes sur un an). En faisant une agrégation globale, il en ressort qu'on peut mettre en évidence un volume de 8 435 « emplois occupés ». La quantification des « emplois empêchés » a nécessité de s'appuyer sur le niveau d'exposition à la « redevance pollution » de chaque secteur, lequel varie de 5 kF/an/entreprise (chaux, ciment et amiante) à 154 kF/an/entreprise (laminage, tréfilage et étirage) et d'utiliser le salaire brut moyen par branche d'activité (source INSEE). Sur ces bases, les « emplois empêchés » s'élèvent à 1 242, ce nombre étant en fait maximisé dans la mesure où la destination qu'auraient pris les flux financiers en l'absence de la redevance sont variables.

Le solde net qui se dégage en retranchant des emplois occupés les emplois empêchés est positif (7 193) et même si ces emplois (assimilables à des emplois directs environnementaux) ne correspondent pas tous à une création nette, ces résultats, relatifs à un échantillon partiel de la seule Agence Loire-Bretagne pour la période 1992-1995 antérieure à la forte accélération des aides, ont un intérêt évident et peuvent être étendus à l'ensemble des Agences.

Développements récents des travaux de modélisation sur l'eau et sur l'environnement

L'utilisation du modèle HERMES pour l'évaluation des 6e programmes des Agences a fait l'objet de controverses entre les économistes : il ne prend pas en compte le long ou très long terme, les mécanismes de formation des prix et le progrès technique. D'autre part le modèle économétrique de la Direction de la Prévision ne donne pas des résultats quantitatifs aussi positifs pour l'emploi.

De son côté, le laboratoire ERASME crée un modèle d'équilibre général calculable appliqué (MEGA) pour l'environnement MEGAPESTES (Modèle d'Équilibre Général Appliqué aux Politiques de l'Environnement Soutenables, 1995) susceptible d'évaluer les politiques de l'environnement significatives au niveau macro-économique : déchets, énergie essentiellement. Il reste encore à vérifier s'il est assez détaillé pour évaluer la politique de l'eau (VIIe programme).

Cependant, les deux approches sont complémentaires car les MEGA ont eux-mêmes leurs limites : ils présupposent que l'équilibre s'établit à long terme. Or nous sommes en réalité loin de l'équilibre de manière durable (en particulier pour l'emploi). Donc l'étude du court terme, des phénomènes d'emploi et de cycles d'investissement peut encore bénéficier des modèles économétriques existants qui restent éclairants.

C'est pourquoi le ministère de l'Environnement envisage de collaborer avec le Plan pour utiliser MEGAPESTES et MEGEVE (suite de HERMES) et avec la Direction de la Prévision afin de construire de nouvelles méthodes de simulation à long terme des politiques environnementales.

CHAPITRE 12

Les prix et les coûts

LE PRIX DE L'EAU

Le prix de l'eau fait l'objet, en France, de plusieurs suivis réguliers au niveau national, dont les suivants :

– par l'INSEE, de façon mensuelle, à partir d'un échantillon représentatif au niveau national ;

– par le SPDE [1], de façon mensuelle, sur un échantillon de 18,5 millions de personnes (soit plus de 44 % de la population desservie en gestion déléguée), à partir des données communiquées par ses adhérents. Le SPDE suit également l'évolution des différentes composantes du prix de l'eau.

Il faut également signaler que depuis 1994, la Direction de l'eau du ministère de l'environnement s'est associée à la Direction générale de la concurrence, de la consommation et de la répression des fraudes (DGCCRF) du ministère de l'Économie et des Finances pour constituer un suivi pérenne de l'évolution du prix de l'eau en France [2].

1. SPDE : Syndicat Professionnel des Distributeurs d'Eau.

2. Ce suivi porte sur chaque préfecture et sous-préfecture, ainsi que sur les communes les plus peuplées de chaque département, à concurrence de 10 communes pour les départements comprenant suffisamment de communes de plus de 10 000 habitants et avec un minimum de cinq communes pour les autres départements. 700 communes regroupant environ 25 millions d'habitants sont ainsi enquêtées chaque année par les services de la direction générale de la concurrence, de la consommation et de la répression des fraudes du ministère de l'Économie et des Finances.

Par ailleurs, il existe un certain nombre de suivis sur des zones géographiques plus restreintes :
– par l'INSEE, au niveau de l'agglomération parisienne ;
– par la Direction régionale de l'équipement d'Ile-de-France ;
– par les Agences de l'eau.

D'autres suivis existent, comme celui du FNDAE[1] depuis 1975 pour le milieu rural, qui n'a pas une fréquence annuelle, et celui de l'enquête Ecoloc menée chaque année par BIPE Conseil auprès des collectivités locales[2] depuis 1992.

La combinaison de ces sources permet de définir un cadrage de l'évolution du prix global TTC de l'eau depuis 1990. Les différentes sources recensées paraissent en effet largement compatibles sur les évolutions majeures, même si elles peuvent ne pas se recouper totalement. *Leur analyse montre qu'après une accélération entre 1992 et 1994, le rythme annuel d'augmentation du prix de l'eau a connu une décélération nette et rapide depuis le début de 1995 : l'augmentation moyenne a été, selon l'INSEE, de 12,8 % de décembre 1993 à décembre 1994, puis de 6,9 % de décembre 1994 à décembre 1995. En 1996, le ralentissement de la hausse du prix de l'eau se confirme et s'amplifie, avec un rythme annuel de croissance proche de 6 %* (graphique 12.1). *Au mois de septembre 1996, le prix de l'eau a, selon l'INSEE, atteint 15,09 francs par m^3.*

Cette évolution semble s'expliquer essentiellement par une croissance de la redevance assainissement à un rythme annuel de 7,9 % au mois d'octobre et une augmentation des redevances des Agences de l'Eau et de la taxe VNF (Voies Navigables de France) de l'ordre de 12,3 % en rythme annuel (contre 15,4 % en 1995).

1. FNDAE : Fonds National pour le Développement des Adductions d'Eau.

2. Depuis 1992, l'enquête Ecoloc, réalisée à la demande du ministère de l'Environnement, de l'ADEME et de la Caisse des Dépôts et Consignations permet d'interroger 4 400 communes de métropole de plus de 2 000 habitants. Elle est complétée, pour son volet eau, par une enquête auprès des collectivités de 700 à 2 000 habitants réalisée en 1996, à la demande du Cercle Français de l'Eau et de l'Association des Maires de France.

Graphique 12.1

L'évolution conjoncturelle du prix de l'eau

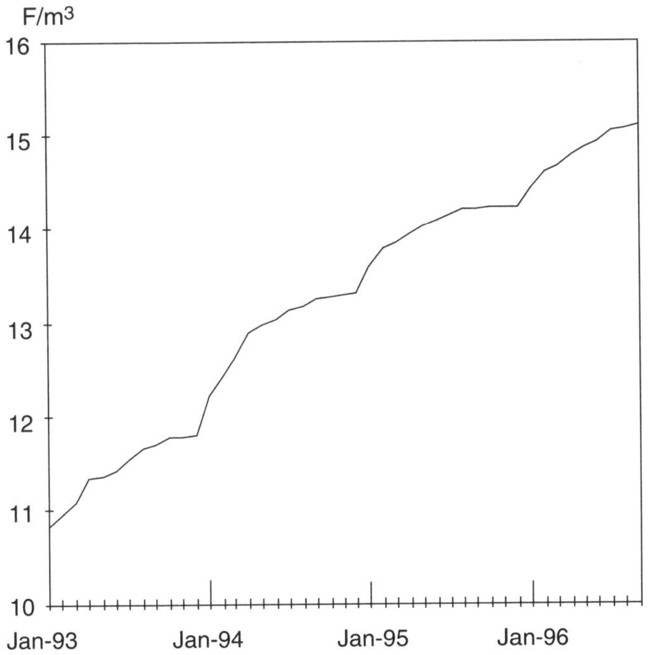

Prix de vente en métropole par m^3, abonnement inclus. Données mensuelles. Nouvelle série depuis janvier 1993.
Source : INSEE.

Au-delà des prix moyens, cette dispersion se constate de façon agrégée par des comparaisons de prix de l'eau d'un bassin hydrographique à l'autre. Le tableau 12.1 présente le prix d'une facture annuelle d'eau de 120 m^3 en 1995 suivant les six bassins versants [1] : l'écart maximal d'un bassin à l'autre n'excède guère 12 %.

A un niveau plus fin, on peut constater des dispersions plus grandes : d'après l'enquête Ecoloc 1996 [2], 39 % des collectivités enquêtées ont déclaré avoir un prix de l'eau inférieur à 10 francs/m^3 et à l'opposé 15 % d'entre elles ont déclaré un prix de l'eau supérieur à 17 francs/m^3. Les écarts de prix sont surtout visibles entre les collectivités de moins de 2000 habitants, qui affichent un prix moyen de 11,70 francs, et celles de plus 50 000 habitants, où le prix moyen de l'eau est estimé à 15,50 francs.

1. Résultats présentés dans le cadre de l'Observatoire de l'Eau – mars 1996
2. Les résultats de l'enquête Ecoloc portent sur le prix de l'eau au printemps 1996 (avril/mai).

Tableau 12.1

La dispersion du prix de l'eau par bassins hydrographiques

Prix, en francs TTC, par m³ pour une facture annuelle de 120 m³ d'eau

	Composante		
Bassins hydrographiques	**Eau potable**	**Assainissement**	**Total**
Artois-Picardie	7,1	9,1	16,2
Seine-Normandie	7,3	7,8	15,1
Rhin-Meuse	6,7	7,8	14,5
Loire-Bretagne	7,3	7,4	14,7
Rhône-Méditerranée-Corse	8,1	7,0	15,1
Adour-Garonne	7,6	7,0	14,6

Source : Direction Générale de la Concurrence, de la Consommation et de la Répression des Fraudes.

Le prix de l'eau varie également en fonction du mode de gestion : celui-ci est en moyenne, d'après l'enquête Ecoloc, de 12,30 francs en régie, de 13,80 francs en régime mixte (délégation de la gestion de l'eau potable ou de l'assainissement-épuration), et de 15,80 francs en gestion déléguée (délégation de la gestion de l'eau potable et de l'assainissement-épuration). Ces différences semblent s'expliquer, sur le plan macro-économique, essentiellement par l'addition de deux facteurs :

– un facteur taille : la part de gestion déléguée est plus importante dans les grandes villes que dans les petites, et les premières ont, globalement, un prix de l'eau supérieur aux secondes ;

– un facteur qualité : le traitement des eaux usées paraît souvent plus poussé dans les villes en délégation que dans les villes en régie, soit parce que le recours à la délégation a permis de mobiliser les financements nécessaires plus rapidement, soit parce que le recours à la délégation a été lié à la recherche de solutions techniques innovantes à des situations complexes.

A l'horizon 2001, les réponses des collectivités locales sur les évolutions du prix de l'eau dans les cinq années à venir permettent d'envisager une réduction de cette disparité, les collectivités qui déclarent les plus bas prix anticipant les plus fortes hausses. Globalement, les collectivités locales anticipent un ralentissement significatif de l'augmentation du prix de l'eau, qui après avoir cru de près de 9 % par an en valeur, augmenterait de 5 %

par an en valeur, entre 1996 et 2001 *(graphique 12.2)*, ce qui confirme le ralentissement observé depuis 1995. Selon les collectivités enquêtées, le facteur principal d'augmentation du prix de l'eau sera l'accroissement du coût de l'assainissement-épuration, à rapprocher de la réalisation des travaux exigés par la réglementation, notamment la directive de 1991 sur les eaux résiduaires urbaines.

Graphique 12.2

Évaluation du prix TTC du m³ d'eau

Prix moyen redressé selon le nombre d'habitants

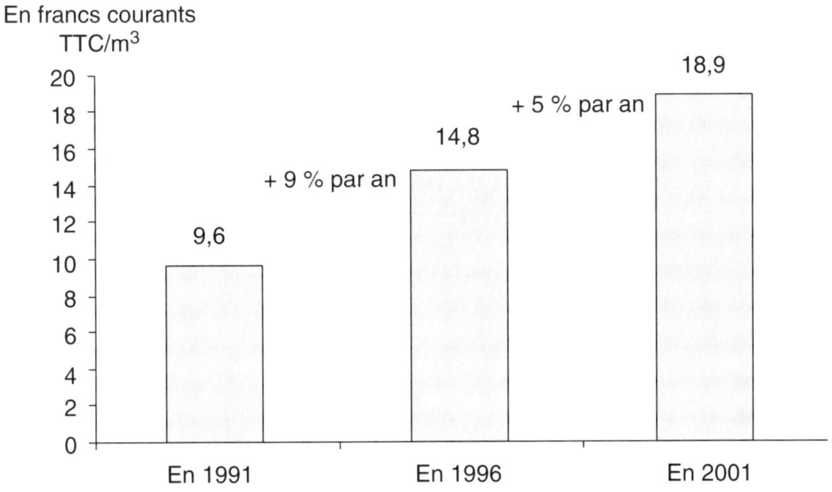

Prix global, y compris eau potable, assainissement, toutes taxes et redevances pour une facture annuelle de 120 m^3/an pour un abonné domestique ; prix en francs courants, arrondis à la décimale, pour le mois de mars/avril des années sélectionnées, sur un échantillon représentatif des communes de métropole de 700 habitants et plus (88 % de la population de métropole).
Source : Ecoloc et enquête CFE/AMF, juin 1996.

En conclusion, le ralentissement de l'augmentation du prix de l'eau semble traduire une maîtrise progressive des dépenses des collectivités locales dans ce domaine, à l'opposé de ce qui est constaté dans le domaine des déchets.

LE COÛT DE LA GESTION DES DÉCHETS

A la différence de la gestion de l'eau, pour laquelle existe un budget annexe spécifique, il n'y a pas à l'heure actuelle de suivi précis harmonisé de la gestion des déchets au niveau municipal. A défaut, le suivi de la TEOM fournit des indications utiles. Par ailleurs, deux approches complémentaires sont possibles : une approche macro-économique globale, qui concerne les coûts totaux supportés par les collectivités, et une approche micro-économique sur les coûts techniques de collecte et de traitement des déchets.

La Taxe d'Enlèvement des Ordures Ménagères (TEOM) constitue le premier mode direct de financement de la politique déchets des collectivités locales. Le produit de la TEOM était en 1995 de 14 127 millions de francs *(graphique 12.3)*. De même que le prix de l'eau, le rythme de croissance annuel du produit de la TEOM semble ralentir, puisqu'il a progressé de 12,3 % en valeur en 1993, de 11 % en 1994, et de 8,7 % en 1995.

Graphique 12.3

Évolution du produit de la taxe d'enlèvement des ordures ménagères

En millions de francs courants

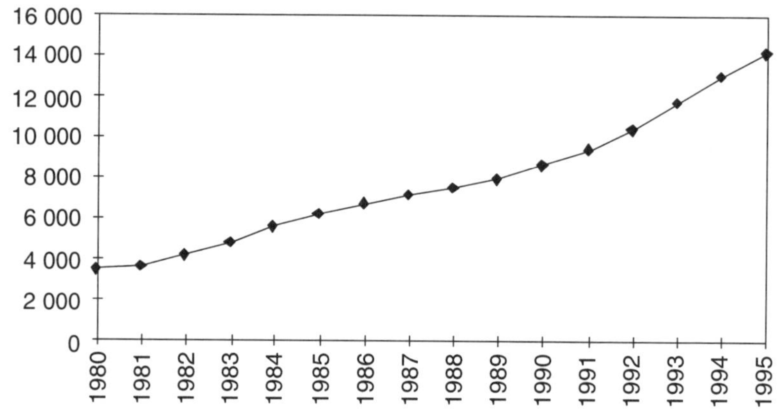

Source : DGCL du ministère de l'Intérieur.

Cela paraît néanmoins plus dû à la diversification des sources de financement et à un ralentissement de la hausse de la pression fiscale locale en période électorale. Le produit de la redevance d'enlèvement des ordures ménagères a quasiment doublé entre 1990 et 1993, passant de 730 millions de francs à près de 1 400 millions de francs. De façon générale, le rythme d'accroissement de la TEOM est plus rapide que celui de la fiscalité directe locale depuis le début des années 1990, comme l'illustre le graphique 12.4. Comme cela ne s'explique pas par une augmentation de la population concernée par la TEOM, l'hypothèse selon laquelle il s'agit bien d'une croissance forte de la dépense de gestion des déchets (même s'il n'y a pas adéquation totale entre TEOM et dépense de gestion des déchets) semble fondée.

Graphique 12.4

Évolution comparée du taux de croissance annuel en valeur du produit de la TEOM et du produit de la fiscalité directe locale (produit des 4 taxes directes locales)

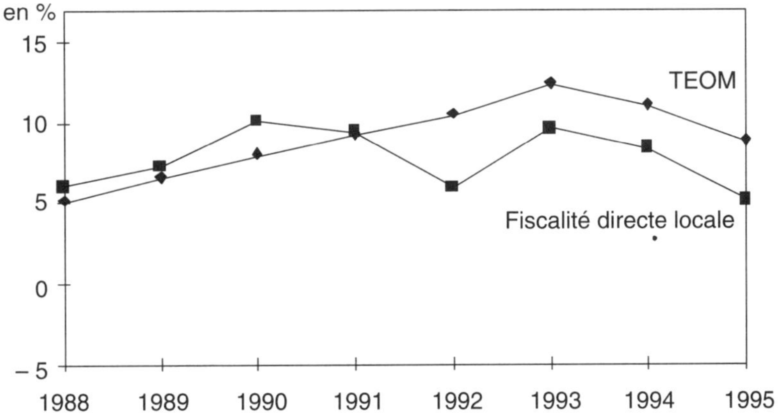

Source : DGCL du ministère de l'Intérieur.

Dans le cadre de l'enquête Ecoloc 1996, les collectivités locales ont été interrogées sur le coût toutes taxes comprises à leur charge (frais totaux déduction faite d'éventuelles interventions et retombées de valorisation) de la gestion (collecte, transport, traitement) d'une tonne d'ordures ménagères en 1991, 1996, et 2001.

Les collectivités enquêtées ont déclaré un coût moyen (pondéré par la population) égal à 720 francs par tonne en 1996. Ce coût moyen est très variable suivant la taille des collectivités, les petites (entre 2 000 et 5 000 habitants) déclarant en majorité un coût total inférieur à 500 francs par tonne, les moyennes (entre 5 000 et 50 000 habitants) un coût total souvent compris entre 500 et 600 francs, les grandes (supérieures à 50 000 habitants) un coût total de l'ordre de 800 francs par tonne.

De façon complémentaire, des coûts techniques micro-économiques sont relativement bien identifiés [1] :

A l'heure actuelle, le coût de traitement par incinération, qui est le traitement le plus répandu, est le suivant :

– amortissement : 230 à 300 F HT/t,

– exploitation : 150 à 250 F HT/t,

– mâchefers : 20 à 70 F HT/t (selon valorisation ou mise en décharge, coût ramené à la tonne d'ordure incinérée),

– REFIOM : 50 à 80 F HT/t (coût ramené à la tonne d'ordure incinérée),

– recettes énergétiques : 70 à 90 F HT/t.

De fait, le coût global de l'incinération se situe aujourd'hui généralement entre 400 F HT/t et 650 F HT/t. Ce prix varie en fonction de la capacité de traitement de l'usine d'incinération : en effet, plus celle-ci est importante, moins le coût de traitement par tonne incinérée est élevé, du fait de l'effet d'échelle important dans ce type d'installation.

Le coût de la collecte sélective des matériaux recyclables est plus élevé que la collecte traditionnelle des ordures ménagères en mélange, à cause du nombre plus élevé de passages des véhicules, de l'accroissement des temps de ramassage et de la diminution des quantités collectées par véhicule. Le coût moyen des collectes en bi-flux et des collectes mixtes avec le verre en apport volontaire, qui représentent aujourd'hui un bon compromis entre l'efficacité de collecte de matériaux recyclables et la simplicité de mise en œuvre, est estimé à 1 700 francs par tonne de matériaux triés. Ce prix s'explique par l'échelle encore réduite des opérations de collecte sélective. Lorsque celle-ci sera plus répandue, il est possible que le coût moyen à la tonne de la collecte diminue.

Interrogées sur l'évolution du coût de la gestion des déchets lors d'Ecoloc, les collectivités ont déclaré ne pas anticiper de ralentissement de l'augmentation des coûts dans les cinq prochaines années, contrairement au prix de l'eau. A l'instar de la période 1991-1996, la croissance du coût moyen de la gestion d'une tonne d'ordures ménagères serait de l'ordre de 7 % par an d'ici à l'an 2001 *(graphique 12.5)*.

---

1. Cf. la communication de la troisième journée nationale ADEME/AMF ayant pour thème « La gestion des déchets municipaux – Comment gérer au moindre coût » du 26 juin 1996.

Graphique 12.5

Évolution déclarée du coût moyen de la gestion d'une tonne d'ordures ménagères de 1991 a 2001 [a]
(Coût moyen pondéré par la population)

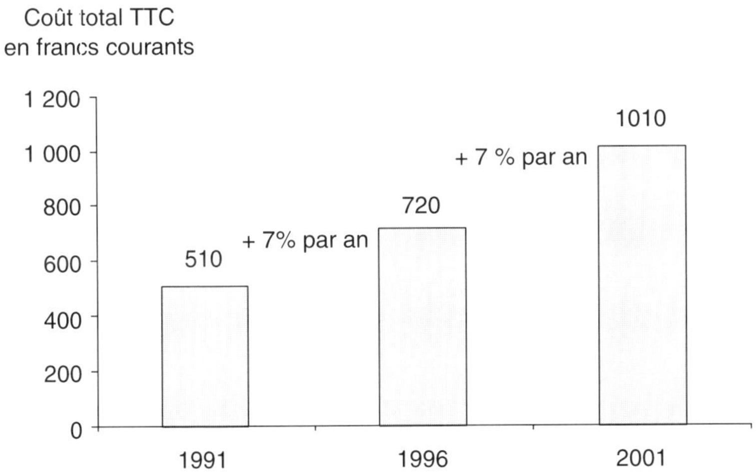

a.Coût TTC à la charge des collectivités (frais totaux déduction faite d'éventuelles interventions et retombées de valorisation) de la gestion (collecte, transport, traitement) d'une tonne d'ordures ménagères ; coût moyen pondéré par la population, en francs courants, d'après les déclarations d'un panel de collectivités interrogées entre mars et mai 1996 dans le cadre de l'enquête Ecoloc.
Source : Ecoloc 1996, BIPE Conseil.

Cette croissance serait, d'après les collectivités enquêtées, essentiellement liée à la mise en place des nouveaux équipements pour la collecte sélective, le tri et l'incinération avec récupération d'énergie. L'examen de 40 plans départementaux élaborés au 15 mars 1996 a permis, par extrapolation, de faire une estimation des investissements nécessaires à l'application de l'ensemble des plans départementaux. Le montant des investissements pour 2002 a été évalué à près de 60 milliards de francs (hors ouverture des centres de stockage), la part de l'incinération atteignant 60 % du montant total.

En conclusion, il semble probable que, contrairement à celle du prix de l'eau, la hausse du coût de la gestion des déchets ne connaisse pas de ralentissement dans les prochaines années, en raison de la mise en application des plans départementaux et des choix nouveaux de procédés de traitement des déchets effectués par les collectivités locales.

CHAPITRE 13

Les instruments économiques : taxes et redevances liées à l'environnement

En France comme dans les autres pays et dans les instances internationales (Union européenne, OCDE...), les instruments économiques ont suscité un intérêt croissant, à mesure que l'on a pris conscience de leur efficience économique et de leur efficacité environnementale potentielle.

En effet, l'inexistence ou l'imperfection des marchés pour les ressources naturelles telles que l'eau, l'air, les espaces naturels,...mènent souvent à leur surexploitation, car le prix auquel elles sont disponibles est en général inférieur à leur coût pour la collectivité. Le dysfonctionnement d'autres marchés (tel que les transports, par exemple) peut encore aggraver la dégradation de l'environnement.

D'où la nécessité, pour les prix, de refléter la rareté réelle des ressources naturelles et les coûts d'environnement associés à l'activité économique. En outre, les instruments économiques, en agissant sur le marché à travers un transfert financier entre les pollueurs et la collectivité (par application du principe « pollueur-payeur ») constituent les outils privilégiés d'une intégration environnement-économie, par l'internalisation des coûts.

Parmi la panoplie d'instruments économiques à finalité environnementale explicite (redevances, taxes, permis négociables, système de dépôt-consignation, aides financières) possibles, la France a recours essentiellement à la fiscalité – par le biais de taxes sur polluants ou sur produits – et aux redevances avec affectation des recettes à la lutte contre le polluant visé. Par ailleurs, les subventions tendent à être remplacées par d'autres instruments économiques, car elles présentent quelques effets distorsifs et autres inconvénients. Les subventions modifient les conditions économiques de la production et de la circulation des biens. Elles ne sont pas neutres par rapport au jeu concurrentiel. Dans certains cas, elles contribuent à aider des activités polluantes, ce qui en fait alors des instruments incompatibles avec le principe du pollueur-payeur. Mais leur suppression éventuelle pose des problèmes d'acceptabilité sociale.

Souvent la distinction ne semble pas très nette entre taxes et redevances : les redevances correspondent en fait à la rétribution d'un service rendu (ramassage des déchets, par exemple) et leurs ressources sont affectées au financement des mesures de lutte contre la pollution ; alors que les recettes des taxes ne sont en principe pas affectées à des objectifs précis – dans le domaine de l'environnement ou autre.

Les taxes directement liées explicitement à la protection de l'environnement – ou éco-taxes – se décomposent en deux grandes familles :

– d'une part, les taxes sur les émissions, qui donnent lieu à un prélèvement fiscal d'un montant directement lié au volume de pollution rejeté (ou estimé) dans l'air, dans l'eau ou dans les sols, ou au bruit produit. Elles frappent le dernier maillon de la chaîne, c'est-à-dire ceux qui rejettent effectivement une certaine substance dans l'environnement.

– d'autre part, les taxes sur les produits, lesquelles peuvent constituer un substitut aux taxes sur les émissions lorsque celles-ci ne peuvent être soumises à une taxation directe. Généralement, ces taxes peuvent être imposées afin de valoriser l'environnement et pour corriger des externalités autres que la pollution. Une telle taxe peut être fonction de la teneur des produits en substances toxiques (comme la taxe sur le carbone) ou peut également être perçue par unité de produit, si l'objectif est de réduire l'utilisation du produit en général.

Cinq raisons militent en faveur du choix des taxes ou des redevances plutôt que d'autres instruments comme les subventions ou les réglementations :

1) elles permettent d'internaliser les coûts de pollution et autres coûts d'exploitation de l'environnement (c'est-à-dire les externalités) dans les prix des biens et services produits par l'activité économique. Par conséquent, en confrontant les pol-

lueurs avec l'intégralité des coûts de leurs activités polluantes, elles confortent le principe du pollueur-payeur (PPP) ;

2) elles génèrent une incitation à substituer une substance ou un procédé davantage respectueux de l'environnement au produit ou à l'activité précédent, ceci par un effet-prix encourageant une modification des comportements des producteurs et des consommateurs qui deviennent plus attentifs au problème de l'environnement (pour exemple : la taxation différentielle de l'essence plombée et de l'essence sans plomb) ;

3) elles minimisent les coûts de réduction de la pollution, par rapport à d'autres instruments tels que la réglementation ou les contrats qui s'accompagnent de dépenses dues aux frais d'adaptation ou de transaction ;

4) en élevant par exemple le coût de l'énergie fossile, de l'eau et des déchets, elles encouragent l'innovation technologique en privilégiant de nouveaux procédés écologiques et moins coûteux. Cette incitation est bénéfique non seulement à l'environnement mais aussi à la croissance économique ;

5) enfin, les taxes vont créer des recettes publiques supplémentaires, permettant ainsi d'accompagner leur instauration d'autres mesures de politiques d'environnement compensatrices ou de politiques économiques accompagnatrices visant à diminuer d'autres taxes (sur le travail, la consommation,...) davantage préjudiciables en termes de bien-être. Si on réduit le taux de ces dernières grâce aux nouvelles recettes publiques, cela permet de diminuer leurs effets sur les coûts et la compétitivité tout en améliorant la qualité de l'environnement. Par ailleurs, une telle taxation, en ne se traduisant pas par une augmentation des prélèvements obligatoires mais par la réduction simultanée de certains prélèvements actuels, sert le principe du double dividende, économique et écologique.

Dans ce sens, diverses modélisations macro-économiques montrent qu'une compensation d'une taxe sur le CO_2 payée par les entreprises grâce à une baisse des prélèvements obligatoires sur les salaires et une compensation de la taxation des ménages par un allégement de la TVA conduisent à un impact positif sur l'emploi et la croissance. Ce genre d'expérience a d'ores et déjà été mené avec succès dans les pays scandinaves.

En France, suivant ces perspectives d'améliorations conjointes de l'environnement, de l'innovation et de la compétitivité, de l'emploi et du système fiscal, le dispositif des taxes et redevances s'est renforcé en 1992 et 1993, principalement sous l'effet du VIe Programme des Agences de l'Eau et de l'introduction d'une taxe sur la mise en décharge des déchets ménagers et assimilés. La loi du 2 février 1995 sur le renforcement de la protection de l'environnement complète le dispositif afin de procurer à l'État et aux collectivités territoriales quelques moyens financiers supplémentaires affectés à cette finalité écologique.

Rappelons que l'essentiel des instruments financiers présentés se caractérise par leur finalité qui n'est pas seulement de générer des ressources supplémentaires pour l'État, mais bien de provoquer des changements de comportement de la part des consommateurs et des producteurs. C'est pourquoi les recettes des taxes sont affectées à des actions d'amélioration de l'environnement. Les redevances environnementales perçues par divers organismes (agences de l'eau, conseil supérieur de la pêche...) servent à financer leurs activités de protection de l'environnement.

Par ailleurs, d'autres instruments économiques ont une incidence indirecte sur l'environnement, même si leur objectif principal reste la production de recettes pour le budget général de l'État. Ceux-ci font donc également l'objet d'une présentation sommaire, dans le tableau d'ensemble 13.1 en fin de chapitre.

EAU

Le système mis en place dès 1964 repose sur l'application du principe pollueur-payeur : les six agences que compte le territoire national et qui correspondent chacune à un grand bassin hydrographique, collectent des redevances de prélèvement et de pollution, industrielle et domestique, qu'elles redistribuent sous forme d'aides aux investissements visant à réduire les rejets polluants ou à améliorer l'épuration des eaux.

Le VIe Programme d'intervention (1992-1996) a prévu un doublement des moyens financiers des agences de l'eau, mobilisant des ressources d'un montant de 39 milliards de francs.

En 1996, le montant prévisionnel des redevances s'élève à 9,7 milliards de francs, alors que les redevances perçues en 1992 s'élevaient à 4,9 milliards de francs. Il paraît intéressant de faire état des aides attribuées par les six agences de l'eau dans leurs principaux domaines d'intervention pour les deux dernières années :

Aides attribuées aux agences de l'eau

	1995	1996 (prévisions)
Assainissement des collectivités locales	5 791 MF	5 870 MF
Lutte contre la pollution industrielle	1 555 MF	1 555 MF
Aménagement des ressources en eau	314 MF	798 MF

Ces fonds sont collectés à travers deux grandes catégories de redevances, instituées par la loi sur l'eau du 16 décembre 1964 :

• la redevance pour prélèvement et consommation nette d'eau : l'agence perçoit une redevance annuelle sur les personnes publiques ou privées qui prélèvent de l'eau superficielle, de l'eau de source, de l'eau de la nappe alluviale et de l'eau de la nappe autre qu'alluviale. Son assiette comprend un volet « prélèvement » ainsi qu'un volet « consommation » ;

• la redevance de pollution. On distingue dans cette catégorie deux cas :

– la redevance de pollution domestique, calculée par commune ou par groupement de communes. Celle-ci est perçue par l'exploitant du service public de distribution d'eau, en sus du prix de l'eau, sous forme d'une contre-valeur déterminée par l'agence et assise sur les quantités d'eau facturées : la redevance est donc répercutée sur l'abonné et l'exploitant verse le produit de cette contre-valeur à l'agence ;

– la redevance de pollution due aux usagers industriels et assimilés de l'eau. L'agence est autorisée à percevoir une redevance annuelle sur les personnes publiques ou privées en fonction de la quantité de pollution qu'elles produisent. Le maître d'ouvrage d'un dispositif d'épuration bénéficie, en fonction de la pollution éliminée, d'une prime pour épuration qui vient en déduction de la redevance brute.

En 1996, le produit des redevances de prélèvement, consommation et pollution est estimé à 11 350 millions de francs, alors qu'il était de 10 260 millions en 1995 et de 5 815 en 1992, année de mise en œuvre du VIe programme.

Le VIIe programme – qui est entré en vigueur au début de 1997, en même temps que les six schémas directeurs d'aménagement et de gestion des eaux (SDAGE) – prévoit une stabilisation au niveau atteint en 1996 des redevances, dont le niveau a été arrêté à 51 milliards de francs sur les cinq ans du programme. Les orientations retenues sont les suivantes :

– le maintien des priorités du VIe Programme, notamment pour assurer la mise en œuvre des directives européennes, soit l'assainissement des collectivités locales, la lutte contre la pollution industrielle, la maîtrise des pollutions d'origine agricole, l'amélioration de la ressource en eau, l'alimentation en eau potable et la protection des milieux naturels ;

– le renforcement des interventions en milieu naturel en vue d'y améliorer la qualité bactériologique de l'eau distribuée et de l'assainissement ;

– l'amélioration de la connaissance des eaux souterraines ;

– l'accroissement des aides au fonctionnement des investissements réalisés, notamment pour l'entretien et la surveillance des installations.

Au total, ces aides représentent 45 milliards de francs, auxquels s'ajoutent 11 milliards de francs d'aides au fonctionnement (assistance technique, aides à l'élimination des déchets, primes d'épuration et aides au fonctionnement des installations), soit 56 milliards de francs. Le VIIe programme manifeste une volonté de stabilisation puisque le montant prévu des aides aux investissements et au fonctionnement est de 51 milliards de francs (après déduction des retours de prêts des agences) pour la période 1997-2001.

En outre, signalons que des redevances relevant des collectivités locales viennent s'ajouter à celles précédemment citées. Il s'agit :

– de la redevance sur la consommation d'eau potable publique qui est due par les services de distribution d'eau des communes bénéficiant d'eau potable publique. Les ressources dégagées servent à financer les actions d'aide aux communes pour se doter de services publics de distribution d'eau potable et d'assainissement ;

– de la redevance d'assainissement, obligatoire et payable par les usagers et les établissements raccordés à un service public d'assainissement. Son produit sert exclusivement au financement des charges de la gestion de ce service public, compte tenu du fait que les communes sont tenues d'équilibrer leurs ressources et leurs dépenses du budget d'assainissement ;

– de la redevance en cas de rejet d'eaux autres que domestiques, redevables lors d'un raccordement d'un rejet d'eaux autres que domestiques dans le réseau public. Son produit vient également alimenter le budget d'assainissement.

AIR

La taxe parafiscale sur la pollution atmosphérique a été instaurée par le décret du 7 juin 1985 pour une période de cinq années et reconduite dans un premier temps jusqu'au 31 décembre 1994, puis dans un deuxième temps jusqu'au 31 décembre 1999 par décret du 3 mai 1995 (applicable à partir de 1996). L'année 1997 est donc la deuxième année de perception de cette taxe parafiscale renouvelée, dont l'assiette porte notamment sur les composés organique volatiles (COV), derniers polluants taxés depuis 1996, en sus des oxydes de soufre et autres composés soufrés, oxydes d'azote (NO_x) et acide chlorhydrique.

Cette taxe grève les installations de combustion d'une puissance thermique supérieure à 20 MW, les installations d'incinération d'ordures ménagères de capacité supérieure à 3 tonnes par heure et les installations rejetant en une année plus de 150 tonnes de certains composés soufrés, de composés oxygénés de l'azote ou d'acide chlorydrique, chacun étant taxé au taux de 150 francs la tonne à partir de 1995 (applicable en 1996). Son rôle est de développer une politique de réduction des émissions de polluants en poussant les industriels à s'équiper de matériels anti-pollution avant l'échéance de 1999.

Les opérations techniques et financières de gestion sont assurées par l'Agence de l'environnement et de la maîtrise de l'énergie (ADEME). Le produit de cette taxe est destiné à 75 % minimum à un soutien au développement et à l'équipement de technologies propres et de dépollution ayant pour objectif la lutte contre la pollution atmosphérique, selon un régime de type mutualiste.

Les décisions d'interventions financières sont prises par un comité de gestion paritaire État-industriels-collectivités locales présidé par le ministre de l'Environnement.

Le produit de la taxe est affecté :

– à la surveillance de la qualité de l'air, sous forme de cotisations ;

– à des aides aux équipements de dépollution d'installations assujetties ;

– à des aides au développement de technologies pour la mesure ou la prévention de la pollution atmosphérique ;

– au financement d'actions d'intérêt national dans les domaines couverts par la surveillance de la qualité de l'air, le développement ou la réalisation d'équipements pour la mesure ou la prévention de la pollution atmosphérique ;

– à la couverture des frais engagés pour la gestion de la taxe, qui n'excèdent pas 6 % des recettes.

Le décret de 1995 ayant été adopté en mai, la prévision a été faite sur la base des résultats provisoires des émissions 1995, puis calculée en année pleine. L'assiette retenue pour l'estimation du produit brut 1997 porte sur les émissions de 1996. Ainsi, 1,167 million de tonnes de rejets seraient taxés en 1997, dont 167 000 tonnes de COV. La réévaluation de la taxe de 150 à 180 francs la tonne et l'incinération des COV provoquent une hausse de 40 % des ressources fiscales. Le produit brut estimé s'élève à 220 millions, dont 30 millions relatifs à la taxation des COV, alors qu'il était de 177 millions de francs en 1995.

Déchets

Les communes ou groupements de communes peuvent recourir à trois modes principaux de financement du service d'enlèvement des ordures ménagères :

– *le budget général de la commune ;*

– la *taxe d'enlèvement des ordures ménagères* (TEOM), introduite antérieurement à la loi de 1975 et qui porte sur toutes les propriétés soumises à la taxe foncière sur les propriétés bâties. En 1994, son montant s'est élevé à 12 892 millions de francs pour 4 613 collectivités concernées. Elle est généralement assortie d'une redevance pour enlèvement des déchets assimilés et d'une redevance spéciale pour enlèvement des déchets de terrains spécialement aménagés.

– la *redevance générale d'enlèvement des ordures ménagères* (REOM), qui permet à certaines communes de remplacer les trois taxes précédemment citées par une seule, avec une plus grande facilité de gestion et de perception. En 1994, son montant était de 1 191 millions de francs et elle concernait 12 504 collectivités.

En complément a été créée une *taxe de balayage* calculée d'après la longueur des trottoirs.

Depuis 1992, les communes sont dans l'obligation de créer une redevance spéciale sur la collecte des *déchets banals de l'industrie* (DIB) de l'artisanat et du commerce tenant compte de la réalité du coût du service rendu.

La *taxe parafiscale sur les huiles de base* a été créée par décret du 30 juin 1979 et reconduite en 1994 pour une durée de cinq ans. Elle concerne les huiles de base (lubrifiantes et autres) produites en France ou importées de la CEE ou d'ailleurs. Vouée à disparaître en 1999, elle sera remplacée par un nouveau dispositif qui implique davantage les producteurs et les importateurs en les rendant responsables de la collecte et de la valorisation des huiles usagées. Le tarif est fixé à 150 francs par tonne d'huile neuve ou régénérée.

Cette taxe a généré des recettes brutes, perçues par l'ADEME, de 127 millions de francs en 1995, 120 millions de francs en 1996 et devrait en rapporter autant en 1997.

L'affectation est destinée à favoriser les actions de collecte des huiles usagées et soutenir les investissements des ramasseurs et des éliminateurs agrées.

La *taxe parafiscale sur les pâtes, papiers et cartons*, perçue par l'État, a été créée dans le souci de promouvoir la récupération de vieux papiers et leur recyclage.

Instaurée par la loi du 13 juillet 1992, la *taxe sur le stockage* des déchets ménagers et assimilés concerne toutes les installations de stockage et de décharge de déchets ménagers et assimilés, y compris les déchets industriels banals. Elle est perçue par l'ADEME, qui s'est fixée comme objectif la suppression d'ici l'an 2002 des quelques 6 000 décharges brutes se trouvant sur le territoire français, de réduire la production des déchets et enfin, de favoriser le tri, la collecte et le traitement des déchets. Son taux a été majoré par la loi du 2 février 1995 sur le renforcement de la protection de l'environnement. Il est ainsi passé de 20 francs à 25 francs par tonne de déchet stocké, à compter du 1er janvier 1995. Un relèvement de 5 francs par tonne intervient au premier janvier de chacune des années suivantes, jusqu'en 1998. Il s'établit donc pour 1997 à 35 francs par tonne. Le produit de cette taxe sert à alimenter le fond de modernisation de la gestion des déchets pour financer les actions suivantes :

– développement de techniques innovantes ;

– réalisation d'équipements de traitement ;
– remise en état de sites et sols pollués ;
– aides aux communes accueillant sur leur territoire une installation intercommunale de traitement ;
– aide aux départements auxquels la compétence d'élaboration des plans d'élimination des déchets ménagers et assimilés sera transférée à partir de 1996.

En 1995, le montant brut de cette taxe était de 573 millions de francs, puis de 690 millions en 1996. Pour l'année 1997, l'estimation s'établit à un niveau légèrement supérieur (soit 701 millions de francs) à celui de l'année précédente, en raison de l'augmentation du montant de la taxe et des produits financiers.

La taxe sur les *déchets industriels spéciaux* (DIS) a été créée, comme la taxe sur les déchets ménagers et assimilés, par la loi du 2 février 1995. Son taux de base est le même que celui appliqué au stockage des déchets ménagers quand il s'agit de traitement ou de stockage après traitement de déchets industriels traités par incinération ou par procédés physico-chimique ou biologique (25 francs/tonne au 1er janvier 1995, 30 francs/tonne au 1er janvier 1996, 35 francs/tonne au 1er janvier 1997 et 40 francs/tonne au 1er janvier 1998). Ce taux est doublé lorsqu'il s'agit d'un stockage direct sans traitement, à l'exception des résidus d'incinération de déchets d'incinération, qui restent au taux simple.

A ce jour, 118 installations sont concernées par cette taxe qui doit permettre de financer la réhabilitation des sites pollués et plus particulièrement les sites orphelins, c'est-à-dire sans propriétaire ou exploitant solvable.

Administrée par l'ADEME, son montant brut s'élève à 46 millions de francs en 1995, 84 millions de francs en 1996 et est estimé à 93 millions de francs pour 1997.

En ce qui concerne les *emballages*, le décret du 1er avril 1992 donne obligation aux conditionneurs-emballeurs de pourvoir eux-mêmes à la reprise des emballages de leurs produits, ou d'apporter leur contribution à un organisme agréé chargé de favoriser le développement par les communes de collectes séparatives et de tri, notamment des emballages à destination finale des ménages. La cotisation est fixée par l'organisme agrée s'occupant de la collecte. Il la détermine selon le nombre, la taille et le type d'emballage.

A titre d'exemple, Éco-emballage, chargé de la valorisation de 75 % des déchets d'emballages ménagers d'ici l'an 2002, opère un calcul, soit en fonction du volume d'emballage, déterminant un montant de 0,1 à 10 centimes par emballage, soit en fonction de son poids, déterminant un montant de 0,5 à 50 centimes par kilo. Ainsi, en 1994, 420 000 tonnes de déchets ont été triés, conditionnés et recyclés. Le nombre d'adhérents est passé de 4 025 en 1993 à 7 170 en 1994 et 8 000 en 1995. Fin 1994, 85 % des produits de grande consommation étaient marqués du point Éco-emballage, contre 41 % en septembre 1993. Au total, le montant des cotisations hors taxes s'est élevé à 536,6 millions de francs en 1995, contre 506 millions de francs en 1994, versé pour l'essentiel par les grandes entreprises.

De même, la société Adelphe, agréée par arrêté ministériel du 5 février 1993, est chargée de la mission de récupération et de la valorisation de 75 % du verre d'emballage de la filière « vins et spiritueux » et de boissons, avec une affectation des recettes à l'extension du parc de conteneurs et à des opérations de sensibilisation et de suivi de la collecte. En 1994, les recettes hors taxes s'élevaient à 34,2 millions de francs pour 7 270 adhérents.

Enfin, l'association Cyclamed, agréée par l'arrêté ministériel du 20 septembre 1993, procède soit à l'élimination par incinération des déchets issus des médicaments (5 500 tonnes en 1994), soit à la valorisation humanitaire par la collecte et le tri de médicaments non utilisés à destination d'associations caritatives (1 500 tonnes en 1994). En 1994, ses cotisations avoisinaient 18 millions de francs.

BRUIT

Les entreprises bénéficient de la possibilité de procéder à un amortissement accéléré de leurs investissements ayant pour objet la lutte contre le bruit. Cette disposition est en vigueur depuis la loi de finances pour 1992.

La *taxe de décollage des aéronefs* a été créée par la loi du 31 décembre 1992 et est payée par tous les avions dont la masse au décollage dépasse deux tonnes en tenant compte de l'heure de décollage. Elle ne concerne en fait que six aéroports, classés en trois groupes :

– 1er groupe : Paris-Charles de Gaulle et Paris-Orly, auparavant concernés par une taxe parafiscale puis par une redevance pour atténuation des nuisances phoniques complémentaire à la taxe d'atterrissage ;

– 2e groupe : Marseille-Provence, Nice-Côte d'Azur, Toulouse-Blagnac ;

– 3e groupe : Lyon-Satolas.

Le produit de cette taxe, perçu par l'ADEME, est affecté en grande partie à l'insonorisation des bâtiments riverains. Il subit chaque année une augmentation générale liée à l'indice des prix du PIB marchand qui est également le fruit des évolutions du trafic aérien pour 1997 (l'incidence de ces deux facteurs est estimée à 3 %). Par ailleurs, son taux a été augmenté au 1er janvier 1996 pour les décollages de nuit et les avions les plus bruyants.

Ainsi, en 1995, les ressources brutes étaient de 48 millions de francs, puis de 31 millions en 1996 et sont estimées à 37 millions de francs pour 1997.

Énergie dans les transports

Les atteintes à l'environnement causées par le système des transports sont multiples : les transports contribuent fortement aux pollutions atmosphériques locales et globales, aux émissions de bruit mais également aux effets de coupure paysagère et d'atteinte aux espaces naturels sensibles, directement, ou par leurs effets sur la localisation de l'habitat.

Par conséquent, il s'agit d'un secteur particulièrement concerné par la fiscalité, même si celle-ci ne répond pas à des préoccupations spécifiquement environnementales dans l'affectation du produit des taxes (taxes sur les carburants, taxe de mise en circulation, vignettes, taxes sur les primes d'assurances, taxes à l'essieu,...). Il faut y ajouter d'autres prélèvements comme les péages autoroutiers dont les conséquences environnementales ne sont pas claires.

Cependant, le système complexe de tarification routière prévalant en France n'est pas optimisé et se traduit notamment par une sous-tarification des trafics urbains, des véhicules utilisant les carburants diesel et du transport routier local de marchandises. Le caractère incitatif originel de la tarification routière s'est peu à peu émoussé et l'offre de transports sous-tarifée conduit à un excès de demande, c'est-à-dire de congestion et d'atteinte à l'environnement.

La fiscalité indirecte constitue l'instrument essentiel de tarification à l'usage des infrastructures routières. La fiscalité énergétique y participe pour près de la moitié, mais d'autres taxes y contribuent (taxes sur les assurances, taxe sur les véhicules, TVA spécifique,...).

L'article 22 du projet de loi de finances pour 1996 a introduit un paramètre écologique sur les énergies fossiles et a prévu une augmentation identique, en valeur absolue, de la fiscalité sur le diesel et de celle sur l'essence. Le prix TTC à la pompe du super sans plomb 95 reste plus élevé de 27,3 % par rapport au gazole et, de manière générale, la fiscalité (accises et TVA) représente en moyenne 79,6 % du prix TTC du super sans plomb 95 et 70,6 % de celui du gazole. Entre 1992 et 1996, le prix du super carburant sans plomb 95 a augmenté de 25 % malgré une diminution du prix HT de 13 %, la fiscalité augmentant de 39 %. Par contre, le prix TTC du gazole s'est élevé de 29 % sous l'effet exclusif de l'augmentation de la fiscalité (+ 45 %), le prix HT demeurant stable.

En parallèle, le projet de loi a prévu diverses incitations fiscales visant les carburants de substitution aux carburants pétroliers, essence ou supercarburant et gazole. On distingue :

– Le GPL-C, *gaz de pétrole liquéfié-carburant*, mis en place dès 1985 mais dont la filière n'a pas connu le développement espéré, probablement en partie en raison de problèmes techniques rencontrés sur les véhicules. La réduction de près de 70 % de la TIPP appliquée au GPL-C (de 245,67 F/100 kg à 74,34 F/100 kg) introduite par la loi de finances pour 1996 semble avoir redynamisé la filière. Les équipements de véhicules et les ventes de carburant augmentent à nouveau. De nouvelles stations de distribution s'implantent ou sont projetées. Des véhicules prééquipés apparaissent au catalogue des grands constructeurs.

– Le GNV, *gaz naturel pour véhicules*, possède des performances environnementales relativement proches de celles du GPL-C. Une association française du gaz naturel pour véhicules a été créée en 1994 à l'initiative du ministère de l'Industrie et de Gaz de France en vue de promouvoir le développement de la filière. Ainsi, plusieurs véhicules de GDF ont été équipés à titre expérimental, de même que quelques bus. Le projet de loi sur l'air, tel qu'il a été voté au Sénat le 24 octobre 1996, contient plusieurs dispositions visant à accélérer le développement des véhicules peu polluants, qu'ils fonctionnent au GPL, au GNV ou à l'électricité. Il s'agit en particulier de l'article 21 concernant le renouvellement des flottes de véhicules de l'État, des établissements publics ou des collectivités locales, de l'article 23 concernant le remboursement à compter du 1er janvier 1997 de la taxe intérieure de consommation sur le GNV et de la taxe intérieure sur les produits pétroliers (TIPP) pour le GPL-C, pour les exploitants de réseaux de transports publics de voyageurs dans la limite de 12 000 litres par véhicule et par an. Par ailleurs, l'article 24 concerne la taxe sur les véhicules de société et présente les possibilités d'amortissement accéléré (sur 12 mois).

– Le *véhicule électrique* : l'initiative d'aide au développement du véhicule électrique est encore plus ancienne puisque, dès 1974, était créé, à l'initiative du ministère de l'Environnement, le GIVE (groupe interministériel véhicules électriques). Ce groupe, relancé en 1990 afin de coordonner les actions des diverses administrations pour promouvoir le véhicule électrique, est à l'origine de plusieurs actions d'accompagnement.

40 millions de francs ont été affectés entre 1990 et 1994 au véhicule électrique dans le cadre du programme « véhicule propre et économe ». De même, le 1er mai 1991 a été créé le fonds de soutien à l'achat, pour les collectivités locales, des 1 000 premiers véhicules électriques, puis modifié en 1995 pour tenir compte du nouvel accord cadre signé le 11 avril 1995 entre l'État, EDF et les constructeurs automobiles. La loi de finances pour 1992 a autorisé l'amortissement sur douze mois des véhicules électriques achetés par une entreprise privée entre le 1er décembre 1991 et le 31 décembre 1994. La loi de finances pour 1995 a reconduit ces dispositions jusqu'à fin 1999.

Deux accords cadres ont en outre été signés entre les ministères de l'Industrie et de l'Environnement et les constructeurs automobiles afin de promouvoir le développement du véhicule électrique et atteindre l'objectif, que s'était fixé le Gouvernement en 1992, de 100 000 véhicules électriques en l'an 2000, ce qui supposerait que 5 % des véhicules neufs immatriculés en 1999 seront électriques.

Enfin, le décret du 9 mai 1995 institue une aide de 5 000 francs accordée par l'État à tout utilisateur de véhicule électrique neuf, assortie d'une prime supplémentaire d'EDF de 10 000 francs et d'un effort équivalent du constructeur, ce qui permet de ramener le prix du véhicule électrique au prix du véhicule thermique équivalent.

– Les *biocarburants* : dès 1987, afin de favoriser leur développement qui pouvait se justifier par une volonté de diversification énergétique, mais n'apparaissait envisageable qu'avec une aide fiscale conséquente, était accordée une détaxation partielle des biocarburants. Une exonération totale de la TIPP dans le cas d'opérations-pilotes, conformément aux règles communautaires, a été mise en place à partir de 1992. La loi de finances du 30 décembre 1993 a ensuite accordé une aide uniforme aux esters, qu'ils soient incorporés à du gazole ou à du fioul domestique. Cette même loi a, par ailleurs, introduit un plafonnement de l'exonération à hauteur de 230 francs/hl pour les esters et 329,50 francs/hl pour l'éthanol. Le projet de loi sur l'air prévoit enfin que le développement des biocarburants devrait être favorisé au travers d'une incorporation obligatoire de composés oxygénés dans tous les carburants.

En complément de ces carburants de substitution, l'utilisation de l'outil tarifaire et fiscal, déjà en place depuis 1992 sur l'autoroute A1 par une modulation tarifaire selon les créneaux horaires, a été étendu à la nouvelle autoroute A14, privilégiant ainsi le covoiturage.

Par ailleurs, la fiscalité de l'énergie concerne, indépendamment des carburants, le fuel domestique, le fuel lourd et le gaz naturel qui sont taxés à un taux compris entre 13 % et 20 % de leur prix de vente (hors TVA).

Enfin, il est à noter que les incitations fiscales en faveur des économies d'énergie existent aussi bien pour les entreprises (amortissements exceptionnels) que pour les ménages (réduction d'impôts).

ESPACES NATURELS, CADRE DE VIE ET FISCALITÉ LOCALE

La fiscalité locale représente un ensemble complexe de taxes perçues au profit d'acteurs divers : communes, groupements, départements, régions, organismes sociaux et consulaires. Son incidence environnementale est forte, parce que les taxes à but directement environnemental sont nombreuses, mais surtout parce que la fiscalité du foncier et de l'immobilier, dont le poids dans les recettes locales est élevé, a, par ses effets sur la combinaison des facteurs dans l'agriculture, sur la délocalisation de l'habitat et des activités économiques et sur la configuration du système des transports, des conséquences significatives et parfois irréversibles sur l'environnement, les paysages, les espaces naturels et le cadre de vie.

Les principales taxes perçues par des établissements publics ou des collectivités locales et dont le produit est directement affecté à la protection de l'environnement sont les suivantes :

– la *taxe unique à la création d'installations classées*, créée par la loi du 19 juillet 1976, perçue par les DRIRE lors de la création d'une installation soumise à autorisation. Son tarif est fixé par le ministère de l'Environnement et est actuellement de 12 000 francs par autorisation ;

– la *redevance sur certains établissements industriels classés*. Créée par la loi du 19 juillet 1976, elle est également perçue par les DRIRE. Cette redevance est due par les établissements qui, du fait de la nature de leurs activités, sont soumis à des contrôles approfondis, spécifiques et continus. Son montant est payé pour chacune des activités de l'établissement et est fixé sur la base d'une assiette de 1 800 francs majoré par un coefficient échelonné de 1 à 10 selon la nature de l'activité ;

– la *taxe piscicole*, instituée par le décret du 29 novembre 1976, est due par les pêcheurs professionnels et amateurs au Conseil Supérieur de la Pêche. Elle est affectée principalement au financement des actions de maintien et de mise en valeur du domaine piscicole, de la lutte contre la pollution des eaux et de la recherche dans le domaine aquatique ;

– les *redevances cynégétiques*, instituées par l'arrêté du 30 juin 1975, sont versées à l'Office National de la Chasse à l'occasion de la validation du permis de chasse et de la vente de gibier provenant des centres d'élevage dépendant de l'Office. Le produit des redevances sert à financer les actions de recherche, de communication, de protection de la faune sauvage par l'organisation de la lutte contre le braconnage et les diverses formes de dégradations ;

– la *taxe départementale d'espaces naturels sensibles* (TDENS), dont l'assiette a été élargie par la loi du 2 février 1995 sur le renforcement de la protection de l'environnement, est perçue sur la valeur des nouvelles constructions dans ces zones. Elle permet aux conseils généraux de financer les actions de protection de la nature (il existe également plusieurs mesures fiscales concernant plus particulièrement les forêts) ;

– la *taxe sur les pylônes électriques de très haute tension* (supérieurs à 200 000 volts) est perçue par les communes ; son montant s'est élevé à 502 millions de francs en 1994 et 919 millions de francs en 1995 ;

– enfin, la loi du 2 février 1995 a autorisé l'instauration de plusieurs taxes relatives aux paysages : la *taxe spéciale sur les traversées maritimes à destination d'espaces naturels* (maximum 10 francs par personne), la *taxe spéciale sur les véhicules empruntant un pont entre le continent et une île* (maximum 20 francs par véhicule) pour protéger son environnement, la taxe sur les voitures de location pour financer les actions de protection de l'environnement, ainsi que l'augmentation de la *taxe de séjour* sur le tourisme pour le financement de l'éco-tourisme.

D'autre part, la fiscalité locale englobe une série de taxes ayant une visée ou une incidence indirectes sur l'environnement, c'est-à-dire qu'aucun élément, ni dans l'affectation de leur produit, ni dans l'objectif de leur création ne permet de les individualiser en tant qu'éco-taxes. Malgré tout, ces taxes venant alimenter le budget général des collectivités locales ont un effet secondaire sur l'environnement.

Dans cet ensemble, on distingue quatre taxes composant la fiscalité directe locale, perçues au profit des communes, des départements et des régions : la taxe professionnelle, la taxe sur le foncier bâti, la taxe sur le foncier non bâti et la taxe d'habitation.

– la *taxe professionnelle* concerne à la fois le travail et le capital utilisés par les entreprises ou professions libérales, étant assise en partie sur les salaires et en partie sur la valeur locative des équipements et bâtiments. Cette taxe est utilisée comme incitation fiscale en faveur de l'environnement, puisque la base de calcul est diminuée de 50 % pour les investissements de dépollution ;

– la *taxe sur le foncier non bâti* (TFNB) est assise sur la valeur locative des terrains, estimée à partir des revenus cadastraux par type de terrains. Cette méthode d'évaluation conduit cependant à des valeurs locatives sans rapport avec les revenus effectivement dégagés par l'activité agricole sur ces terrains. Cette déconnexion de l'assiette de la taxe foncière par rapport au revenu par hectare dégagé par l'activité agricole ou forestière, inhérente à la méthode d'évaluation de la valeur locative, a indiscutablement favorisé le transfert des productions vers les cultures les moins consommatrices de terre et les plus exigeantes en intrants spécifiques (engrais, produits phytosanitaires). En conséquence, elle a constitué un facteur d'intensification de l'agriculture. De même, une série d'exonérations de cette taxe ont un bilan environnemental incertain. L'assèchement des marais a, par exemple, donné lieu à une exonération de la taxe sur le foncier non bâti pendant 20 ans. Mais si l'assèchement des marais a contribué à diminuer les émissions de méthane, *a contrario*, cette disposition a encouragé la disparition des zones humides, espaces naturels riches et indispensables à l'équilibre écologique. Cette exonération a été supprimée en 1991 ;

– les deux autres taxes (taxe sur le foncier bâti (TFB) et taxe d'habitation assises sur la valeur locative des immeubles) n'ont pas d'incidences en matière environnementale mais sur l'urbanisme et, donc indirectement, sur la configuration du système de transports.

Par ailleurs, d'autres taxes diverses complètent cet ensemble : la taxe pour le financement des CAUE (Conseils en Architecture, Urbanisme et Environnement) qui a d'ailleurs été étendue aux installations et travaux divers depuis 1995, la taxe communale sur la publicité, la redevance des mines, la taxe d'affouage, de pâturage et de tourbage, etc.

Le tableau synthétique suivant contient une liste, non exhaustive, des principaux instruments fiscaux utilisés en France pour la protection de l'environnement. Ce tableau se présente en deux parties :

1) le premier groupe est composé des éco-taxes, c'est-à-dire celles dont le produit est directement affecté au financement de la politique de l'environnement ;

2) le deuxième groupe présente un ensemble de taxes indirectes dont la structure fiscale ne permet pas de les individualiser d'une manière catégorique dans le domaine de l'environnement, mais qui influent indirectement le comportement du pollueur en le rendant plus attentif au respect de l'environnement.

Tableau 13.1

Listes des taxes et redevances liées directement ou indirectement à l'environnement

Groupe I – *Taxes et redevances directement liées à l'environnement*

Type d'instrument par domaine	Destination	Montant
Air		
Taxe parafiscale sur la pollution atmosphérique	ADEME	1995 : 177 MF 1996 : 125 MF (8 mois)
Eau		
Redevance de prélèvement et de consommation d'eau	Agences de l'Eau	1995 : 8 542 MF
Redevance de pollution de l'eau	Agences de l'Eau	1996 : 10 200 MF
Redevance pour la consommation d'eau potable publique	Communes	
Redevance d'assainissement	Communes	
Redevance en cas de rejet d'eaux autres que domestiques	Communes	
Déchets		
Taxe sur le stockage des déchets ménagers et assimilés	ADEME	1995 : 573 MF 1996 : 690 MF
Taxe parafiscale sur les huiles de base	ADEME	1995 : 127 MF 1996 : 120 MF
Taxe d'enlèvement des ordures ménagères	Communes	1995 : 14 162 MF
Redevance spéciale pour enlèvement des déchets assimilés	Communes	
Redevance spéciale pour enlèvement des déchets de terrains spécialement aménagés	Communes	
Redevance générale d'enlèvement des ordures ménagères	Communes	1994 : 1 191 MF
Taxe parafiscale sur les pâtes, papiers et cartons	État (CGPP)	
Cotisation aux organismes agréés pour la collecte des déchets ménagers	Éco-emballages, Adelphe, Cyclamed	

Tableau 13.1 *(suite)*

Type d'instrument par domaine	Destination	Montant
Taxe de balayage	Communes	1995 : 394 MF
Bruit		
Taxe sur le décollage des aéronefs de plus de deux tonnes (6 aéroports)	ADEME	1995 : 48 MF 1996 : 37 MF
Espaces naturels, cadre de vie et fiscalité locale		
Taxe départementale d'espaces naturels sensibles	Départements	1995 : 3 MF
Taxe unique à la création d'installations classées	DRIRE	
Redevance sur certains établissements industriels classés	DRIRE	
Taxe piscicole	Conseil Supérieur de la Pêche	
Redevances cynégétiques	Office National de la Chasse	1996 : 505 MF
Taxe sur les pylônes électriques	Communes	1995 : 919 MF
Taxe de séjour	Communes	
Taxe spéciale sur les véhicules empruntant un pont entre un continent et une île	Communes	
Taxe spéciale sur les traversées maritimes à destination d'espaces naturels	Communes	
Taxe sur les voitures de location	Communes	

Tableau 13.1 *(suite)*

Type d'instrument par domaine	Destination	Montant
Énergie		
Mesures d'amortissement exceptionnel pour les véhicules électriques ou roulant au GNP	Collectivités locales, entreprises et particuliers	1995 : 40 MF
Réduction de 70 % de la TIPP appliquée au GPL-C		
Avantages aux bio-carburants	Collectivités locales, entreprises et particuliers	
Groupe II – *Taxes et redevances indirectement liées à l'environnement*		
Air/énergie/transports		
Taxe intérieure sur les produits pétroliers	État	1994 : 141 MdF
Taxe sur le fioul domestique	État	1994 : 10,30 MdF
Taxe sur le gaz naturel	État	
TVA sur les produits pétroliers et l'énergie	État	(20,60 %)
Taxe locale sur l'électricité	Communes Départements	1990 : 300 MF
Redevance sur les raffineries de pétrole		
Redevance sur les installations nucléaires		
Redevance sur les gazoducs et oléoducs		
Taxe de mise en circulation et d'immatriculation des véhicules	Départements	1994 : 8,90 MdF
Vignette	Départements	1994 : 14,30 MdF
Taxe sur les primes d'assurance	Sécurité sociale	1994 : 2 MdF
Taxe sur le permis de conduire	Départements	1994 : 280 MF
Taxe sur les cartes grises	Départements	

Tableau 13.1 *(suite)*

Type d'instrument par domaine	**Destination**	**Montant**
Taxe à l'essieu	État	1994 : 412 MF
Taxe sur les fonds de garantie automobile	État	1994 : 766 MF
Taxe sur les voitures de société	État	1994 : 2,70 MdF
Péages autoroutiers	Sociétés d'autoroutes	1994 : 23 MdF
Taxe sur les bateaux à moteur		
Eau		
Taxe hydraulique		
Taxe sur le domaine public fluvial		
Surtaxe sur les eaux minérales		
Taxe de protection sanitaire		
Déchets		
Taxe sur les engrais et pesticides		
Espaces naturels, cadre de vie et fiscalité locale		
Taxe domaniale	Communes	
Taxe locale d'équipement	Communes	1995 : 19 MF
Taxe de pavage	Communes	
Taxe de trottoir	Communes	
Droit de voirie	Communes	
Taxe pour le financement des CAUE	Départements	

Tableau 13.1 *(suite)*

Type d'instrument par domaine	**Destination**	**Montant**
Taxe de défrichement		
Taxe d'affouage, pâturage, tourbage	Communes	
Location sur les droits de chasse	Communes	
Redevance des mines	Communes Départements	1995 : 385 MF
Taxes foncières	Communes	
Taxe communale sur la publicité	Communes	
Taxe sur les véhicules publicitaires	Communes	
Taxe sur les emplacements publicitaires fixes	Communes	
Taxe sur les remontées mécaniques	Communes Départements	

ANNEXE

Série d'indices de prix

Indices des prix pour le passage des francs courants aux francs constants

Années	Indices de prix (en %)
1990	3,1
1991	3,3
1992	2,1
1993	2,4
1994	1,6
1995	1,7

Indice utilisé : indice de prix du PIB.
Source : Comptes de la Nation, 1995, INSEE.

Liste des sigles

ADEME	Agence de l'environnement et de la maîtrise de l'énergie
ANDRA	Agence Nationale pour la gestion des déchets radioactifs
APU	Administrations publiques
APUL	Administrations publiques locales
BTP	Bâtiment et Travaux Publics
CITEPA	Centre interprofessionnel technique d'étude de la pollution atmosphérique
CDPE	Compte de la dépense de protection de l'environnement
CO	Monoxyde de carbone
CO_2	Gaz carbonique
COV	Composés organiques volatils
CSDU	Centre de stockage des déchets ultimes
CSIL	Comptabilité spéciale des investissements locaux
CSP	Conseil supérieur de la pêche
DGAD	Direction générale de l'administration et du développement
DGCCRF	Direction générale de la concurrence de la consommation et de la répression des fraudes
DIB	Déchets industriels banals
DIS	Déchets industriels spéciaux
DIREN	Directions régionales de l'environnement

DNPE	Dépense nationale de protection de l'environnement
DREE	Direction des relations économiques extérieures
EAE	Enquête annuelle d'entreprise
Eurostat	Office statistique de l'Union européenne
FBCF	Formation brute de capital fixe
FMGD	Fonds de modernisation de la gestion des déchets
FNDAE	Fonds national pour le développement des adductions d'eau
FNTP	Fédération nationale des travaux publics
IAA	Industries agro-alimentaires
IFEN	Institut français de l'environnement
INERIS	Institut national de l'environnement industriel et des risques
INSEE	Institut national de la statistique et des études économiques
MES	Matières en suspension
MO	Matières oxydables
NAF	Nomenclature d'activités françaises
NAP	Nomenclature d'activités et de produits
NFA	Nomenclature des fonctions des administrations
NO_x	Oxydes d'azote
OCDE	Organisation de coopération et de développement économiques
ONC	Office national de la chasse
OST	Observatoire des sciences et des techniques
PACA	Provence-Alpes-Côte-d'Azur
PCI	Pouvoir calorifique inférieur
PIB	Produit intérieur brut
PLF	Projet de loi de finances
R&D	Recherche et développement expérimental
REFIOM	Résidus d'épuration des fumées d'incinération d'ordures ménagères
REOM	Redevance d'enlèvement des ordures ménagères
SCEES	Service de statistiques agricoles
SEM	Sociétés d'économie mixte

SERIEE	Système européen de rassemblement de l'information économique sur l'environnement
SES	Service d'études et de statistiques des transports et du logement (ex OEST)
SESSI	Service des statistiques industrielles
SIVU	Syndicat intercommunal à vocation unique
SNITER	Syndicat national des industries du traitement des eaux résiduaires
SO_2	Dioxyde de soufre
SPDE	Syndicat professionnel des distributeurs d'eau
SRAE	Service de la recherche et des affaires économiques
TEOM	Taxe d'enlèvement des ordures ménagères
TIPP	Taxe intérieure sur les produits pétroliers
UE	Union européenne
UIOM	Unité d'incinération d'ordures ménagères
VNF	Voies navigables de France

Table des matières

Partie I
Les dépenses

Partie III

Incidences et enjeux économiques de l'environnement

Impression : EUROPE MEDIA DUPLICATION S.A.
F 53110 Lassay-les-Châteaux
N° 5212 - Dépôt légal : Septembre 1997